KB267524

기호의 미로를 걷다 : 퍼스에서 에코까지

기호의 미로를 걷다 : 퍼스에서 에코까지

기호의 미로를 걷다 : 퍼스에서 에코까지

초판 1쇄 인쇄 · 2026년 2월 1일
초판 1쇄 발행 · 2026년 2월 10일

지은이 · 안정오
펴낸이 · 한봉숙
펴낸곳 · 푸른사상사

주간 · 맹문재 | 편집 · 지순이 | 교정 · 김수란
등록 · 1999년 7월 8일 제2-2876호
주소 · 경기도 파주시 회동길 337-16(서패동 470-6)
대표전화 · 031) 955-9111(2) | 팩시밀리 · 031) 955-9114
이메일 · prun21c@hanmail.net/prunsasang@naver.com
홈페이지 · http://www.prun21c.com

ⓒ 안정오, 2026

ISBN 979-11-308-2357-7   93170

값 27,000원

이론과비평총서 **27**

기호의 미로를 걷다

퍼스에서 에코까지

안정오 지음

A Walk in the Labyrinth of Signs:
From Peirce to Eco

푸른사상
PRUNSASANG

우리는 기호 속에서 살아가고, 기호로 사유하며, 기호를 통해 소통한다. 이 책은 우리가 인지하지 못하는 순간에도 삶의 모든 영역을 지배하는 기호(sign)의 본질을 탐구하고, 그 기호를 연구하는 학문인 기호학(semiotics)의 발자취를 따라가는 여정이다. 특히, 현대 기호학의 흐름을 주도한 핵심적인 사상가들의 발자취를 좇아, 그들의 독창적인 기호학적 통찰이 어떻게 우리의 사유 방식과 세계 이해에 영향을 미쳤는지를 조명하고자 한다.

기호학은 언어학, 철학, 문학, 예술, 사회학 등 다양한 학문 분야에 걸쳐 폭넓게 적용되며, 인간의 의미 생성 과정을 이해하는 데 필수적인 도구로 자리매김했다. 단순히 언어적 기호만을 다루는 것을 넘어, 이미지, 몸짓, 옷차림, 심지어 침묵에 이르기까지 의미를 전달하는 모든 현상을 기호의 관점에서 분석한다. 이는 곧 기호학이 우리의 일상과 문화를 해독하는 강력한 열쇠가 됨을 의미한다.

이 책은 먼저 기호와 기호학의 개념을 명확히 정의하고, 그 역사를 간략히 살피는 것으로 시작한다. 고대 그리스의 철학자들로부터 시작된 기호에 대한 탐구가 어떻게 근현대에 이르러 독립적인 학문 분야로 발전했는지를 살펴볼 것이다.

그리고 본격적으로 현대 기호학의 주요 흐름을 형성한 일곱 명의 사상가들을 심층적으로 다룬다. 찰스 샌더스 퍼스(Charles Sanders Peirce,

1839~1914)는 논리학자이자 철학자로서 기호학의 초석을 다진 인물이다. 그의 삼원적인 기호 개념과 범주론은 오늘날 기호학 연구의 중요한 출발점이 된다. 페르디낭 드 소쉬르(Ferdinand de Saussure, 1857~1913)는 현대 언어학의 아버지이자 구조주의 기호학의 선구자로 평가받는다. 그의 언어기호 이론, 특히 기표와 기의의 이분법적 관계는 이후 많은 학자들에게 지대한 영향을 미쳤다.

클로드 레비스트로스(Claude Lévi-Strauss, 1908~2009)는 구조주의와 기호학 사이를 연결해준 학자로서 기호학자들과 많은 공감대를 형성했다. 롤랑 바르트(Roland Barthes, 1915~1980)는 소쉬르의 기호학을 확장하여 신화, 패션, 광고 등 대중문화 현상을 분석하는 데 적용했다. 그의 기호학은 비판적 사고를 통해 우리 주변의 익숙한 것들을 낯설게 보고 새로운 의미를 발견하는 방법을 제시한다.

알기르다스 줄리앙 그레마스(Algirdas Julien Greimas, 1917~1992)는 서사기호학의 대가로, 서사구조를 심층적으로 분석하여 의미의 생성 과정을 밝혀냈다. 그의 의미론적 사각형은 복잡한 서사구조를 해체하고 이해하는 데 유용한 분석 틀을 제공한다. 유리 로트만(Yuri Lotman, 1922~1993)은 문화기호학의 선구자로서, 문화 텍스트를 기호학적으로 분석하고 문화 전체를 거대한 '기호계(semiosphere)'로 파악하는 독창적인 시각을 제시했다.

그리고 마지막으로, 움베르토 에코(Umberto Eco, 1932~2016)는 대중에게 가장 잘 알려진 기호학자이자 소설가이다. 그는 퍼스의 기호 이론을 발전시켜 기호학의 영역을 확장하고, 『일반 기호 이론』을 통해 기호학의 체계를 구축했다. 그의 저작들은 기호학이 단순한 학문이 아니라, 우리가 세상을 이해하고 해석하는 방식 자체를 변화시키는 강력한 도구임을 보여준다. 특히 그의 소설 『장미의 이름』은 기호학적 통찰을 서사의 형태로 풀어내 대중의 기호학에 대한 관심을 폭발적으로 이끌어냈다.

이들 거장의 사유는 포스트모더니즘(postmodernism)의 시대에 기호가 어떻게 인식되고 활용되는지에 대한 중요한 단서를 제공한다. 기호와 실재의 관계가 더욱 복잡해지고 유동적으로 변모하는 시대에, 기호학은 여전히 우리의 사유를 안내하고 세계를 이해하는 데 핵심적인 역할을 수행한다.

이 책은 단순히 이론을 나열하는 데 그치지 않고, 각 사상가의 기호학적 개념이 오늘날 우리의 사유와 삶에 어떤 통찰을 제공하는지를 함께 고민하고자 한다. 기호가 어떻게 의미를 만들어내고, 우리는 그 기호를 어떻게 해석하며, 나아가 기호가 어떻게 우리의 현실을 구성하는지에 대한 질문들을 던질 것이다.

독자들이 이 책을 통해 기호학이라는 흥미로운 학문의 세계로 깊이 빠져들고, 퍼스에서 에코에 이르는 지적 여정을 함께하며, 기호가 우리의 사유와 어떻게 긴밀하게 엮여 있는지를 깨닫는 기회가 되기를 바란다. 이 여정이 독자들의 세계를 이해하는 시야를 확장하고, 숨겨진 의미를 발견하는 새로운 즐거움을 선사하기를 기대한다.

2026.1.1.
안 정 오

기호의 개념과 역사

기호를 통시적으로 살펴보다

라스코 동굴벽화

'기호(Sign)'는 자연과학, 인문과학 등 모든 학문에서 기본이 되는 대상이다. 기호는 실증적 연구에 필수적인 도구일 뿐 아니라, 이론적 연구에서도 그렇다. 학문에서는 일반적으로 텍스트, 상징, 다이어그램, 그래프, 통계 등의 기호를 사용하고, 숫자나 기하 모형(수학), 흔적, 화석 자국, 유적지(고고학), 충격이나 동력(물리학), 음, 소리, 문장 배열(언어학), 행위 형태(사회학) 등이 기호로 분석된다. 더 나가서 제스처, 몸짓, 표지판, 색깔, 톤, 문자, 풍습, 기호로 된 그림이나 카드, 묘비의 글 등의 분석할 기호들이 우리 주변에 셀 수 없이 많다.

그래서 움베르토 에코(Umberto Eco)는 기호의 학문을 18개의 영역으로 구분하였다. 예를 들어 그가 언급한 분야는 동물 소리, 냄새, 맛 코드, 의복 코드, 예술, 기술 체계, 미디어 등 다양하다.[1] 고로 기호 연구의 대상은 세상 어디에나 흩어져 존재하고 있다. 왜냐하면 모든 것은 기호로 만들어져 있고, 기호로 해석될 수 있기 때문이다. 즉 기호학의 연구 대상은 주변의 모든 것이어서, 심지어 에코는 "문화란 기호적 관점에서만 연구될 수 있다"고 했다.[2] 기호학은 인간이 만들어놓은 모든 문화 전반적

1　Eco 1972, pp.20~26 참조.
2　Eco 1987, p.54.

종교의 표시들. 이 표시들이 문화의 수렴체다.

인 것이 연구 대상이다. 기호가 해석되는 곳에서 문화가 연구되고, 문화가 연구되는 곳에서 다양한 상징들이 고찰되고 이해된다. 그래서 카시러(Ernst Cassirer)는 인간이란 기호를 산출하고 해석하는 '상징적 존재'라고 하였다.[3]

인간이 인지하고, 추론하고, 사고하고, 행동하기 위해서는 기호가 필수적이다. 그래서 모리스(Charles William Morris)는 기호학을 "미래의 모든 철학의 시발점"이라고 하였다.[4] 더 나가서 기호학은 학문을 연구하는 도구적 학문이다.

하지만 모든 것이 기호 측면에서 고찰될 수 있다고 하더라도, 모든 것이 그 자체로 기호는 아니다. 세상 전체가 기호 과정도 아니고, 세상에

---

3 Cassirer, 1990, p.51.
4 Morris 1972, p.343.

존재하는 모든 관계들을 기호로 나타낼 수 없다. 그리고 모든 기호는 전달할 재료나 질료를 필요로 한다. 이리하여 어떤 기호도 기호 자체가 될 수 없다. 일반적으로 언어 소리는 잡음일 수도 있고, 그림은 색이 얼룩진 덩어리일 수 있다. 예술 작품이 의미를 가지고 있는 것은 이것들이 예술 세계와 예술의 제도에 자리 잡고 있기 때문이다.

어떤 살아 있는 것도 자체적으로 기호는 아니지만, 모든 사건과 사태는 기호로 구성되어 있고, 기호로 이해될 수 있다. 기호가 아닌 것으로부터 기호가 만들어지기도 하고, 기호를 만들어 의미화시키는 흐름이나 맥락도 있다.[5] 어떤 것이 기호가 되는지 안 되는지는 문화적 습관에 따른다. 즉 기호들은 문화 상대적이고, 상이한 문화들은 서로 상이한 '코드'를 사용한다.

우리가 살고 있는 세상은 우리가 만들어놓은 기호로 구성되어 있다. 그렇다면 이 기호란 무엇을 말하는가? 우리를 규정하고 우리를 감싸고 있고 우리의 모든 것을 결정하는 이 기호에 대한 정의는 매우 다양하다. 그래서 기호를 단적으로 언급하는 것은 불가능하다.

두리뭉실하고 복잡한 기호에 대한 개념을 확실히 하기 위해서 시대별로 그리고 특성별로 기호를 고찰해 보자.

고대의 기호 이론[6]

고대에는 기호를 명명하기로, 혹은 어떤 것의 흔적으로 설명하려 했

---

5 Eco, 1987, pp.52~53.
6 고대, 중세, 근대 기호 이론은 안정오, 「기호의 언어철학적 고찰」, 『한국어와 세계관』, 한국어내용학회, 1999를 참조하여 요약한 것임.

다. 이름이나 명칭은 사람이나 현상을 보증하는 것이다. 즉 어떤 흔적이 어떤 다른 것을 지시하는 것과 같다. 식탁 위의 할퀸 자국, 어떤 동물 발자국 등이 그런 것이다. 말하자면 고대에 기호란 어떤 다른 것을 보증하거나 지시하는 것이다. 이것은 다시금 어떤 다른 것을 대체하거나 재현한다. 그러면 어떤 것이 대상을 나타내는 관계가 구조화될 수 있다. 이는 이원적 관계의 도식으로 표시할 수 있다.

$$s \quad ® \quad O$$

여기서 's'는 기호를 보증하고 'O'는 지시된 대상이고, 이 전체 도식은 어떤 것이 표시된 대상을 보증하는 것으로 이해된다.

기호라는 것은 어떤 대상을 전제하는데, 예를 들어 소리는 소리로 표시된 것, 그리고 이것이 지시하는 대상을 전제한다. 이것의 연결은 여러 가지 방식으로 설정될 수 있다. 가령 지적인 도구로서, 현존성을 통해 어떤 부재하는 것이 대체된다. 즉 기호는 어떤 추상적인 내용을 감각적인 대상으로 재현한다. 이는 기억을 기념물로 재현시키는 것과 같다. 지시된 것은 부정확하고 공간적으로 떨어져 있거나 시간적으로 지나간 것일 수 있다. 그러나 지시하는 것은 현존하고 지시된 것은 부재하다.

'지시', '대체', '재현'은 기호를 나타내는 세 가지 고전 형식이다. '지시'는 관련된 것이 명확할 필요 없이 어떤 관계를 설정하는 것이다. 이것은 논리학의 결론 도식이나 손가락 지시와 유사하다. '대체'에서는 지시하는 것과 지시된 것이 동일하게 알려져 있고 단지 공간적으로 혹은 시간적으로만 멀리 떨어져 있다. '재현'은 정신적인 어떤 것을 현실화하는 것이다. 이것은 형태가 없는 것에 어떤 형태를 부여하고 어떤 이념에 어떤 표현을 부여하는 것이다. 이런 기호 형태는 인식론적인 방식인데, 기호에 기초하는 연결이 정신적인 것과 감각적인 것을 연결하는 것이기 때문이다.

이 세 가지 기호 형태는 여러 가지 방식으로 사용될 수 있다. 그림, 몸짓, 윙크 등은 주로 직접적으로 어떤 것을 지시하지만, 낱말, 표현, 일련의 수학적 상징들은 어떤 것을 언급한다. 그래서 지시하기와 언급하기는 다른 기호 관계에서 비롯된다. 항상 모든 기호는 두 가지 측면을 가진다. 예를 들어 어떤 문장은 직접적인 발언으로 나타나고, 은유로 혹은 예문으로 기능할 수도 있다. 그럴 경우 그 문장은 어떤 것을 말하는 것이 아니고 지시하는 것이다. 그 차이는 기호학의 역사에서 특별한 역할을 한다. 담화와 변론, 낱말과 그림, 서술 기능과 표현 기능(K. Bühler), 의미와 지시(E. Husserl), 직시와 함유(N. Goodman) 사이의 차이로 나타난다. 다음은 뷜러(K. Bühler)의 소통을 나타내는 오가논(Organon) 모델이다.[7]

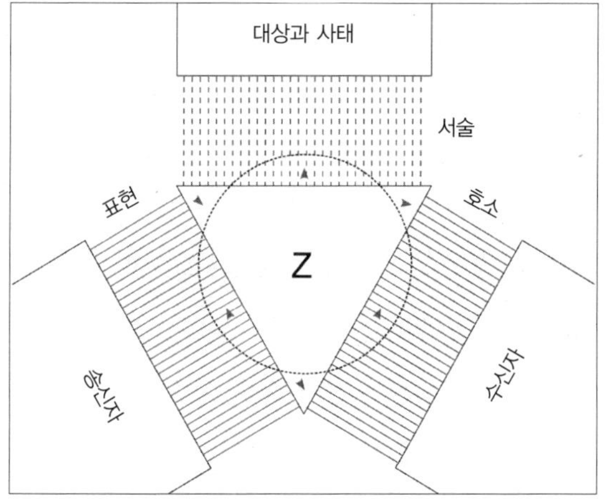

---

7 Bühler, K., *Sprachtheorie*, Fischer, 1982, p.28.

뷜러의 모델에서 언어를 하나의 도구로 보고 표현기능과 서술기능을 언급했고, 호소기능을 추가하여 언어를 통해 청자의 행동에 영향을 주고 특정한 반응을 이끌어내려는 기능을 말한다. 이는 언어의 사회적 기능을 중시한 결과라고 이해된다.

고대의 기호를 다시 구체적으로 구분해 보면, 관습적인 기호와 자연적인 기호로 구분된다. 우리가 말하고 있는 일반적인 언어는 관습적인 기호이다. 의성의태어를 제외한다면, 모든 낱말은 그것이 지시하는 것을 직접 지시하지 않기 때문이다. 전화번호나 화학기호, 숫자 코드도 이에 해당한다. 반대로 소나기를 나타내는 구름 형상은 우리들의 몸동작처럼 자연적 기호이다.

기호를 관습으로 보는 관습주의자와 기호를 자연스런 것으로 보는 자연주의자들 사이의 논쟁은 오랫동안 지속되었다. 이는 고대 소피스트들 사이에서 이미 시작하였고 플라톤은 명사들이 자연적으로 생긴 것인가 아니면 관습적으로 만들어진 것이가에 대해 논쟁하였다.

여기서 관습성은 기호들이 임의적인 약속으로부터 유래한다는 것을 의미하지 않았다. 이것은 약속이란 이미 기호를 필요하기 때문에 모순적인 생각이다. 오히려 그들은 기호의 역사성과 기호가 변화할 수 있음을 주장한다. 기호가 '자연적으로 생겼다'는 입장은 정적이고 상징적인 우주를 가정하고 신이 우주를 창조했다고 가정한다.

그래서 관습성과 자연성에 대한 논쟁에서 자유와 필연성이 문제가 된다. 관습주의자들에게 명칭은 음향과 입김 이외에 아무것도 아니다. 반대로 자연주의자들은 기호에 있는 어떤 것은 인간 자유의지에 모순된다고 주장한다. 즉 이들을 위해서는 기호가 되기 위해서는 그 기호에게는 어떤 대상을 보증하고 있음을 정당화하는 이유가 있어야 한다. 이들은 상이한 문화적 상징체계는 근거 없는 임의성으로 몰락하면 안 될 것이라고 주장한다. 그래서 관습주의자들과 자연주의자들 사이의 논쟁에서 문화에 대한 근거가 중요한 논쟁거리이다.

자연주의자들의 입장은 자연적인 기호 질서를 설정하고 그것의 유래는 선험적 본질에 있다고 생각하는 것이고, 관습주의자들의 입장은 기호의 기원을 인간의 역사에 놓고 기호 기원의 문제를 열어놓는 것이다.

이러한 기호와 관련된 논쟁 속에서 사람들은 그 기호의 기원에 대해서는 보다 구체적인 천착을 하지는 못했다. 그래서 여기서 기호의 어원을 살피고 그에 대해 여러 학자들의 견해를 고찰하는 것이 필요하다.

그리스어로 기호란 'Semeion'이다. 기호학은 'Semiotiké'인데, 이는 로크가 처음으로 도입한 용어이다.[8] 기호를 의미하는 'sem(어휘)'에 대한 질문은 그리스인들이 이미 시작했다. 그들은 명사의 진리에 대해서 의문을 품었다. 그래서 언어를 나타내는 것에 대한 적합성이나 진리를 위한 기준이 그들에게 중요했다. 이를 위해서 이성은 물론 언어를 의미하는 로고스의 개념이 등장했다. 고대 기호 이론은 이것으로부터 출발했다. 원래 기호의 이론과 연구는 고대에는 논리학의 범주에 속했다. 오늘날과 다르게 이것은 추론의 법칙이 아니라, 읽기와 해석으로서의 변증법이었고, 담화에서 중요한 수사학이었다. 이것들은 주로 낱말을 다루었는데, 한편으로는 진실된 것이 무엇인가이었고, 다른 한편으로는 선한 것이 무엇인가라는 것이었다. 기호학은 언어철학의 범주에서 일단 발전하였고, 진리를 탐구하는 철학 기본이론으로 발전했다.

플라톤은 『크라틸로스』에서 이름의 유래에 대해 제자들과 토론했다.

---

8 Locke, 1988, p.438.

플라톤

소피스트들을 통해 제기된 'Thesis(창조)'와 'Physis(자연)' 사이의 논쟁에서 플라톤은 중립적인 생각을 가지면서, 제3의 방법으로 로고스를 제안했다. 왜냐하면 언어적 기호는 도구이기 때문이다. 기호란 개념 형성과 소통을 위해 사용된다. 도구들이란 어떤 일을 위하여 만들어진 수단이기에 이 일을 가장 잘 충족시키기 위해 만들어졌다. 그래서 플라톤은 언어란 창조된 것이라는 생각에 동의한다. 그러므로 언어의 법칙성은 낱말을 만든 창조자의 소관이다.[9]

  기호의 본질에 대해 질문하는 최초의 학문적 · 철학적인 문헌은 『크라틸로스』이다. 여기서 헤르모게네스, 크라틸로스, 소크라테스가 등장하여 기호의 의미란 기호가 지니는 본성에 의해 확정되는지 아니면 관습에 기인하는지에 대해 논의한다. 크라틸로스는 "모든 사물은 천성적으로 그것에 해당하는 정확한 이름을 소유하고 있다. […] 낱말이란 자연적인 정확성이 있다. 즉 그리이스인과 야만인을 위해 각각에 적합한 이름이 있다."(383b)라고 말한다. 헤르모게네스는 기호의 임의성 테제를 대변한다. "소크라테스여, 나는 이미 자주 이 사람 그리고 많은 사람들과 그것에 대해 토론했습니다. 그리고 낱말들이 협약과 계약으로 만들어졌다는 것 외에 다른 낱말의 정확성이 있다고 확신할 수 없습니다."(384d) 이들과는 반대로 소크라테스는 인간이 천성적으로 자신의 언어를 가지는지, 기호가

---

9 Platon, 1998, pp.123~124.

천부적으로 그것의 의미를 가지는지, 아니면 인간에 의해 기호에 의미가 부여되는지를 묻는다. 사물을 명명하는 것은 인간에 의해 만들어졌다는 것, 즉 낱말 제작자에 의해 만들어졌다는 것은 확실하다. 오히려 어떤 사물의 명명하기와 관련지어 올바른 명명하기를 잘못된 명명하기와 구별하는 것이 의미심장한지에 대한 질문이 중요한 것 같다. 그러나 이 질문에 대해서 크라틸로스는 당연한 것으로 인정하지만 헤르모게네스는 전혀 의미 없는 질문이라고 한다. 소크라테스는 이 대화에서 언어기호의 임의성 테제를 인정하지 않고 있다.

『크라틸로스』에는 명명하기의 정확성에 관한 테제가 어떤 것인가에 대한 암시가 있다. 헤르모게네스는 "그렇다면 크라틸로스는 정말로 당신 이름인가?"라고 크라틸로스에게 물어봄으로써 이름은 정확성을 지니는 것이 아니라고 말한다. 헤르모게네스는 기호의 관습성 테제와 임의성 테제를 위해 다음과 같이 언급한다. "왜냐하면 어떤 사람이 어떤 물건에게 어떤 이름을 지어주면 그것은 역시 올바른 것이라고 생각되기 때문이다. 그리고 만일 우리가 다시 어떤 다른 것을 그 자리에 놓고 그전 것을 더 이상 사용하지 않으면 우리가 우리 노예에게 다른 이름을 주는 것처럼 먼저 주어진 것보다 나중 것이 덜 정확한 것은 아니다."(384d) 헤르모게네스는 이러한 극단적인 임의성 가설을 가지고 계속 자기 논증을 증명해 나간다. "어떤 물건의 어떤 이름도 천부적으로 그에게 속하지 않고 낱말들이 습관으로 만들어 사용하는 것의 관습과 규정을 통해서 그 물건에 속하게 된다."(384c) 그러나 소크라테스는 다음과 같이 반론을 제기한다. "내가 만일 물건을 명명한다면 어떻게 될까? 우리가 지금 '인간' 이라 부르는 것을 내가 만일 '말' 이라 부르고 지금 '말' 을 '인간' 이라 부르면 어떻게 될까? 그러면 그 동일한 것이 공개적으로 그리고 일반적으로 인간이라 불리울 것이지만 나에 있어서만은 그것이 '말'이 되고, 다른 것은 다시 나에게서는 '인간'이지만 공개적으로는 '말'이 될 것이다. 당신은 그런 것을 의미하는가?"(385a)

소크라테스는 사물들이란 그들이 "독자적 본질을 가지고"(386c) 있어서 이것이나 저것으로 나타나지 않는 것처럼, 행위도 그들에게 독자적인 그들 성품을 소유한다(387a)라고 주장한다. 어떻게 보면 담화도 일종의 행위이고 명명 역시 담화의 한 부분이다. "그래서 명명도 행위이다."(387c) 우리 판단에 따라서 단순히 명명할 수 없고, 사물들의 명명과 사물들이 명명되는 것의 성질에 놓여 있는 것처럼(387d) 명명의 정확성이 존재할 수 있다.

수공업을 위해서 우리가 직조기를 가져야 하고 밥을 먹기 위해서 젓가락을 가져야 하는 것처럼 우리는 명명하기 위해서는 낱말이 필요하다. 낱말은 명명을 위한 도구이다. 소크라테스는 언어에는 세 가지 기능이 있다고 했다. 의사소통, 분류, 대표.

소크라테스는 명명이란 자연적 정당성이 있다고 생각한다. 그는 파생어들을 어간어로부터 구분한다. 그는 우선 수많은 파생어의 예에서 특히 그리스 신화의 많은 고유명사의 예에서도 역시 그들이 정당하게 만들어졌음을 보여준다. 결국 소크라테스는 임의성 테제에 반대하고, 이를 위해 다음 세 가지 논거를 제시하고 있다.

① 절대적 임의성은 존재하지 않는다.
② 참된 문장과 거짓된 문장이 있다면, 역시 참된 낱말과 거짓된 낱말
　도 있어야 한다.
③ 낱말들이 도구라면, 그들은 특수한 목적에 적합하게 만들어져 있음

에 틀림없다.

그래서 플라톤의 기호관에 대해서 다음과 같이 말할 수 있다. 우리는 관습이라는 수단을 이용해 유사성이 주어져 있건 없건 우리가 생각하는 것을 다른 사람에게 인식하도록 함으로써 사물을 나타낼 수 있다.

위에서 설명한 플라톤과 달리 아리스토텔레스는 기호를 이해했다. 아리스토텔레

아리스토텔레스

스는『해석에 관하여(*Peri Hermeneias*)』에서 그의 기호관을 발전시켰다. 그의 기호 이론은 수천 년 동안 영향력을 행사했으며 오늘날에도 여러 곳에서 언급되고 있다.

아리스토텔레스의 기호관은 사물의 자가적 존재론에서부터 출발하는 고대 존재론이 기본 원리이다. "영혼에서 일어나는 상징이 소리의 언어적 표현이다. 다시금 우리가 문자로 표현하는 것은 소리의 언어적 표현에 대한 상징이다. 모든 사람이 동일하게 문자를 쓰지 않는 것처럼, 같은 언어로 말하지 않는다. 그러나 영혼에 있는 것(영혼에 있어서, 말을 하건 글로 쓰건 기호가 우선이다)은 모든 사람에게 동일하다."[10] 기호는 사실이나 현실을 보증하거나 모사하지 않는다. 세계의 형식은 표현의 형식으로서의 기호가 충족되게끔 영혼의 거울에 각인된다. 그래서 그것이 어떤 기호냐에 따라서 달라지는데, 소리면 선적으로 나타나고, 문자면 이원적으로 나타난다. 아리스토텔레스는 재현의 고전적 기호 모형을 창시했다고 볼 수

---

[10] Aristoteles, *Peri Hermeneia*, 1994, p.3.

있다.

플라톤은 청자가 낱말의 어떤 특성을 빌려 화자가 무슨 생각을 하는가를 인식할 수 있을까라는 질문을 한다. 플라톤은 "그것은 낱말의 관습성과 그림성이다"라고 답한다. 그러나 낱말은 사고의 그림이 아니라 화자가 생각하는 대상의 그림이다. 이러한 언어기호의 측면을 아리스토텔레스는 『해석에 관하여』에서 명확히 했다.

> "소리가 먼저 있고, 음성(phonai)은 그것에 따라서 만들어진다. 이것은 영혼에서 분출된 표상(pathemata)의 기호(symbola)이다. 그리고 문자는 다시 음성의 기호이다. 그리고 모든 것이 동일한 문자를 가지지 않는 것처럼 음성도 역시 모든 것에서 동일한 것이 아니다. 그러나 이 둘을 통해서 가장 먼저 보여 지는 것은 간단한 영혼적 표상인데 모든 사람에 있어서 동일하다. 그리고 그것은 역시 사물(pragmata)이다. 그것의 모사는 표상이다. […] 명사는 시간을 포함하지 않고 그것의 어떤 부분은 스스로 의미를 지니지 않고 어떤 것을 관습적으로 의미하는 음성이다. 왜냐하면 'Kallipos'란 고유명사 안에서 'Hippos(말)'는 'Kalos Hippos(아름다운 말)'란 말에서 그것이 갖는 의미를 스스로 갖지 않기 때문이다. […] '관습적'이란 규정은 (협약을 근거로) 자연의 어떤 명사도 관습적인 것이 아니고, 그것이 기호가 되었을 때 비로소 관습적인 것이 된다는 것을 말하려 한다. 왜냐하면 조음된 음성, 예를 들어 짐승의 음성은 어떤 것을 물론 지시하지만 이 음성들의 어떤 것도 명사는 아니다."(16a)

아리스토텔레스의 기호에 관한 진술을 요약하면 다음 같다.

① 음성은 표상의 관습 기호이다.
② 음성은 언어에만 특수한 것이다.

③ 표상은 사물의 모사이다.

④ 표상과 사물은 보편성을 지닌다.

⑤ 하나의 명사 의미는 합성된 것이 아니다.

⑥ 자연 기호는 명사가 될 수 없다.

이 기호의 모형에 의하면, 음성은 표상을 관습적으로 상장화하고 표상은 사물을 자연적으로 모사한다. 그래서 여기에는 자연적인 요소는 물론 관습적인 요소도 존재한다. 이는 아리스토텔레스가 다음과 같이 생각하기 때문이다. 즉 사물의 세계는 우리가 그것을 인식하는 것처럼 객관적이다. 인식을 통해서 사물의 내적 그림들이 생긴다. 내적 그림은 음성의 수단으로 협약을 통해 상징화된다. 우리가 자연을 나누는 범주는 자연에 없다. 그들은 단지 자연과 우리 자신 사이의 상호작용을 통해서 나타난다.

우리 개념의 체계는 세상의 거울이 아니고 세상과 우리의 협정의 거울이다. 이런 사실은 나무, 색채어, 친족어, 추상명사, 수사 등이나 문화에만 특수한 낱말들을 살피면 명확해진다. 아리스토텔레스는 기호란 '−을 보증하다'와 '재현하다' 그리고 '상장하다'라고 생각한다.

아리스토텔레스에 있어서 낱말이란 사물의 모사인 표상을 상징화함으로써 사물들을 표시하기 위해 존재한다. 플라톤이 심사숙고한 "생각에 대한 어떤 것을 폭로하는 것을 낱말이 어떻게 할 수 있는가?"라는 질문에 대해 아리스토텔레스는 임시적으로 답변한다. 낱말들은 그것을 상징화함으로써 그것을 할 수 있다.

중세의 기호 이론

고대 후기에 '로고스'라는 개념이 밀려나고 중세에는 기독교 사상이 전면에 등장했다. 하지만 신학은 고대의 기호 이론과 함께 고대 철학도 유산처럼 넘겨받았다. 고대에서 나온 모든 것은 중세로 이전되었고 번역되었고 적응되어서 기독교 교리에 적합하게 변형되었다. 특히 논리학, 수사학, 유추론, 상징이론 등이 중세로 전이되었다.

게다가 플라톤주의와 신플라톤주의의 요소들도 신비주의 시대에는 추가되었고, 나중에는 스콜라주의 시대에 아리스토텔레스의 사상도 들어왔다. 그러나 아리스토텔레스 형이상학은 신앙과 이성, 학문과 신학을 통합하지 못했고, 그로 인해 사상들이 기독교 안으로 들어가는 것을 방해하였다.

중세의 이런 혼란은 기호관에서도 확인될 수 있다. 중세에는 모든 현실, 모든 행위들이 허무주의에 영향을 받았고, 세상의 유한성에 물들었다. 이런 사상들이 현세의 모든 생각을 지배하였고, 사물과 기호, 세상과 상징의 지위는 바뀌었다. 그래서 실재하는 것은 아무것도 아니고, 지나가는 과정이고 고통스런 과정일 뿐이었다. 이런 과정에서 신의 현존으로부터 드러나는 의미로 채워진 기호 이외에는 아무것도 존재하지 않았다. 그래서 이런 기호를 통해서 이해하는 자만이 신을 만날 수 있고, 창조를 인식하고, 사후 세계를 희망할 수 있다. 그래서 상징적인 것은 세계에서 신성과 신의 현존이 살아 있다는 증거이다.

중세에 아리스토텔레스의 계몽으로부터 도래한 오컴의 윌리엄(William Of Occam)의 유명론(Nominalismus)이 나왔다. 이 유명론은 중세 기호 보편주의에게 종말을 고하였다. 오컴은 신비화된 기호를 폭로했다. 그의 핵심

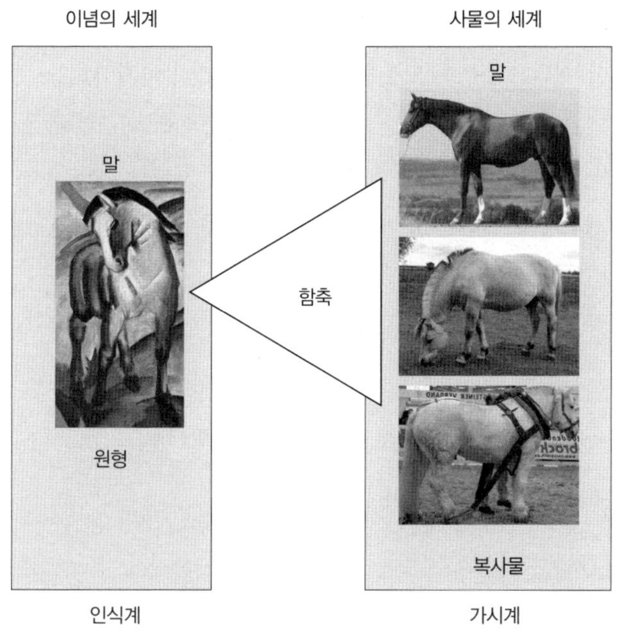

중세의 보편 논쟁

원리는 단순함의 원칙인데, 어떤 현상을 설명할 때 가장 단순한 이론을 선택하여 접근하고, 불필요한 과잉 지식을 제거하는 것이다. 그에 따르면 이런 과잉 지식은 현실의 대상에다가 추가적으로 현실의 상징화를 부가하는 것이었다. 오컴에게는 개념들을 확정할 때만 기호의 기능이 필요하다. 이름이란 개별적인 사물들만을 나타낼 수 있다. 보편적 개념들은 현실적으로 재현될 수 없다.[11]

사태의 본질이나 진리는 어떤 사실적인 것으로 나타나는 것이 아니다. 그것은 판단하는 이성이 진리인지 오류인지를 조사하는 것에 대한 진술

---

11 Ockham, 1984, p.5, p.7.

내용이다. 그래서 가장 높은 존재에도 이런 것은 해당된다. 신의 실재는 신의 단순한 개념으로부터 도출되는 것이 아니고 믿어져야되는 것이다.

오컴은 아리스토텔레스 기호 이론을 유명론적으로 예리하게 변형시켰다. 즉 아리스토텔레스와 다르게 오컴에게 사고 기호가 출발점이다.[12] 영혼에게 세상이 각인됨으로써 모습을 드러내는 것이 아니고, 사고와 무관한 실재가 사고에게 재현되는 것이다. 사고는 기호를 수단으로 이 실재를 처리한다.

그래서 오컴의 유명론 핵심은 기호를 도구로 사용하는 상상을 개념화하는 이론이다.[13] 즉 인식하기란 기호 없이 나올 수 없다.

근대의 기호 이론

오랫동안 위세를 떨쳤던 오컴의 유명론은 근대 과학적 이성주의의 등장으로 사라지기 시작하였다. 데카르트(René Descartes, 1596~1650)는 'res extensa(확장된 주체)', '물질' 그리고 'res cogitans(정신 혹은 사고하는 주체)' 사이를 구분함으로써 세상을 확장된 영역과 사고 영역으로 구분하였다. 이 생각이 계몽주의 시대를 오랫동안 주도하였는데, 그의 기본 원리는 'cogito ergo sum(나는 생각한다. 고로 존재한다)'이다. 이 명제로부터 자기 확신의 절대적 우위가 도출되는데, 이런 생각은 세상을 단지 이차적 대상으로 평가절하하는 것이다. 주권은 이미 내재해 있고 실재는 처리되기에 아무것도 아닌 것으로 생각되었다.

---

12 Ockham, 1984, pp.3~5.
13 Ockham, 1984, p.25, p.27.

계몽주의는 이러한 구분을 강조했다. 그래서 계몽주의는 상징적인 것을 무시하고, 기호를 도구화하였다. 그래서 이 이념은 주관적인 경험, 개념과 도구를 통한 방법적 관찰, 그리고 사고의 보편적 법칙의 형식화를 통하여 세계를 이성적으로 설명하려고 했다. 계몽주의는 기호와 기호의 해석이 지식을 확정하는 것이 아니고 이성이 그 역할을 하게 했다. 이성의 범주, 원리, 추론이 인식의 명확성, 진리, 정당성을 보장한다고 생각했다.

기호학이 다시 발전되게 된 것은 베이컨(Francis Bacon), 홉스(Thomas Hobbes), 로크(John Locke)로부터였는데, 오컴의 유명론이 반복되거나 세분화되었다. 그래서 홉스에 의하면 오성이란 계산하는 계산기였다.[14] 홉스는 오성과 인간의 말을 다루었는데, 사고가 언어보다 앞선다고 주장하였다. 로크도 이와 유사하게 논증하였다. 즉 기호는 그에게 내적 상상의 재현에 해당한다. 낱말의 목적은 이념의 인지적 표시를 감각적으로 하는 데 있다. 낱말들이 보증하는 이념은 낱말들의 본질적이고 직접적인 의미를 결정한다.[15] 그래서 언어는 경험을 통해 얻어진 상상의 세계를 충실히 모사하는 것이다. 상상계는 어디서나 낱말의 보완 없이도 가능하다.

이 시기에는 라틴어가 중세의 전통에 따라서 소통의 유일한 기호처럼 통용되었다. 하지만 단테(Dante Alighieri)의 『속어의 웅변술에 대하여(*De vulgari eloquentia*)』(1303~1307)에서 모국어로 시를 쓰는 것이 정당하다는 것을 강조했으며 자신의 이탈리아어가 바로 그런 언어임을 강조했다. 이는 모국어의 지위를 향상시킨 반면에 다양한 언어의 가치를 재고하도록 했다.

---

14 Hobbes, 1966, p.29.
15 Locke, 1988, p.5.

단테,『속어의 웅변술에
대하여』(1529)

즉 라틴어가 절대 변하지 않는 기호가 아니라, 자연어인 모국어가 '자연성'을 가지고 시간과 공간에 따라서 변화되어 다양한 기호로 존재한다는 의미하였다.

이러한 단테의 민족어에 대한 변론은 당시에는 커다란 반응을 얻지 못했다. 왜냐하면 당시에 인문주의가 발현되어 언어보다는 인간 자체에 관심이 고조되었으며, 고전주의의 부활로 라틴어의 위치가 재차 강조되었기 때문이다. 200년이 지나서야 이탈리아 문학어를 위한 문화 정치적 투쟁에서 단테의 텍스트는 재발견되고 모국어와 다양한 자연적 기호에 대한 논의가 시작되었다.

단테의 기호론은 전통적인 토마스 아퀴나스에 의해 전수된 아리스토텔레스의 기호이론과 유사하다. 동물은 신체를 통해서 의사소통하고, 천사는 영혼을 통해서 소통한다. 반면에 인간은 동물과 천사의 중간적 위치에 있기 때문에 기호를 사용한다. 여기서 언어기호는 동물이 하는 직접적인 자연적인 접촉도 아니고, 천사의 영혼을 통한 무형적인 것도 아니라, 감성적이고 이성적인 기호를 필요로 한다. 그래서 단테는 기호를 임의적이라고 주장하였다.

이에 반해서 라틴어가 개신 현상을 겪으면서 새로운 기호론이 등장하게 된다. 즉 발라(Lorenzo Valla)는 언어의 '의미'는 더 이상 그것을 나타내는 사물과 동일하게 취급될 수 없기 때문에 언어는 더 이상 실제가 아니라고 주장한다. 그래서 언어는 "인간에 의해 만들어진 실제"를 나타내는 것이라고 한다. 그러므로 발라에 의하면 인간은 세상을 있는 그대로 볼 수 없고 언어를 통해서 만들어진 세상으로만 볼 수 있다고 한다. 그렇지만 이러한 주장은 역설적으로 언어 상대주의와 관계되는 것이 아니라 라틴어 우위성과 연관되어 있다.[16]

> 음성이 자연으로부터 주어진 것이라 해도, 낱말과 의미는 창작자에 의해 만들어진 것이다. 그래서 귀는 음성을 듣고, 정신은 의미를 알고, 귀와 정신은 낱말 전체를 이해한다.[17]

낱말과 의미가 창작자에 의해 만들어진 것이므로 의미는 자의적이고 '임의성'을 가진다. 하지만 언어의 요소인 소리가 자연적이라고 강조하고 있다. 그래서 "인간적 낱말은 실제로 자연적이다. 그러나 그것의 의미는 [인간적] 간섭을 통해서 얻어진다."[18]라고 발라는 주장한다.

이런 맥락에서 그에 의하면 낱말은 이중적인 특징을 지닌다. 한편으로는 귀에 의해 인식된 자연적 음성에 참여할 뿐 아니라, 정신으로 인지되고 인간에 의해 만들어진 인위적 의미에도 관여한다. 낱말은 귀와 정신에 의해 인지되기 때문이다. 더욱이 질료적 낱말과 의미 사이의 관계가 바로 어느 정도는 모사 관계로서 파악됨으로써 기호의 전통적인 임의성은 어느 정도 제한을 받게 된다. 발라는 자연적 의미를 가진 임의적이며 질료적인 기호로서 낱말을 간주하는 전통적 이론에 대항해서 의미를 인위적 특징을 가진 것으로 설정했지만 질료적 낱말의 견지에서 낱말의 자연성과 모사성을 강조하였다.

---

16 비베스(Juan Luis Vives)도 역시 "언어적 의미는 사회역사적으로 주어져 있는 것이지 지시된 것이 아니다."라고 주장했다.

17 Waswo, 1987, p.106.

18 Waswo, 1987, p.106.

근대에 라틴어의 절대적 우위를 부정하고 비속어라고 하는 모국어를 옹호한 사람들을 비속주의자라고 했다. 이 비속주의자들은 민족어인 모국어(자연어)의 대변자들이었으며 아리스토텔레스 기호이론으로 기울어져 있었다. 그래서 이들은 임의적 기호와 다양성에 근거를 둔 다양한 언어들의 동등성을 옹호했다. 비속주의자들은 모든 언어는 모든 것을 다 표현할 수 있어서 라틴어의 사용은 시대에 뒤떨어진 행위라고 비방했다.

앞에 언급된 라틴주의자와 비속주의자의 방향은 서로 잘못된 기호학적 이론과 결부되어 있었다. 역설적으로 라틴주의자들은 언어의 의미론적 개별성과 역사적 개별 언어의 인지적 중요성에 대한 인식을 주장했고, 민족어를 지지하는 비속주의자들은 보편적인 아리스토텔레스 기호사상을 옹호했다.

17세기에 유럽에서 언어의 다양성을 인정하는 운동은 자연스러워졌지만, 중세의 라틴어적 보편성은 몇 명의 학자들에 의해서 유지되고 있었다. 즉 언어적 보편성은 매우 강력하게 동경되고 있었으며, 이것을 위한 여러 가지 시도가 이루어지고 있었다.

앙투안 아르노와 클로드 랑슬로가 저술한 『일반 이성 문법(*Grammaire générale et raisonnée*)』(1660), 일명 『포르루아얄 문법』은 모든 언어의 공통성을 추구하였다. 보편문법을 토대로 하는 기호론은 아우구스투스–데카르트적 이원성을 통해서 강화된 아리스토텔레스의 기호론이다. 이것이 바로 『포르루아얄 문법』의 논리학에 의해 완성된다.

데카르트 자신도 『방법서설』(1637)에서 인간이 말한다는 것은 "자기가 하는 말에 관해서도 생각한다는 것"[19]이고, 인간이 말할 때 앵무새처럼

---

19 데카르트, 1637/1960, p.96.

전혀 생각 없이 말하지 않는다고 주장
했다. 그러나 이 말하는 행위의 유일한
목적은 데카르트에 의하면 의사소통이
다. 그래서 데카르트-아우구스투스식
의 공식에서는 『포르루아얄 문법』의 이
론도 낱말들을 의사소통의 수단으로만
본다. 이 낱말들은 물질적인 존재로서
일단 관습적으로 관념들과 결합되지만
관념과 음성의 연결 자체는 임의적이
다. 반면에 관념들은 절대 임의적이지
않다고 『일반 이성 문법』은 주장한다.

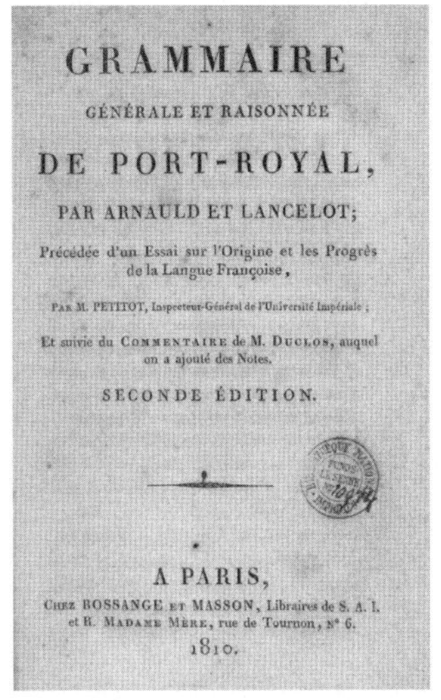

앙투안 아르노 · 클로드 랑슬로,
『포르루아얄 문법』(1812)

왜냐하면 어떤 특정한 표상을 어떤 다른 음성과 연결시키기보다 이
음성과 오히려 연결시킨다는 것은 사실상 아주 임의적인 사건이기 때
문이다. 그러나 관념들은 그들 나름대로 어떤 임의적인 사건들이 아니
고, 우리의 환상(임의성)에 의해 결정되지 않는다. 아무튼 명확하고 확
실한 그런 것에 좌우되지 않는다.[20]

이 인용을 통하여 우리는 『포르루아얄 문법』이 스토아 기호 사상을 재
수용하고 있음을 알 수 있다. 스토아 기호학은 기호를 표현하는 사물의
표상 단위와 표현된 사물의 표상 단위, 이렇게 두 가지 단위로 파악한다.[21]

---

20 Arnauld, Antoine & Claude Lancelot, *The Port-Royal Grammar: General and Rational Grammar:*, trans. by Jacques Rieux and Bernard E. Rollin, The Hague, 1975, p.69.
21 이런 생각은 나중에 헤겔에 의해 재차 수용되고 소쉬르에 의해서 '시니피앙'와 '시니피에'라는 개념으로 확정된다.

그래서 기호는 두 개의 관념을 포함한다. 한편으로는 표현하는 사물의 관념, 다른 한편으로는 표현된 사물의 관념. 그리고 기호의 본질은 첫째 것을 통해서 두 번째 것을 환기시키는 데 있다.[22]

경험주의자 로크는 사고란 언어와 무관하다라고 주장했지만 콩디악은 인간의 인식은 기호를 통해서만 가능하므로 언어는 사고와 불가분의 관계라고 주장한다. 그래서 사람들은 그를 첫 번째 온전한 기호철학자로 간주한다. 그에 있어서는 언어는 인간의 다양한 기호 중 하나이다. 콩디악은 『문법(*Grammaire*)』(1775)에서 기호란 인간에 의해 만들어졌기에 '임의적'이지만 '자연의 질서'를 쫓으므로 자연의 비중을 더 강조한다.

현대의 기호 이론[23]

고대 기호 개념은 중세와 근대를 거치면서 19세기 후반에 다른 기호 모형으로 바뀌었다. 즉 이원적 모형 혹은 삼원적 관계로 확장되어 발전하였다. 이러한 기호를 보는 시각에 전환을 자극한 사람은 19세기에 프레게(Gottlob Frege)와 퍼스(Charles Sanders Peirce)였다.

프레게는 기호를 기능 수학의 영역에서 이해하려고 고대의 기호 개념으로부터 우선적으로 출발한다. 즉 기호관계 's ® O'는 다음 도식으로 나타나는 기능 'f : x ® y'가 되는데, 'x'와 'y'는 자유로운 변수를 만들고 동시에 구체적인 사물을 위한 지점으로 기능한다.[24] 여기서는 기호가 대

---

22 Arnauld, Antoine & Claude Lancelot, *The Port-Royal Grammar*, 1975, p.80.
23 이 부분은 Mersch(2001)을 번역하고 요약했다.
24 Frege, 1977, p.16.

체의 구조를 보이지만 이것이 동일한 도표에 따라 고정되어 진행되지 않고 그때마다의 기능 표현으로 형식이 바뀐다. 말하자면 어떤 것에 대하여 기호가 된다는 것은 정확히 말하면 'x'는 'y'에 대한 'f' 관계에 있다. 이는 어떤 것이 배열에 속할 뿐 아니라, 그것이 어떻게 작용하는가를 의미하는 기능을 말하는 것이다.

이는 모든 것이 질서에 속할 뿐 아니라, 이것의 배치 방법도 중요함을 말한다. 그러므로 모든 기호는 항상 지시된 것을 단원적으로 지시하지 않는다. 오히려 지시의 방식이 중요하기에 기호의 이원적 관계에다가 세 번째로 'modus(양태)'를 추가한다. 그래서 프레게는 의의(Sinn)와 의미(Bedeutung)를 구분한다.[25]

이와 반대로 퍼스는 처음부터 기호를 삼원적 과정으로 이해했다. 기호의 재현이라고 하는 영역에서 기호란 우선은 재현체이고, 이것은 다시 제2의 것에 대하여 관계를 가지며, 다시 이 관계를 이해하고 인정하는 해석체가 존재한다.[26] 그래서 기호란 기호 지참자(S)와 기호 대상(O) 그리고 해석체(I) 사이를 연결하는 것이다. 퍼스는 이를 기호작용의 삼원체라고 했으며 다음과 같이 기호 삼각형으로 나타낼 수 있다.

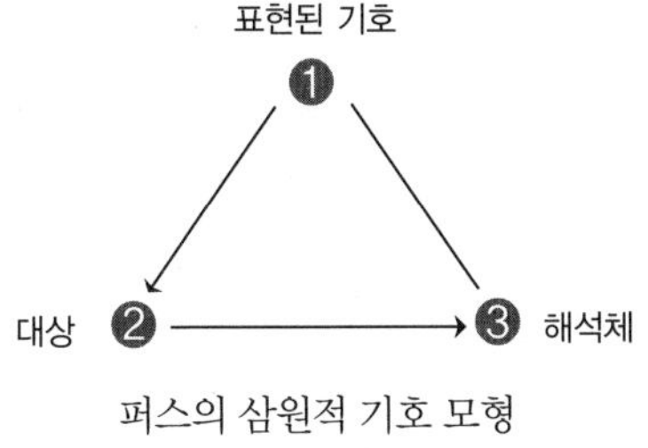

퍼스의 삼원적 기호 모형

---

25 Frege, 1962, p.40, p.41, p.42.
26 Peirce, 1983, p.64.

그래서 어떤 기호도 의미를 갖지 않는다면 하나의 기호로 작용할 수 없다.[27] 이들의 관계는 지시하는 것과 지시된 것 사이의 단순한 관계에서 작동하는 것이 아니라, 이것을 충족시키기 위해 어떤 해석이 필요하다. 퍼스 기호 모형의 특이한 점은 해석체 자체가 하나의 기호인 한에는 기호 삼각형이 상호 순환적으로 작동한다는 것이다.[28] 어떤 해석체도 어떤 기호를 최종적으로, 즉 결정적으로 해석하지 않는다. 그래서 퍼스의 기호작용에서 해석의 과정은 절대 끝나지 않는다. 오히려 모든 암시 자체가 다시 다른 기호의 망과 해석에 연결된 암시적인 것으로 채워진다. 어떤 문학적 텍스트의 모든 수용은 일련의 코멘트와 새로운 해석의 출발점이 될 것이다. 그래서 이 과정은 은유, 풀어쓰기, 담화, 개정의 형태로 발전될 것이다. "엄격한 의미에서 모든 상징은 살아 있는 존재이다. (…) 상징 자체라고 하는 것은 천천히 변화해서, 의미는 성장하고, 새로운 요소들을 수용하고, 오래된 것은 배제한다."[29]

고대의 기호에서 의미 문제는 퍼스에서는 무한한 과정이 된다. 기호에서 본질적인 것은 그것의 관계가 아니고, 지속적인 순환이다. 그래서 퍼스는 해석에서의 진보를 인정한다.[30] 의미란 기호들의 대응에 있는 것이 아니고, 기호를 최종적으로 어떤 것이라고 하는 것이다.

---

27 Peirce, 1983, p.64.
28 Peirce, 1983, p.64.
29 Peirce, 1983, p.46.
30 Peirce, 1970, p.279.

구조주의 기호 이론

　구조주의 기호학은 고대 기호학과 기능주의 기호학과는 완전히 다르게 시작하였다. 이 기호학의 출발점은 개별적 기호, 제스처, 낱말, 표시판, 모사 등이 아니고, 어떤 문화나 사회에서 부분들의 제도로서 파악되는 전체적인 것이다. 여기서는 특히 부분들을 이루는 구조가 중요하게 등장한다. 그래서 어떤 것을 나타내는 것에 대한 의미가 무엇인가가 중요한 것이 아니고, 이것이 해당 문화, 제도, 사회에서 차지하는 위치에 대해 질문하는 것이 중요하다.

　소쉬르에 의하면, 언어란 어떤 사물이나 사태들을 명명한 것의 결과물이 아니다.[31] 오히려 언어는 시대에 따라 지속적으로 변화하고 바뀌는 것들의 모음집이다. 소쉬르는 언어의 관습성과 자연성 사이에서 '임의성'에 대해 주목한다.[32] 소쉬르의 '시니피앙(지시하는 것)'과 '시니피에(지시된 것)'을 연결하는 것은 역사적인 것이 아니고, 매우 임의적이다. 그래서 소쉬르는 어떤 기호가 어떤 대상에 해당한다면 그것은 우연이라고 한다. 이것은 언어만이 결정하는 일이고, 이를 사람들은 분류와 분절이라고 할 수 있다. 상징적인 것이란 어떤 외적인 상징적인 것을 지시하는 것이 아니다. 오히려 다양한 현실을 나타내는 관계들의 전체가 중요하다. 중요한 것은 이것들의 분할과 분류이다.[33] 그에 의하면 언어적 사실은 다른 것과 경계가 될 때만 존재한다. 언어는 자체적으로는 아무것도 아니다. 언어는 서로 서로 구별됨으로써만 존재한다. 즉 모든 것보다 구조에 우

31　Saussure, 1967, p.20, p.76.

32　Saussure, 1967, p.79~80.

33　Saussure, 1997, pp.336~338.

선권이 있다. 언어는 이런 측면에서 실체가 아니고 형식이다.[34]

그래서 사람들은 기능을 표현하는 것이 아니라, 추상적 대수로부터 출발해야 한다. 즉 그 모양은 정적으로는 상상되지 않고 시간 흐름에서 변화하는 사건이다. 그래서 퍼스의 기호적 삼각형이 아니라, 언어적 사각형이 이것을 보다 자세히 설명할 수 있을 것이다. 이를 소쉬르는 a / a'와 a / b 로 나타낸다.[35]

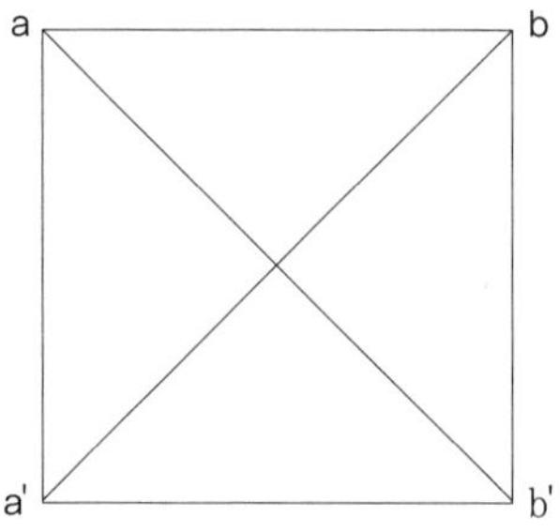

이러한 소쉬르의 의도는 1950년에야 비로소 레비스트로스(Claude Lévi-Strauss)와 바르트(Roland Barthes)에 의해 발전되었다. 그래서 언어에서 기호의 구조는 사회적 친족관계(레비스트로스)로, 무의식적인 기호의 밭(라캉)으로, 현대문학의 이론(크리스테바)으로, 일상적 신화, 사랑, 의복의 언어(바르트)로, 역사와 정치적 권력의 영역(푸코)으로 확장되었다.

자크 데리다(Jacques Derrida)는 기호에 대한 본질적이고 고전적 개념으로부터 제기된 질문으로부터 세 가지 결과를 추출했다.

첫째, 기호가 제도 안에서 지속적인 변천을 통해 구성된다면, 이것은

---

34 Saussure, 1967, p.134.
35 Saussure, 1997, p.336.

반복성을 통해서 정체성이 확보될 것이다. 그래서 이 반복성은 기호의 기준이 될 것이다. 반복되어야만 기호이고 그 결과로서 일종의 단위를 소유할 수 있다.[36] 그렇게 되면 기호는 더 이상 시니파앙과 시니피에로 나누어지는 구분이 아니고 단지 표시가 될 것이다. 이 기호는 이성성이 아니라 반복성으로 드러날 것이다.[37] 데리다는 기표들의 기록성의 측면을 이것과 연결 짓는다.[38] 반복 가능한 것은 이미 문자이다. 이것은 문자성의 특징에 부합하기 때문이다. 이것이 소리로, 제스처로, 모습으로 나타나건 상관없다.

둘째, 만일에 기호가 기호의 위치를 나타내는 차이(Differenz) 제도 내에서 비로소 구성된다면, 다시금 차이 제도는 어떻게 구성되는가라는 질문이 생긴다. 기표의 질서는 제도적으로 그 자체적 서술성으로부터 추출되는 어떤 것일 것이다. 데리다는 이와 반대로 차이의 원리를 중심에 놓는다. 그래서 그는 지속적으로 달라지는 차이성으로부터 출발한다. 소쉬르의 언어 제도는 하늘에서 떨어진 것이 아니고, 일종의 분류이기 때문에 그 구조가 규정하는 차이는 스스로 효과로서 그것을 생산하는 행위자의 결과이어야 한다.[39]

셋째, 기호 차이는 이것을 보증하는 토대(Grund)에서 근거지워지는 것이 아니고, 자체적으로 토대 없는 사건으로 사라진다. 언어나 어떤 다른 기호 제도에 대해서 더 이상 말해질 수 없다. 단지 아무것도 확실하지 않

---

36 Derrida, 1995, pp.412~413.
37 Derrida, 1999, p.333.
38 Derrida, 1974, pp.120~121.
39 Derrida, 1999, p.40.

은 끊임없는 차이로 드러나는 어떤 사건에 대해서만 언급될 수 있다.[40]
그래서 기호의 기본 원리는 흔들리고 기호를 사용하는 학문도 흔들릴 것이다.

하만(Hamann), 헤르더(Herder), 훔볼트(Humboldt)의 언어철학으로부터 19세기 중반까지 거의 150년 동안 잠들어 있었던 기호를 단번에 부활시킨 사람들은 위에서 본 바대로, 실용주의자(퍼스, 모리스), 분석학자(프레게, 비트겐슈타인), 보편적 상징철학자(카시러, 굿맨). 현상학자와 해석학자(후설, 하이데거), 구조적 기호론자와 기호학자(소쉬르, 야콥슨, 로트만, 에코) 등이었다.

현대 기호학의 공통 분모는 한편으로는 고대 기호 이론에 대한 비판 그리고 재현의 이원 모형에 대한 비판이었고, 다른 한편으로는 보편적인 형이상학 비판에서 해체주의로 진행되는 합리성에 대한 비판이었다.

현대 기호학은 모사 이론을 해체하였고, 대체 기호 모형을 구성하였다. 그래서 유명론과 재현주의는 단호히 비판되었다. 특히 고대 기호 개념을 프레게와 퍼스가 비판했으며, 소쉬르도 그랬다. 오늘날 모든 철학 연구는 기호의 문제, 언어의 문제 혹은 해석의 문제로 수렴되고 있다.

이는 루드비히 비트겐슈타인(Ludwig Wittgenstein)에서 가장 강하게 실현되었다. "모든 철학은 언어 비판이다."[41] 언어 비판이란 홉스와 로크에서와 같이 논리학의 기본 원리에서 명제의 합리적 설명을 의미하는 것이 아니고 말할 수 있는 것의 사고 가능한 것과 사고 불가능한 것을 경계 짓는 것이다. 사고를 진지하게 고찰해보면, 사고가 언어를 처리하는 것이

---

40 Derrida, 1999, pp.55~56.
41 Wittgenstein, 1989, p.33.

비트겐슈타인은 "철학의 목적은 병 속에 갇힌 파리가 나갈 길을 알려주는 것"이라고 말했다.

아니라, 언어가 사고를 지배하는 것이다. 그러면 기호를 통해서 정해진 형식 안에서만 사고는 존재한다. 이는 퍼스가 이미 결론으로 내렸다. 그래서 비트겐슈타인은 철학적 사태에 대해 서술된 대부분의 명제와 질문은 잘못이 아니고 무의미하다고 결론을 내린다. 그래서 우리는 이런 종류의 질문들을 대답할 수 없고 단지 무의미함으로 확정할 뿐이다. 대부분 철학적 문제와 명제는 우리가 언어 논리학을 이해하지 못한 데서 생긴다.[42]

이를 보다 구체적으로 하이데거는 "어떤 사물도 낱말이 없는 곳에 존재하지 않는다"라고 했다.[43] 그에 의하면 존재, 기호 그리고 언어는 태생적으로 같이 속하는 것이다. 기호와 기호 구조는 이미 선험적으로 존재한다. 그래서 의식이 자유롭고, 의지는 의도를 가지며, 주체는 주도적이

---

42 Wittgenstein, 1989, pp.32~33.
43 Heidegger, 1975, pp.162~164.

라는 말은 허구이다. 결국, 기호가 핵심이고, 이성, 사고, 인지, 실재 등
은 부차적인 것이다. 우리는 영원히 지속되는 기호의 미로에서 움직이고
있다.

제 2 장

찰스 샌더스 퍼스

사고를 기호로 이해하다

"모든 기호가 기호가 되기 위해서는
　　　기호로 해석되어야 한다."(Peirce, CP 2.308)

Charles Sanders Peirce

1839	미국 보스턴 출생
1854	하버드 대학 입학
1863	화학 학사학위 취득
1864-1871	하버드 대학 강사
1867-1869	「새로운 범주 목록에 대하여」, 「네 가지 무능력의 귀결들」 발표
1877	학술원 회원
1877	「관념을 명석하게 하는 방법」 발표
1879-1884	존스홉킨스대학 전임강사
1887	펜실베이니아 밀포드에 칩거하여 논리학과 기호학 관련 저술 활동(10,000쪽 이상의 글을 저술)
1909	암 발병
1914	미국 펜실베이니아 밀포드에서 사망

이력

찰스 샌더스 퍼스(Charles Sanders Peirce)는 1839년에 하버드대학교 수학 교수인 벤자민 퍼스의 둘째 아들로 태어났다. 그의 아버지는 일찍이 아들의 천재성을 알아채고 조기교육을 실시했다. 그래서 퍼스는 8세에 화학을 공부했고 작은 실험실에서 자신의 다양한 실험을 할 수 있었으며 13세에 고전적 논리학을 정통하였고 15세에 하버드대학에 입학하였다. 대학에서는 철학에 심취하여 칸트(Immanuel Kant, 1724~1804)의 『순수이성비판』을 암기할 정도였다고 한다. 하지만 아버지의 뜻에 따라서 화학을 전공하여 24세에 학사학위를 취득하고, 미국 연안측량조사국에 취직하여 30년 동안 근무하였다. 그는 생전에 단 한 권의 저서인『측광연구(*Photometric Researches*)』(1878)을 발표하여 유명해졌고 1877년에 학술원(National Academy of Arts and Science)의 펠로우로, 과학원(National Academy of Science)의 회원으로 선출되었다.

1867년에 그는 「새로운 범주 목록에 관하여」에서 칸트의 범주를 수정하려고 시도하였고, 1868~1869년까지 「인간에 대해 주장된 특정 능력에 대한 물음」, 「네 가지 무능력의 귀결들」, 「논리 법칙의 타당성 근거들」, 「새로운 범주 목록에 관하여」 등을 발표하였다.

밀포드의
퍼스 저택

　하지만 이러한 학문적 성과에도 그는 성격이 괴팍해서 대학은 물론 결혼 생활에서도 그렇게 성공적이지 못했다. 23세에 성공회 주교의 딸과 결혼하였지만 그의 결혼은 불행했다. 그들 부부는 유럽으로 가서 학문적으로는 성공을 거두었지만, 그는 1875년에 혼자 귀국해서 부인과 이혼해버렸다. 아버지는 그에게 학문적 천재성만을 중시하였고, 도덕적 자기제어를 가르치지는 못했다.

　1877년에 그는 다시 유럽을 방문했고, 『대중과학』에 실린 논리학에 관한 첫 번째 논문 「믿음의 고정」을 집필하는 데 집중했다. 그리고 이어서 그는 「관념을 명석하게 하는 방법」을 발표하였다.

　그의 아카데미 경력은 1864년에서 1871년 사이에 하버드대학에서 세 번 강의했고, 1879년에서 1884년 사이에 존스홉킨스대학에서 5년 동안 전임강사를 한 것이 전부였다. 강사 시절에 그는 종종 다른 교수들과 논쟁을 하였다. 더불어 그는 프랑스 여인 줄리에트 푸탈레와 결혼 전에 동거한 것이 이사회에 보고되면서 학교에서 방출되었다.

퍼스는 재혼 후에 1887년부터 펜실베이니아 밀포드에 은거하여 저술 활동만 하였다. 하지만 그는 밀포드에서 유산을 탕진하며 부유한 상류층과 어울렸고, 허황된 꿈을 꾸곤 했다. 말년에 그의 지기 윌리엄 제임스와 친척들의 자선으로 끼니를 때울 수 있었다. 그리고 1891년에 그가 오랫동안 근무했던 연안국 조사일도 직원들과 다툼으로 그만두게 되었다.

하지만 그는 학문에 대한 열정으로 죽을 때까지 철학적 글쓰기를 중단하지 않았다. 결국 그는 암에 걸려 고생하다가 5년 투병한 후 사망하였다. 돈이 너무나 없어서 그의 미망인은 장례비를 충당하기 위해 그의 유고를 단돈 500달러에 하버드대학에 팔았다.

퍼스는 생전에 학술 잡지, 정기간행물, 과학 연감, 사전 등을 통해 10,000쪽 이상을 출간했다. 철학, 수학, 과학, 화학, 축지학, 천문학, 실험심리학, 철학, 논리학, 형이상학 등에 관한 글들을 그는 광범위하게 저술 발표했다.

그의 저술들은 『퍼스 선집(*Collected Papers of Charles Sanders Peirce*)』으로 출간되었고[1], 그 후에 인디애나대학 출판부는 『퍼스 전집(*Writing of Charles S. Peirce*)』이라는 제목의 30권짜리 선집[2]을 출판하였다.

퍼스의 기호학

퍼스는 "나는 수학, 형이상학, 중력, 열역학, 광학, 화학, 비교해부

---

1 이하에서 이 책들은 CP로 약칭한다.

2 이하에서 이 책들은 W로 약칭한다.

학, 천문학, 심리학, 음성학, 경제학, 과학사, 카드게임, 남자와 여자, 포도주, 측정학 등 어떤 것도 최대한 기호학적 연구로서 연구하지 않은 적이 없다"[3]라고 했다. 그리고 그의 기호학 출발은 르네 데카르트와 존 로크의 비판으로부터 시작하였다. 즉 데카르트는 우주 체계를 물질과 마음으로 구별하였고 물질은 연장으로, 마음은 사고로 표현했다. 로크는 이 관념 체계를 경험론으로 확장시켰다. 하지만 우리의 관념들이 외적 대상을 정확히 표상하는지는 불확실하다. 그래서 퍼스는 사고를 경험으로 서술한 로크의 생각이나 사고와 물질을 구분한 이원론적 데카르트를 거부했다.

퍼스는 사고란 어떤 기호가 해석체에 의해 해석되어 의미를 가지고 그것이 사고라고 생각했다. 인간의 모든 생각은 기호를 통해 전개되는 추론 과정이며 인간의 정신은 추론에 따른 기호에 불과하다. 퍼스는 다음과 같이 주장하였다.

> 인간은 언어나 다른 외부적 상징들을 통해서만 생각하기에 그것들은 인간에게 이렇게 말할 수 있다. '너는 우리가 너에게 가르쳐준 이외에는 아무것도 의미할 수 없다, 그것도 오로지 네가 네 생각의 해석체로서 단어들에 의존하는 한도 내에서만 그렇다.' 그러므로 실제로 인간과 언어는 서로가 서로를 가르친다, 모든 인간 정보의 증가는 그에 상응하는 언어 정보의 증가를 수반하고 또한 그에 따라 수반된다. […] 인간이 사용하는 기호나 언어는 바로 그 인간 자체이다. 모든 생각이 하나의 기호라는 사실은 삶은 생각들의 사슬이라는 사실

---

3 Hardwick, Charles(ed.), 『기호학과 의미학 : 찰스 샌더스 퍼스와 빅토리아 웰비여사의 서신교환』, 1977, 85~86쪽.

과 함께 인간이 바로 기호라는 것을 입증하고 또한 모든 생각이 하나
의 외부적 기호라는 사실은 인간이 하나의 외부적 기호라는 것을 입
증한다. 그것은 homo라는 낱말과 man이라는 낱말은 동일하다는 것
과 같은 의미에서 인간과 외부적 기호는 동일하다고 말하는 것과 마
찬가지이다. 그러므로 나의 언어는 나 자신의 전반적인 총체이다. 바
로 인간은 생각하기 때문이다.[4]

그래서 사고의 의미는 대상을 규정하는 기호로서 해석하는 삼원적
관계에서 만들어진다. 사고는 퍼스에 의하면 절대 직관적이지 않고 추
론적이다. 외부로부터 사고는 내부로 들어간다. 그래서 모든 사고는
기호 안에 존재한다. 이것은 '대상체' – '표상체' – '해석체'로 구성되어
있다.

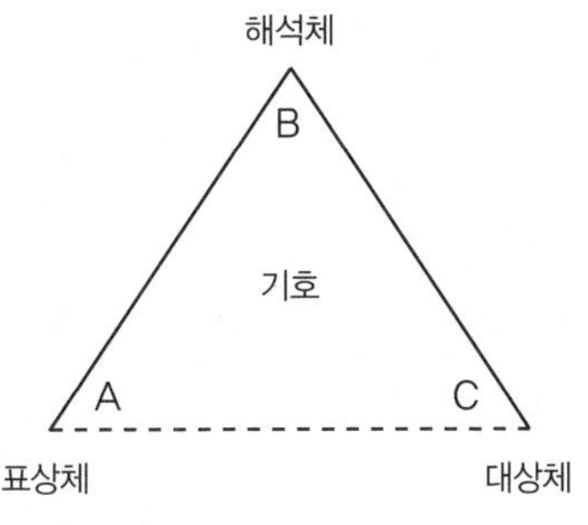

퍼스의 삼원적 기호관

앞의 인용문에서 확인한 것처럼 사고를 기호로 보고 이 사고 과정을
해석 과정으로 서술하는 것이 퍼스의 기호관이다. 퍼스의 관점에서 생

---

4 CP 5, pp.313~314.

각하는 것은 행동이다. 생각하는 것은 음식을 먹고, 전쟁을 하고, 기계를 조작하는 것처럼 실재적이고 역사적이며 행동을 통한 행위다. 그는 사고에서 물질적 속성을 인정한다. 그래서 사고 속에 있는 우주의 구성은 기호 실재론이라고 할 수 있을 것이다.

우리는 사고가 우리 안에 있지 않고 우리가 사고 안에 있다고 말해야 한다. 사고의 구성적 힘은 나중에 기의와 기표가 임의적이라는 명제에 의해 다시 확정되었다. 그래서 퍼스의 이론은 대상과 기호를 넘어서 해석체가 중요하다.

퍼스는 위와 같이 기호를 의식과 사고에 적용시켰다.[5] 우리에게 일반적으로 알려진 사고와 의식은 이성을 바탕으로 설명될 수 있다. 그러나 퍼스는 사고와 기호를 동일시 한다. 사고는 다른 사람의 생각을 전혀 우리가 알 수 없기 때문에 아주 개인적일 수 있다. 의미를 상호 개인 간의 사용에서 추출하는 비트겐슈타인처럼 퍼스에 의하면 사고는 우리가 사용하는 기호에 종속적이다. 우리는 기호에서 벗어난 상황은 절대 만날 수 없고 기호에서 자유로운 '나'는 절대 존재할 수 없으며 칸트의 주장처럼 '사물' 자체를 우리는 절대 만날 수 없다. 모든 사고는 우리가 과거 언젠가에 배웠거나 사람들 사이의 상호 주관적인 기호 세계에서 나온 판단이다. 우리의 사고를 가능하게 하는 이러한 전통으로부터 숙성된 상징과 판단들이 이미 우리의 머리 속에 장기적으로 저장되어 있어서 우리 상황을 해석하거나 어떤 것을 해석하는 데에 다시 사용되는 것이다. 그래서 모든 기호는 사고를 보증한다. "낱말로 되어 있

---

5 이 부분부터는 안정오, 「기호의 사고, 사고의 기호 — 퍼스기호학」, 기호학연대, 『기호학으로 세상읽기』, 2002을 수정 보완하였다.

지 않은 인간적 의식은 절대 존재하지 않는다. [⋯] 인간이 사용하는 낱말은 인간 자신이다. [⋯] 그래서 나의 언어는 내 자신의 총합이다. 인간은 사고이기 때문이다."[6]

퍼스의 중심 사상은 "모든 사고는 기호이다."[7] 데카르트의 경우에서 '사고하는 나'라는 주체는 절대 의심되지 않지만 퍼스에서는 '나' 자체가 의심된다. 그래서 그는 「네 가지 불능으로부터 나온 몇 가지 결과(Einige Konsequenzen aus vier Unvermögen)」에서 다음과 같은 전통에 대한 부정을 말한다.[8]

> ① 우리는 내성의 능력을 가지지 않고 내적 세계의 모든 인식은 외적 사실의 우리 인식으로부터 나온 가설적인 결론을 통해서 파생된 것이다.
> ② 우리는 직관의 능력을 가지는 것이 아니고 모든 인식은 앞서 존재하는 인식에 의해 논리적으로 규정된다.
> ③ 우리는 기호 없이 생각하는 능력을 갖고 있지 않다.
> ④ 우리는 인식할 수 없는 것에 대한 개념을 갖지 않는다.

이러한 네 가지 부정에 대한 언급은 바로 기호 개념이 상정될 때만 우리 인간의 사고능력과 내성 능력의 딜레마는 해결될 수 있다.

퍼스는 데카르트 사상의 부정을 통해서 그의 사상을 만들어가는데 이 과정에서 칸트와의 토론이 매우 중요한 역할을 하였다. 그러나 퍼

---

6 W 2, p.241.

7 W 2, p.207.

8 Apel I 1991, p.40 이하 참조.

스는 초기에 칸트에 심취해서 많은 영향을 받은 바 있지만 전적으로 칸트의 인식 이론을 수용하지는 않는다.

첫째, 퍼스는 칸트가 주장하는 '물 자체'에 대해서 '경계를 짓는 개념'이 ― 언어적 술어를 통해서 표현될 수 없는 사물 자체 ― 완전한 기호가 아님을 보여주려 한다. 칸트와는 달리 그는 '물 자체'에의 접근을 가능한 것으로 본다. 우리의 학문적인 인식이 언제나 불충분하기 때문에 우리는 사물이 실제로 어떻게 존재하는가를 궁극적으로 알지 못 한다. 장기적으로 보면 세상은 우리의 단순한 주관적 의견과 무관하게 실존하는 것처럼 그렇게 서술될 수 있다.

둘째, 퍼스는 '선험적인 나'를 기호학적으로 전환할 것을 제안한다. '나'는 기호 이론적으로 보면 전체적으로 재구성될 수 있다. 인간적인 주체는 한편으로는 기호적 연쇄체 안에 있고 다른 한편으로는 그의 관계들의 다양함 안에서 기호 맥락의 상호주관적으로 중재된 일관성의 장소인 복합적 기호로 읽혀진다. "내가 생각한다는 사실이나 사고의 단위는 일관성일 뿐이다. 일관성은 그것이 기호인 한에는 모든 기호에 속한다. 이성은 추론의 정해진 바대로 발전하는 기호이다."[9]

이처럼 퍼스가 칸트를 이탈하여 완전히 새로운 사상으로 진입하는 것처럼 보이지만 사실은 다음 두 가지 면에서 그는 칸트주의자이다.

첫째, 모든 사고는 기호를 통해 중재된다는 퍼스의 사상은 순수한 모사(模寫) 사실주의에, 즉 언어는 언어 외적으로 주어진 것을 '도상적으

---

9 W 2, p.240 이하, Nagl 1992, p.27에서 재인용.

로' 나타내는 것일 뿐이라는 것을 가정하는 '반사이론'에 반대하기 때문에 칸트에 동조한다. 칸트의 생각대로 퍼스는 가장 간단한 감각인 지조차도 직접적이지 않다고 생각한다. 예를 들어서 '빨갛다'라는 개념은 완전히 직접적이지 않고 상징과 추론에 의해 나온 결과라고 그는 말한다. 왜냐하면 '빨갛다'고 인지된 것은 "이것은 붉다"라는 기호 연쇄체인 술어로 전환되기 때문이다.

둘째, 퍼스는 자신의 기호 이론을 반(反)유명론적이라고 생각한다. 기호는 퍼스에게 있어서 '단순한 말'이 아니고 사실적인 것에 근거를 둔다. 언어 상징들은 분명히 우리에 의해 발견된 것이고 임의적인 협약의 표현이 아니다. 왜냐하면 실질적인 보존환경에 따라서 이것들은 변형될 수 있기 때문이다. 퍼스는 자신을 보편논쟁과 관련지어 다음과 같이 칸트주의자로 규정한다.

> 칸트의 코페르니쿠스적 전환은 유명론에서 실재론적인 세계상으로의 전이 과정이다. 실제적인 객체를 이성에 의해 규정된 것으로서 고찰하는 것이 그의 철학의 본질이다. 객관적으로 타당한 것으로 고찰한다는 것은 어떤 객체의 경험 안에 필수적으로 들어가 있는 모든 조망과 개념 이외에 아무것도 아님을 의미한다.[10]

이를 통하여 퍼스는 우리가 대상 경험에서 얻을 수 있는 객관성까지도 언제나 단지 '우리의' 객관성이라고 주장한다. 그래서 퍼스는 순수한 모사 사실주의를 반대하는 견해(대상들의 서술 가능성과 경험이 기호에 종속

---

10 W 2, p.470.

적이라는 견해)와 보편적 실재론적 가설(기호는—단지 관습적으로 경험된, 현상적
으로 구조화된 세계만이 아니라—실재 자체를 서술할 수 있다는 견해)을 연결 지으려
한다.

퍼스에서 기호는 모든 인식 과정 안에 포함되어 있다. 기호는 어떤 것
을 보증하고 직접적인 것을 중재하고 해석한다. 또한 기호는 우리의 주
관적 착상과 무관해 보이는 그런 실재를 보다 잘 서술하게 해준다. 이렇
게 기호가 퍼스에서 사고와 인지에 중요한 역할을 했기 때문에 그는 기
호를 보다 더 정확히 규정하였다. 그래서 기호학에서 그의 기호 규정은
매우 중요한 기준이 되고 있다.

퍼스에서 기호는 다음과 같은 특징을 가진다.

> 기호란 대표인데 어떤 견지나 능력에서 어떤 사람에게 어떤 것을 보
> 증하는 어떤 것이다. 이것은 어떤 누구를 지향하고 있다. 즉 어떤 사람
> 의 의식에서 등가적인 기호를, 혹은 필경 좀 더 발전된 기호를 산출한
> 다. 이것이 생산해내는 기호를 나는 첫 번째 기호의 해석체라 부른다.
> 기호는 어떤 것을, 즉 그것의 대상을 보증한다. 이것은 모든 견지에서
> 그 대상을 보증하는 것이 아니고 어떤 종류의 관념과 관련지어서 그 대
> 상을 보증한다. 이것을 때때로 나는 표상의 토대라 불렀다. […] 여기서
> ‘관념’은 모든 각 사람은 어떤 다른 사람의 관념을 공유하고 있다고 이
> 해되어야 한다.[11]

여기서 기호는 대리자이고 제삼자를 지향한다. 이는 다시 말해서 또
다른 기호를 만들어낸다는 말이다. 이것이 바로 해석체이다. 그래서 이
러한 기호는 언제나 이 해석체를 포함하여 질료와 대상이 이루는 삼원적

---

11 CP 2, p.228.

인 구조를 지닌다.

① 기호는 재료적으로 등장한다. 예를 들어서 문자 기호는 잉크 자국이 재료로 나타나고, 말해진 언어에서는 음파가 재료이고, 제스처에서는 운동으로 나타나는 몸짓이 재료이다. 이러한 기호들은 단순한 재료 조각이 아니고 인간들에게 기호로서 경험이 가능하다. 이는 다른 대상 중 한 대상이 아니고 어떤 특정한 기호로서 이것을 통해서 표시 가능한 대상으로부터 구별되는 어떤 것이다.

② 모든 기호는 스스로를 보증하는 것이 아니고 어떤 다른 것을 보증한다. 기호는 기호로서만 보자면 기호 자체를 넘어서 어떤 것을 의미한다. 이는 기호가 어떤 전체대상과 관계가 있음을 말한다. 이 대상개념에서는 '관점'과 전체성 사이의 이러한 차이로 인해서 퍼스는 '직접적' 대상(우리가 현재 발견하는 대상)과 '동적' 대상(선험적인 대상)을 구별한다.

③ 질료적 기호와 객체 사이의 관계는 스스로 산출되는 것이 아니고 어떤 작용을 목표로 하는 기호해석자의 중재를 통해서 비로소 성립이 가능하다. 그러므로 기호는 제삼자인 해석체를 야기시킨다. 그래서 기호의 삼원적 관계를 도표화하면 다음과 같이 나타낼 수 있다.

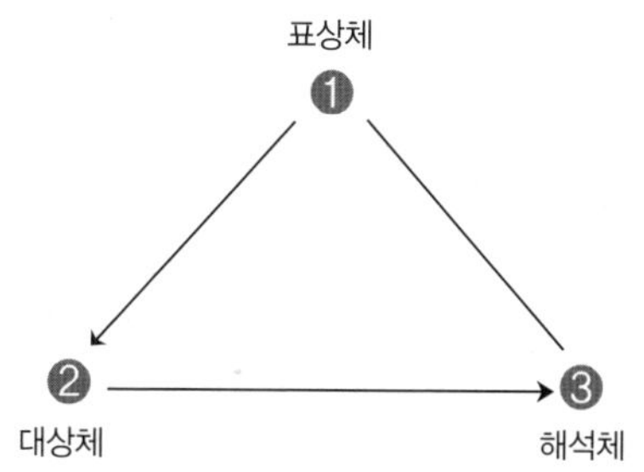

표상체, 대상체, 해석체로 구성된 삼원적 기호관

이 도표를 보면 구성체들이 서로 연관되어 있는데 대상체는 해석체와 질료에 연결되어 있고 해석체는 대상체와 질료에 연관되어 있고 질료는 다시금 대상체와 해석체에 연결되어 있다. 이러한 서로 간의 관계는 좁은 의미가 아니고, 넓은 의미로 이해해야 한다. 다시 말하면 원인과 결과의 맥락을 나타내는 것이 아니고 '규정된다'에 더 가까운 의미이다.[12] 그래서 차라리 서로를 통해서 다른 것을 '일으키다'라는 말에 더 가깝다. 대상체가 기호를 결정하고 그에 따라서 기호는 '해석체'를 일으킨다. 기호 과정은 원인과 결과의 인과적인 과정을 토대로 하는 것이 아니고 오히려 해석체가 기호를 나름대로 특정한 방식으로 읽어낸다.

퍼스에서의 기호는 어떤 것을 나타내는데 이것이 대상체이다. 이 대상체가 기호로 나타내질 때 이것은 우리 언어의 상징의 공간으로 들어오게 된다. 그러나 기호와 대상 간의 관계는 실체가 아니다. 대상체 개념에는 대상이 존재하지 않는다. 기호는 언제나 다른 기호를 통해서만 해석되기 때문이다. 이러한 과정은 퍼스가 말하는 해석체라고 — 기호연쇄체 — 부르는 것과의 맥락에서만 이해가 가능하다.

지시된 객체는 기호로서만 주어진다. 그러나 모든 대상체가 기호를 통해서만 현실화될 수 있지만 기호화하는 과정에서 대상의 개념은 구별되어야 한다.

① 직접적 대상(객체) : 우리가 이미 우리의 현재 의식 안에서 발견하는 그런 대상(객체).

② 동적 대상(객체) : 우리가 지금 여기서 사용하는 어떤 정해진 명칭과

---

[12] CP 8, p.177.

는 반대로 '선험적'으로 되어 있는, 즉 간접적이고 나란히 존재하는 대상(객체). 이러한 동적 객체의 중요한 기능 중 하나는 순수한 해석들의 가능한 공간을 제한하는 것이다. 상상력은 대상을 갖지 않는 기호를 계속 생산하기 때문이다.

기호의 작용을 종합적으로 분석해보면 퍼스 기호관의 특성을 잘 알 수 있다. 그의 기호는 세 개의 축으로 이루어져 있는데 이 중에서 가장 중요한 역할을 하는 것은 실용적인 개념인 '해석체'의 개념이다. 퍼스는 이에 대해 다음과 같이 말하고 있다.

> 기호는 기호 자신이 생산하거나 변경하는 어떤 것을 보증하는데 기호가 보증하는 것이 '대상'이며, 기호가 전달하는 것이 '의미'이며, 기호가 제시하여 환기되는 것이 '해석체'이다.[13]

퍼스는 이 해석체의 개념을 인간적인 의사소통 구조의 시각으로 보고 있다. 다시 말하면 각각의 기호는 이것들을 반복하고 해석하는 다른 기호와 연속적이고 상관적인 관계에 있다.

> 우리가 생각할 때 사고 기호는 어떤 생각에 토대를 두는가? 아마도 일차로 상당히 내적 발달과정을 거친 후에 얻어진 외적 표현이 생기고 이를 매체로 결국 다른 사람의 생각에 토대를 둘 것이다. 그러나 이런 과정이 일어나는지 아닌지는 언제나 우리의 사고 자체 안에서 이것의 후속으로 생기는 사고를 통해서 해석된다. […] 다시 말하자면 사고를 해석하거나 반복하는 사고를 쫓지 않은 사고는 어느 순간에도 존재하

---

13 CP 1, p.339.

지 않는다. 모든 사고기호가 연속되는 다른 기호로 전환되고 해석되는 법칙은 그래서 어떤 예외도 없다. 모든 생각하기가 죽음으로 인해 어떤 급작스럽고 궁극적으로 끝나는 것이 아니라면 말이다.[14]

기호는 대상이나 객체를 보증하고 해석체를 위해서 등장한다. 그러나 기호는 자신의 의의를 스스로 이해하지는 않는다. 기호란 어떤 사람을 위한 기호이다. 이것은 어떤 사람의 작용, 감정, 행위 안에서 수용된다. 다시 말하면 사람들 사이에서 일어나는 내적인, 외적인 의사소통을 통해서 해석적으로 수용된다는 말이다. 그렇다고 일상적인 대화 안에서만 이것이 일어나는 것은 아니다. 사람이나 동물 및 식물 같은 유사 해석자도 역시 해석체를 전이, 재해석, 요약 등의 상이한 방식으로 처리한다. 그래서 퍼스는 이러한 의사소통적인 관점에서 이 해석체(혹은 기호 작용)를 세 가지로 구분한다.

① 직접적인 해석체(혹은 기호 작용) : 일차적 기호란 바로 직접적인 기호 작용인데 기호수용자 안에서 직접적인 감정이 작용하는 것을 말한다. 이러한 기호는 서술이 허술한 기호인데 예를 들어 음악작품이 그것이다. "음악 작품 연주는 기호이다. 이것은 작곡가의 음악적 이상을 전달하고 일련의 감정 안에서 생긴다."[15]

② 동적인 해석체(혹은 기호 작용) : 기호 작용은 이러한 직접적인 방식으로만이 아니고 복합적인 관계 체계를 통해서도 가능하다. 명령기호 '차렷!'은 군인들이 근육운동을 행하는 에너지적 해석체를 가지게

---

14 W 2, p.223.
15 CP 5, p.475.

된다. 이러한 에너지를 수반하는 행위가 뒤 따라온다 할지라도 화행 '차렷!'은 성공적으로 수행되었고 기호 과정이 종결되었다고 말할 수 있다. 기호는 다음 기호를 통해서 뿐 아니라 행위와 행동 습관을 통해서도 해석될 수 있다.

③ 논리적인 해석체(혹은 기호작용) : 논리적인 기호 작용은 최종적인 해석체이다. 이것은 장기적으로 확신을 확정하는 것을 목표로 하는 보다 깊은 차원을 가진다. 의심은 논리적인 절차를 통해서 극복되고 안정될 수 있다. 이를 퍼스는 다음과 같이 언급하고 있다.

> 내가 '최종적인 해석체'라고 부르는 세 번째 종류의 해석체가 분명히 존재한다. 왜냐하면 어떤 최종적 의견이 얻어질 때까지 어떤 일이 연구될 경우 진정한 해석으로 적용되어야 할 것을 이 해석체가 포함하기 때문이다.[16]

우리가 어떤 사무실에서 기호체 '금연표지판'을 보았을 때 우리에게 이것은 직접적인 대상으로서 담배를 피우지 않는 개념이 설정되고 동적 대상으로서 우리는 절대 담배에 불을 붙이지 않는다. 이것을 해석체에 연장하여 생각하면 담배를 안 피워야 한다는 생각은 '직접적인 해석체'이고 담배를 피우다가도 끄는 행위는 '동적 해석체'이며 그 표지판을 보고 습관적으로 아무도 담배를 피우지 않는 행위는 '최종적인 해석체'이다.

---

16 CP 8, p.148.

기호 분류

　퍼스는 사고를 나타내고 의사 소통상 중요한 역할을 하는 이러한 기호들을 여러 각도에서 분류하여 제시하고 있다. 퍼스는 '일차성', '이차성' 그리고 '삼차성'이란 범주에 관여하는 관점에 따라서 기호를 삼분한다. 이 세 종류의 기호 삼분법은 먼저 관계를 고려하지 않는 기호 자체의 측면에 따른 것이고, 다음은 기호 대상과 이원적인 관계에 있는 기호 측면이고, 마지막은 어떤 해석체를 위한 대상체의 표상의 삼원적 관계로서의 기호 측면을 말한다. 이를 다음과 같이 각각 도표화할 수 있다.

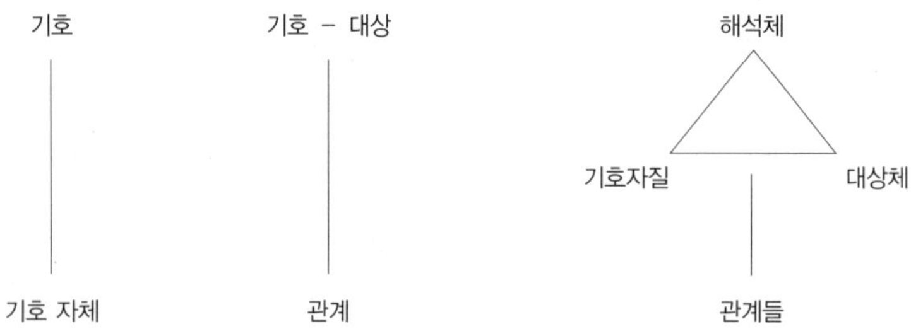

　기호 자체를 보면, '성질기호(Qualisign)' 혹은 '개별기호(Sinsign)' 혹은 '법칙기호(Legisign)'이다. 다시 말하면 그 기호 자체를 볼 때 기호는 단순한 어떤 성질이거나(일차성) 어떤 실재로 존재하는 것이거나(이차성) 어떤 일반적인 법칙이거나(삼차성)라는 말이다.[17]

　성질기호는 기호의 성질이다. 기호에서 감각적으로 수용될 수 있는 그런 것을 말한다. 어떤 색 혹은 원이나 어떤 모양을 띤 형식을 말한다. 하

---

17 CP 2, pp.243~246.

지만 성질기호는 어떤 기호의 가능성만을 가지고 있고 아직은 기호화작용의 과정에서 실현되어야 한다. 네온사인 광고의 자색 불빛, 교통경찰의 찢어질 듯한 호각 소리 등이 성질기호이다. 이 성질기호가 공간과 시간에서 구체적으로 실현되자마자 바로 이것은 개별기호가 된다. 여기 저기 있는 네온사인 광고, 호각 소리 등이 이에 속한다. 이 개별기호는 실재로 존재하는 사물이거나 사건이다. 특정한 장소에 종이 위에 쓰여 있는 경고는 개별기호가 된다. 법칙기호는 기호로 된 법칙을 말한다. 모든 관습적인 기호는 예를 들어 법칙기호가 된다. 예를 들어 알파벳의 모든 문자나 언어들의 모든 낱말들, 임의적이고 반복적이며 대체 가능한 교통신호 등은 법칙기호이다. "법칙기호는 기호로 된 법칙이다. 그런 법칙은 일반적으로 사람에 의해 만들어졌다. 모든 관습적인 기호는 법칙기호이다. 하지만 역은 아니다."[18]

이 세 종류의 기호들은 서로 보완적이고 겹치는 부분들이 있다. 예를 들면 모든 성질기호는 실제로 기호가 되기 위해서 개별기호를 통한 현실화를 필요로 한다. 그리고 모든 법칙기호는 개별기호를 통한 구체적인 실현을 필요로 한다. 그러나 개별기호에서 성질기호나 법칙기호의 측면이 부가되어 나타날 수도 있다. 시각효과를 높이기 위한 어떤 시에서 낱말이 문자 그림이나 소리 형식으로 나타나기도 한다. 이것들은 성질기호이다. 그리고 개별 낱말을 어휘적 단위들로 고찰할 때 이것은 법칙기호이다. 반대로 개별 경우에서 이것들의 구체적인 쓰기나 구체적인 음성적 실현은 개별기호이다. 퍼스는 이 법칙기호와 개별 기호 사이의 관계에 특히 관심을 가지는데, 법칙기호를 통한 개별기호의 구체적인 실현은 법칙기호의

---

18 CP 2, p.246.

복사본이라고 말할 수 있는데 만일에 '그'라는 말이 한 쪽에 4번 등장하면 이는 '그'라는 개별기호의 법칙기호이다. 언어 체계에서 일회적인 단위와 텍스트에 여러 번 개별적으로 등장하는 것 사이의 구분을 'type'과 'token'으로 이해할 수도 있다. 'type'은 언어 체계에서 일회적인 단위이며 법칙기호에 해당하고, 'token'은 텍스트에 다양하게 등장하는 복사본인데 개별기호이다. 이런 맥락에서 성질기호, 개별기호 그리고 법칙기호는 'ton', 'token', 'type'으로 전환시켜 생각할 수 있다.

ton	질료	가능성	일차성
token	표시	개별적인 실현	이차성
type	유형	일반적인 법칙성	삼차성

두 번째 기호 분류는 기호와 대상체와의 관계를 토대로 나온 것이다. 일차성은 도상(Icon), 이차성은 지표(Index), 삼차성은 상징(Symbol)을 말한다.

도상은 지시된 대상만을 지시하는 기호이고(예 : 닭소리 '꼬끼오'와 같은 의성의태어, 사진, 도표, 셰익스피어 초상화) 지표는 공간적이고 시간적인 접촉 관계나 인과관계를 통하여 결정되는 기호이다.(예 : 지문, 발자국, 대명사, 공간과 시간을 나타내는 부사적 표현과 전치사적 표현들) 상징은 법칙이나 규칙성을 통하여 대상체와 기호를 연결한다.(예 : 언어, 로고 표시 등) 퍼스가 말하는 이 상징은 그림이나 은유를 나타내는 것이 아니고 문화적으로 결정된 모든 관습적인 기호를 말한다. 다시 말하면 이 상징들은 해석의 산물이고 모든 일반 규칙의 결과이다.[19]

---

19 Pape, Peirce I 1986, p.205도 참조.

언어기호를 분석해보면 상징들이 눈에 많이 띄는데 그렇다고 다른 대상에 직접 관련된 것은 아니다. 그러나 언어는 도상, 지표, 상징이 엄격히 분리되어 해석될 수 없다. 도시 지도를 보면 확실하다. 지도는 도상이다. 그러나 이 도상은 서술된 것과 다른 매체 안에서 작동한다. 이것은 플라스틱 종이 위에 그려져 있다. 어떤 지도는 어떤 도시를 나타내는 기호를 가지고 있다. 어떤 사람이 이 지도를 해석할 수 있기 위해서는 그 안에 사용된 약호를 배웠어야 한다. 이러한 종합 작용을 통해서 비로소 기호는 읽힐 수 있다. 여기서 도상적 요소가 단독적으로 존재할 수도 없고 지표와 상징으로도 충분하지 않다. 그래서 다음과 같이 나타날 것이다.

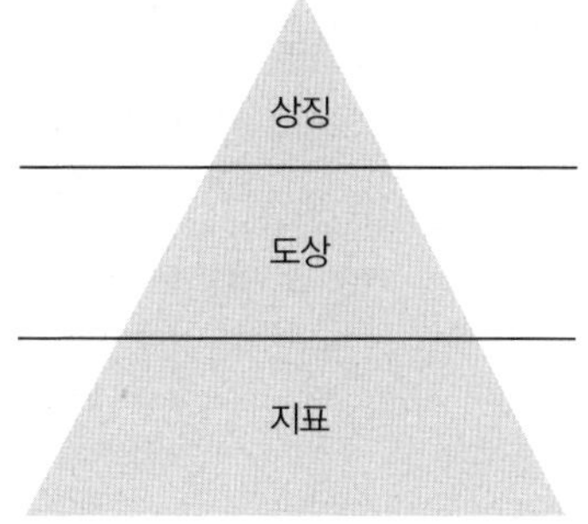

앞에서 본 바대로 퍼스는 어떤 대상을 보증하는 어떤 기호가 어떤 다른 것을 환기시키는 작용 및 동기를 직접적 해석체, 동적 해석체, 최종적(논리적) 해석체로 나누는데, 이 중에서 최종적(논리적) 해석체를 다시 '해석기호(Rheme)', '발화기호(Dicisign)', '논항기호(Argument)'로 나눈다.

해석기호는 '예'와 '아니오' 이외에 거의 모든 낱말처럼 진과 위의 범주에서 벗어나 있는데 예를 들어 '자동차'와 같은 고립된 항이나 "~은 보라색이다"와 같은 주어가 없는 술어들이다. 이것들은 의미론적으로 결정적이지 않고 해석의 많은 가능성을 열어놓고 있다.

발화기호는 대상과의 관계에서는 이미 정해져 있지만, 해석체의 관계에서는 아직 열린 기호를 말한다. 이 기호는 논리적으로 진(眞) 혹은 위(僞)일 수 있다. 어떤 기호가 발화기호인지 아닌지를 보이기 위한 가장 간단한 시험방식은 그것이 진인지 위인지에 있다.

논항기호는 복합적인 기호이다. 이것들의 요소들(해석기호와 논항기호)은 일반적인 규칙에 의해 결정되어 있다. 예를 들어서 이 기호는 논리적인 중심인물로서, 격률체계로서, 규칙으로 규정된 시적인 형식으로서(소네트 형식…), 법칙을 통해서, 즉 어떤 가정에서 결론으로의 전이 과정이 진리로의 경향이 있는 법칙을 통해서 자신의 대상체를 나타낸다. 그래서 해석의 가능성은 해석기호의 개방성에서 논항기호의 확정으로 축소된다. 이를 총제적으로 도표화해보면 다음과 같다.[20]

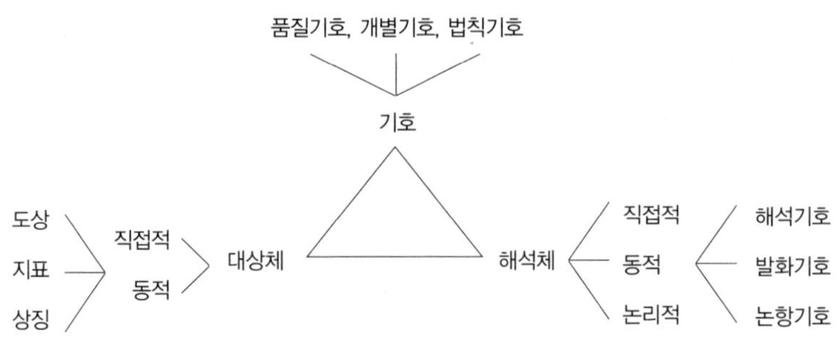

앞에 나온 9개의 기호들은 각각 고립되어 있어서 아직은 완전한 기호들이 아니다. 이 기호들은 단지 기호가 되는 동기를 위한 예일 뿐이다. 이 기호들의 조합을 통해서 완전한 기호가 생기게 된다. 퍼스는 수많은

---

20 Nagl, 1992, p.43.

방식으로 기호 동인들을 연결하려 했다. 이 가능성은 수 없이 많다. 앞에 나온 기호의 하위범주 세 개, 대상체의 하위범주 세 개, 해석체의 하위범주 세 개를 각각 곱하면 이론적으로는 27개의 가능성이 나오게 된다.(3x3x3=27) 그렇지만 논리적으로 부적당한 것은 배제시킨 결과 열 개의 기호를 얻을 수 있다.(예를 들어 품질기호는 도상적이고 해석기호적이기에 상징의 위치에 나타날 수 없다. 또 개별기호는 상징이 아니고 지표는 전혀 논항기호가 될 수 없다) 퍼스는 기호에 대한 세 가지 삼항 분류를 바탕으로 열 개의 기호를 다시 구분한다.

① 단순(해석기호–지표적) 성질기호 : 기호 성질 자체가 기호이다. 그래서 성질기호는 도상기호이다. '붉다' 는 느낌, 수줍음을 나타내는 홍조.(예 : '추기경' 의 개념을 내포하기 위해 사용되는 빨간색의 뉘앙스)

② (해석기호적) 도상 개별기호 : 기호의 어떤 자질이 이 자질로 하여금 대상의 관념을 결정하게 하는 대상 기호를 말한다.(예 : 개별적인 도형, 개별적인 도표, 도로표지판)

③ 해석적–지표적 개별기호 : 직접적 경험의 어떤 대상인 기호.(예 : 자발적 외침, 갑작스런 외침. 예를 들어 길을 건널 때 달려오는 차를 보면서 '자동차!' 라고 외치는 경우)

④ 발화적(지표적) 개별기호 : 그것이 기호인 한 그리고 그것의 대상에 대한 어떤 정보를 담고 있는 한 직접적 경험의 대상이 되는 기호를 말한다.(예 : 풍향계는 바람이 어느 방향에서 불어오는가를 실질적으로 제공하는 정보이다)

⑤ (해석적) 도상적 법칙기호 : 유사한 대상의 관념을 마음 속으로 불러; 일으키도록 만들어진 일정한 자질을 각각의 경우에 재현하도록 하

는 어떤 일반적인 법칙이나 유형을 말한다. 도상기호이므로 잠재기호임에 틀림없다. 법칙기호이므로 그 각각 특수한 종류의 도상적 실재기호들이 단일한 복제물들을 지배하게 된다.(예 : 고유명사 혹은 구체적이며 개별적인 실현과 무관한 도표)

⑥ 해석적 지표적 법칙기호 : 각각의 경우가 대상에 대해 주의를 기울이는 것과 같은 방식으로 그것의 대상에 의해 실제로 영향을 받을 것을 요구하는 어떤 일반적 유형이나 법칙을 말한다.(예 : 지시대명사)

⑦ 발화적 지표적 법칙기호 : 각각의 경우가 대상에 관한 한정된 정보를 제공하는 방식으로 그것의 대상에 의해 실제로 영향받을 것을 요구하는 어떤 일반적 유형이나 법칙을 말한다.(예 : 행상인이 외치는 소리, 교통신호)

⑧ 해석적 상징(그리고 법칙기호) : 이미지가 어떤 습관에 의해 일반적 개념을 생산하는 그러한 마음 안에서 복제물이 하나의 이미지를 상기시키듯이 그리고 복제물이 그 개념의 한 경우인 대상의 기호로서 해석하듯이 그렇게 일반적 관념들의 연합에 따라 그것의 대상과 결합된 기호를 말한다.(예 : 종[種]의 명칭인 명사)

⑨ 도표적 상징(그리고 법칙기호) 기호 : 일반적인 관념들의 연합에 의해 그것의 대상과 결합된 기호라는 점에서 잠재적 상징기호와 같으나 그것의 의도된 해석체가 사실적 상징기호를 그것이 의미화하는 것과 관련하여 실제로 그것의 대상에 의해 영향받는 것으로서 표상하며 따라서 그것이 마음에 불러일으킨 실재 혹은 법칙이 실제로 지시된 대상과 결합되어야 한다는 점에서 잠재적 상징기호와 다르다. 따라서 의도된 해석체는 실재적 상징기호를 실재적 지표적 법칙기호로 간주한다.(예 : 관습적인 명제)

⑩ 논항기호(법칙기호 및 상징) : 그것의 해석체가 대상을 법칙을 통해 그
    이상의 기호인 것으로 표상하는 기호인데 이때 법칙은 모든 전제들
    로부터 결론까지의 진행이 진리를 지향한다는 것이다. 이것의 대상
    은 일반적이어야 한다. 논증은 반드시 상징기호이며 따라서 법칙 기
    호임에 틀림없다. 그것의 복제물은 사실적 실재기호이다.(예 : 귀납법,
    연역법, 가추법, 삼단논법)

①은 기호의 토대이고 ②, ③은 두 개의 요소로 구성된 직접적 대상체
와 동적 대상체이고, ④－⑩까지는 세 개의 요소로 구성되어 있다. 이러
한 퍼스의 기호가능성에 대해서는 헬무트 파페(H. Pape)와 게하르트 쇤리
히(G. Schönrich)의 책을 참조하여 자세한 이해와 분석을 확인할 수 있을 것
이다.[21]

가추적 해석 과정

퍼스는 기호화작용을 의사소통 과정의 하나로 본다. 그래서 그의 의사
소통 과정은 기호의 해석이다. 예를 들어 어떤 낱말 '자동차'를 화자가
말하고 청자가 들었을 때는 이미 청자는 그에 대한 해석체(자동차는 빠르다,
자동차는 편하다 등)를 인지하고 있다. 그래서 "자동차를 타고 가자"고 했을
때 청자는 그 기호를 제대로 환기하고 해석하여서 그에 맞게 반응을 보
이게 된다. 이것을 우리는 일반적으로 의사소통 과정이라고 한다.

---

21 Pape I, 1986, pp.46~52, Schönrich, 1990, pp.96~172, 지금까지의 설명에 대해서
   는 Nagl, 1992, pp.21~56과 Nöth, 2000, pp.59~70을 읽어보면 더 자세히 알 수 있
   다.

그렇다면 이 해석은 어떻게 일어나는가? 퍼스는 이 해석이 가추법(Ab-duktion)을 통해서 일어난다고 생각한다. 퍼스는 연역법과 귀납법을 토대로 이 가추법을 설명하는데[22] 다음에서 각각의 과정과 특징을 통해 비교 및 검토할 수 있다.

일반적으로 연역법은 귀납법과의 비교를 통해 이해될 수 있다. 연역법은 법칙을 세우고 사례를 분석하여 결과를 추출해낸다. 그래서 **법칙＋사례＝결과**의 공식이 나타난다. 다음의 예로 구체적 과정을 살필 수 있다.

법칙 : 이 주머니에서 나온 모든 콩은 하얀색이다.
사례 : 이 콩들은 이 주머니에서 나온 것이다.
결과 : 이 콩들은 하얀색이다.

그러나 연역법은 규칙에 의해 알려진 정보만을 알아내고 새로운 사실을 알아내지는 못한다. 귀납법은 연역법과는 반대로 사례를 통해 결과로 가서 법칙을 찾아낸다. 공식은 **사례＋결과＝법칙**이다. 그래서 구체적인 예는 다음이다.

사례 : 이 콩들은 이 주머니에서 나온 것이다.
결과 : 이 콩들은 하얀색이다.
법칙 : 이 주머니에서 나온 모든 콩은 하얀색이다.

귀납법은 관찰된 사례와 결과만을 서술한다.

---

22 CP 2, p.623.

가추법은 연역법과 귀납법과는 다르게 가설적인 어떤 법칙에서 어떤 것을 유추해낸다. 즉 **가설적 법칙＋결과＝유추**가 이것의 공식인데 다음 예를 통해 자세히 살필 수 있다.

법칙 : 이 주머니에서 나온 모든 콩은 하얀색이다.
결과 : 이 콩들은 하얀색이다.
사례 : 이 콩들은 이 주머니에서 나온 것이다.

가추법은 어떤 것이 어떠할 수도 있을 것임을 제시한다.[23] 가추법은 가정이므로 그럴 수도 있고 안 그럴 수도 있다. 인간들은 이 가추법에 의해 모든 새로운 것을 알아냈다. 과학분야에서 만유인력과 상대성원리는 과학자들의 과감한 가추법에 의한 것이다.

소통 과정에서 화자가 어떤 진술을 말했을 때 그것을 해석하는 힘은 가추력이다. 인간이 어떤 진술을 들었을 때 가추력에 의해 "그 말은 아마도 그럴 것이다"라고 가설을 세우고 그에 맞게 반응하는 것이 기초해석 과정이고 의사소통 과정이다. 이 능력이 바로 인간에게 의사소통 능력이다.

가추법의 활용

움베르토 에코는 가추법의 구체적인 예로 자신의 소설 『장미의 이름』 에 나오는 윌리엄 바스커빌 신부의 추리력을 다음과 같이 설명한다.

윌리엄 바스커빌은 제자 아드소와 어떤 정치적인 사명을 수행하기 위

---

23 CP 5, p.171 참조.

해서 어떤 수도원으로 가는 도중 일군의 사람들을 만난다. 그들은 어떤 것을 찾고 있었으며 그중에서 포도주 창고지기가 그 둘에게 흥분해서 다가온다. 윌리엄은 그들이 무엇을 찾고 있으며, 그 찾고 있는 것이 수도원장의 말 '브루넬루스'임을 말해줌으로써 사람들을 놀라게 한다. 역시 놀란 제자 아드소도 그의 스승에게 어떻게 그가 이 모든 것을 알 수 있었는가를 묻는다. 그래서 윌리엄은 자신의 기호 해석 가추 방식을 설명한다.

"사랑하는 아드소야! 여행 내내 나는 너에게 기호 해독하는 것을 가르친 바 있다. 세상은 우리에게 이 기호를 통하여 책처럼 말한다. 스승 알라누스 압 인슈리스는 다음과 같이 말하였단다. '이 세상의 만물은 책이며 그림이며 거울이다.' […] 그러나 우주는 스승 알라누스가 생각한 것보다 훨씬 수다스러웠다. 우주는 최후의 일에 대해서뿐 아니라, 가장 가까이 있는 것까지도 말해준단다. 나는 네가 알아야 하는 것을 너에게 반복한다는 것이 매우 부끄럽다. 사거리에 말의 발자국이 방금 내린 눈 위에 매우 확연하게 찍혀 있었다. 그것은 우리의 왼쪽으로 가는 옆길을 지시하고 있단다. 균형 잡힌 모양으로 찍혀 있으며 동일한 간격으로 된 발자국은 말발굽이 작고 둥글며 매우 규칙적으로 걸어갔음을 우리에게 가르쳐주고 있다. 이것으로부터 말의 성품이 추론될 수 있을 것이다. 즉 말은 놀란 짐승처럼 흥분해서 달려가지 않았음을 알려준다. 소나무 가지가 지붕처럼 만들어져 있는 곳에 몇 개의 가지가 다섯 족장 높이로 부러져 있었다. 이 짐승이 꼬리를 치면서 오른쪽으로 꺾여 든 지점의 딸기나무 덩굴 중 하나에는 가시 사이에 검은 털 오라기가 한두 개 걸려 있었다. […] 너는 이 옆길은 쓰레기 더미로 가는 길임을 알지 못했음을 물어보지 못할 것이다. 저 아래 길모퉁이를 돌면서 보니까 남쪽 탑 아래 있는 깎아지른 듯한 절벽에는 쓰레기 버린 자국이 눈 위로 드문드문 보이더구나. 사거리처럼 그 길은 이 방향으로 날 수밖에 없단다." […] "나는 그 말이 정말 그런지는 알지 못한다. 하지만 나는 수도사들이 스승 시도르 폰 세빌야가 가르친 다음의 교훈을 믿는다고 확신한다. 말의 아름다움은 '작은 머리, 뼈에 달라붙어 있되 건조한 가죽, 뾰족한 귀 끝, 큰 눈, 푸짐하게 벌어진 콧구멍, 꼿꼿한 목, 무성한 갈기 및 꼬리털, 둥글고 단단한 발굽…'이란다. 그런데 아까 내가 말하던 그 말이 수도원 외양간에서 제일 잘난 놈이 아니었다면 마부가 나오지 수도원의 중책을 맡고 있는 식료계 수도사가 몸소 찾으러 나오지는 않았을 것이 아니냐? 말을 훌륭한 놈으로 여기는 수도사는 원래 모습은 보지 않고 훌륭한 말의 조건을 자기 말에게서 본단다." 제자 아드소가 왜 말의 이름이 브루넬루스인가를 물었을 때 윌리엄은 "성령을 받고도 머리가 그렇게 아둔할 수가 있더냐? 다른 이름을 붙였을 리가 있겠느냐? 빠리 대학 총장이 되어 세도로 말하자면 날아가는 새도 떨어뜨릴 만한 뷔리당이 논증의 실례로 말을 인용할 때마다 그 말을 '브루넬루스'라고 부르는데 여부가 있겠느냐?"라고 말했다. 그는 자연이라는 위대한 책을 읽어내는 방법에 정통했을 뿐만 아니라, 수도사들이 성서를 읽는 태도, 그리고 성서와 성서를 통해 갖게 되는 수도사들의 사고 방식에도 정통했다.[24]

우리가 본 대로 일종의 수수께끼 풀기와 같은 가추법적 추론의 비범함은 말[馬]의 이름을 추론할 때 더욱 명백해진다. 물론 말은 다르게 불릴 수도 있을 것이다. 그리고 여기에 결정적 규칙으로 소개된 말의 명명에 대한 권위는 아주 절대적인 확신이 아니라 어떤 개연성만을 가지고 말 이름 '브루넬루스'를 추측한다. 그러나 윌리엄은 그것을 감히 한다. 그리고 정확한 이름을 맞춘다. 이 예는 원래 기호 해독의 이론으로서 이해되는, 즉 기호 해석의 가추법적 방식을 이론적 핵심으로 이해하는 기호학은 기호로서 생산되고 의도된 특정한 대상들을 특별히 우대하는 것이 아니고, 기호학이란 전체 세계를 읽혀야 하는 기호를 제공하는 책으로 간

---

[24] 움베르토 에코, 『장미의 이름』, 1986, 34쪽 이하.

주하고 있음을 명백하게 보여준다. 눈에 있는 흔적, 덤불에 걸린 말털들은 낱말, 텍스트, 그림 등처럼 역시 기호로서 해석된다.[25]

또한 코난 도일이 쓴 소설에 나오는 탐정 셜록 홈즈는 추리와 추론을 통해 범죄를 해결하는데 특히『바스커빌의 사냥개』,『주홍빛 연구』,『대수도원 저택』에 그런 것들이 자세히 나오고 있다. 그리고 에드거 앨런 포의『도둑맞은 편지』,『황금충』등과 같은 소설들도 우리에게 가추력을 훈련시켜준다. 코난 도일은 1887~1927년 사이에 80편의 탐정소설을 발표하는데, 소설 속의 셜록 홈즈는 다음과 같은 탐정 자질을 가지고 있다.

① 지식 :『주홍빛 연구』에서 지식의 능력 과시.

② 관찰 능력 :『바스커빌의 사냥개』에서 본 것을 느끼도록 스스로 훈련.

③ (추론적) 연역 능력 :『주홍빛 연구』에서 위대한 일은 추론할 수 있는 능력이라 함.

다음에서 코난 도일이 셜록 홈즈의 모델로 삼은 에든버러의 벨 박사의 추론 과정을 살펴보자. 어떤 여성이 진흙이 묻은 구두를 신고 작은 아이 하나를 데리고 손에 외투 하나를 들고 손가락 피부병을 치료하기 위해 병원에 들어섰다.[26]

의사 : 번티스랜드에서 오는 것이 어땠소?
환자 : 꽤 멀었지요.

---

25 유르겐 트라반트,『기호학의 전통과 경향』, 안정오 역, 2001, 47~50쪽 참조.
26 움베르토 에코 외,『셜록 홈즈, 기호학자를 만나다』, 김주환 · 한은정 역, 2016, 67~68쪽 참조.

의사 : 인버리스 거리까지 상당히 걸었소?

환자 : 예!!!

의사 : 다른 아이는 어떻게 했소?

환자 : 리스에 사는 제 동생에게 맡겼지요.

의사 : 아직도 리놀륨 공장에서 일하시오?

환자 : 예, 그래유!

어떻게 의사는 처음 보는 환자에게 어디서 왔고, 무슨 일을 하고 아이가 몇 명인가를 알 수 있단 말인가?

단서 1. 환자는 인사할 때 파이프 지방 사투리를 사용.

단서 2. 가장 가까운 파이프 지역은 번티스랜드임.

단서 3. 구두 밑창 가장자리에 붉은 흙은 인버리스 거리에 있고 리스에서 그곳까지 가장 빠른 길임.

단서 4. 오른쪽 손가락에 피부염. 번티스랜드의 리놀륨 공장 직공의 직업병.

의사는 사투리를 통해서 환자가 번티스랜드에서 온 사람임을 추측하고 있으며, 구두 밑창에 묻은 진흙을 통해서 그녀가 인버리스 거리를 걸어왔음을 알 수 있었고, 손톱 밑의 피부염은 번티스랜드의 리놀늄 공장의 직업병임을 통해서 그녀가 그 공장에 다니고 있음을 알 수 있었고, 그녀의 왼손에 있는 좀 더 큰 외투를 보고 또 다른 아이가 있음을 추론할 수 있었다.

탐정 홈즈는 사건을 추론할 때 다음과 같이 진행한다.

- 관찰 : 관찰자료 관찰, 기록, 짜맞춤.(귀납법)
- 추론 : 관찰된 사실을 해석하려고 가정.(가추법)
- 결론 : 자신의 가정에 내재한 결과를 분석적으로 제시.(연역법)

감정사와 탐정은 이런 측면에서 유사점이 많이 있다. 1874년, 1876년에 독일 조형 미술지에 이탈리아 화가에 대한 논문을 게재하였는데, 거기서 많은 진품과 모조품을 구분하는 데 가장 중요한 것은 중요치 않은 귀나 목, 혹은 작은 부분이라고 주장하였다. 홈즈도 역시 범죄의 경우 단서를 찾는 데서 중요한 것은 부분의 작은 것이라고 하였다. 그래서 감정사 모렐리는 그림의 작은 부분을, 프로이트는 신체의 작은 증상을, 셜록 홈즈는 조그마한 단서를, 사냥꾼은 발자국, 나뭇가지, 배설물, 털, 깃털, 냄새, 웅덩이, 침과 같은 사소한 것을 주목하여 본다.

현대 기호학에서는 기호를 해독하는 것이 기호를 만들어 제공하는 것보다 더 중요하다. 기호학은 가추법의 처리 방식을 통한 기호의 해석이론이다. 기호를 이해한다는 것은 단순히 특정한 표상체의 구체적인 등장을 근거로 자동적으로 진행하는 의미의 인식이 아니다. 의미는 창조적인 도약을 통해서 언제나 새로이 만들어진다. 이러한 창조적 기능은 문학작품과 같은 그런 현상에서 확실한데, 거기서 의미는 알다시피 감상자, 독자 혹은 청자의 창조적 해석을 통해서 추론되어야 한다. 가추법은 기호가 의미를 얻게 해주는 의미규칙의 체계를 찾아가는 과정이다.

모든 의사소통 과정은 우리 모두 각자가 어떤 사회에서 개별적으로 가지고 있는 어휘와 문장의 저장 상태 그리고 풍습, 전통, 사회적 관습을 근거로 한 매우 개연적인 가추법을 수단으로 성사되는 일련의 과정이다.

퍼스의 영향

퍼스의 독창적인 사상은 여러 후속 세대 학자들과 학문 분야에 두드러진 영향을 주었다.

첫째, 롤랑 바르트, 움베르토 에코와 같은 후대 기호학자들에게 중요한 이론적 토대를 제공했다. 이들은 퍼스의 이론을 발전시켜 문학, 문화, 미디어 등 다양한 영역의 기호 현상을 분석하는 데 활용했다. 그리고 로만 야콥슨 역시 퍼스의 기호학을 언어학 및 문화 연구에 접목시켜 커뮤니케이션 이론과 문화기호학 발전에 기여했다.

둘째, 윌리엄 제임스, 존 듀이와 함께 미국 실용주의 철학의 주요 창시자 중 한 명으로서 실용주의 원칙을 제시했다. 비록 당대에는 제임스와 듀이의 실용주의가 더 큰 주목을 받았지만, 퍼스의 원래 실용주의 사상은 후대에 분석철학, 과학철학, 인식론 등 다양한 분야의 학자들에게 중요한 영감을 제공했다.

셋째, 현대 논리학 발전에 중요한 기여를 했다. 그의 논리학 연구는 버트런드 러셀을 비롯한 초기 분석철학자들에게 영향을 미쳤다.

넷째, 과학적 탐구의 본질과 방법에 대한 깊이 있는 통찰을 제시했다. 즉 그는 가추법의 추론 방식을 통하여 과학적 발견 과정에 대한 이해를 넓히는 데 기여했다.

퍼스의 기호학은 현대 기호학에서 움베르토 에코가 특히 확대 발전시키었다.[27] 에코는 퍼스가 언급한 모든 기호는 해석될 때만 기호라는 것에

---

27 8장 움베르토 에코 참조.

착안해서 해석기호학을 발전시켰다. 그래서 에코는 자신의 저서 『열린 작품』에서 '열림'이란 본래 수신자에 의한 해석 과정이라고 보았다. 그래 서 퍼스의 영향을 강하게 받은 에코의 기호학은 흔히 해석기호학이라고 도 한다. 즉 그레마스의 기호학은 의미 생성 경로에 초점을 두고 있지만, 에코는 의미의 해석 과정에 더 많은 관심을 가진다.

제 3 장

페르디낭 드 소쉬르

기호 개념들을 만들어내다

"기호는 시니피앙과 시니피에로 구성되어 있고,
그 관계는 자의적이다."(소쉬르, 『일반언어학강의』, 김현권 역, 2012, 138쪽)

Ferdinand de Saussure

1857	스위스 제네바 출생
1872	「언어학논고」 집필
1875-1876	제네바대학에서 물리학, 화학, 수학 등 수학
1876	파리 언어학회 가입
1876-1878	독일 라이프치히대학에서 역사, 언어학, 수학 등 수학
1878-1879	「인도유럽어의 원시모음 체계에 대한 논문」 발표
1880	박사학위 논문 「산스크리트어의 절대 속격의 용법」 발표
1880	파리로 이주
1881-1891	파리고등실업학교 역사언어학 교수
1891	제네바대학 교수로 취임
1907	일반언어학 1차 강의
1908-1909	일반언어학 2차 강의
1910-1911	일반언어학 3차 강의
1913	스위스 뷔플랑르샤토에서 사망
1916	제자 발리와 세슈에유 등이 『일반언어학강의』 초판 발행

이력

페르디낭 드 소쉬르(Ferdinand de Saussure)는 1857년에 스위스 제네바에서 출생했다. 그는 어려서부터 주변의 가족과 친지들로부터 학문적인 강한 영향을 받았다. 그의 부친은 자연과학자였으며, 작은 할머니가 작가이자 교육학자였고, 그의 형제들은 중국학자, 수학자, 에스파냐학자, 화가 등이었다. 그래서 그의 관심은 언어학, 예술, 교육 등으로 경도되었다.

그는 15세 되던 해에 언어학자 픽테트(Adolphe Pictet)에게 보내져서 그를 사사했다. 픽테트는 언어학적 고생물학을 창시했으며, 『독일어 단어와 그리스어 단어의 뿌리에 대한 에세이(*Essai über die Wurzeln deutscher und griech-ischer Wörter*)』를 저술했다. 그후 소쉬르는 부친의 소망에 따라서 1875년에 제네바대학 물리/화학 학부에 입학했다. 하지만 그는 금방 언어학으로 방향을 바꾸었고, 1876년에 파리 언어학회(Société de Linguistique de Paris) 회원이 되었으며, 1년 후에 첫 번째 논문을 발표했다.

1876년부터 1880년까지 소쉬르는 라이프치히대학에서 인도게르만어학과 비교문법을 공부했는데 이 대학은 당시에 소장 문법학자들의 중심지였다. 그래서 그는 그곳에서 비교언어학자인 러스키엔(August Leskien), 오스트호프(Hermann Osthoff), 브루크만(Karl Brugmann)에게 역사 비교문법을 공부했다. 1878~79년에는 베를린에서 올덴베르크(Hermann Oldenberg)로부터 산스크리트어를 배웠고 침머(Heinrich Zimmer)에게서 켈트어를 배웠다. 그는 1880년에 라이프치히대학에서 「산스크리트어에서 절대 2격의 사용에 대하여(Zum Gebrauch des absoluten Genitivs im Sanskrit)」라는 제목으로 박사학위 논문을 제출하였다. 하지만 심사 당시에 그의 논문은 오스트호프와 브루크만에게 학문적으로 격렬한 비판을 받았다. 그는 라이프치히에서 실망하였고, 동프로이센과 리투아니아 지방을 연구 방문한 후에 1881년 10월 파리에 정착했다. 거기서 그는 고등연구원(EPHE : École pratique des hautes études)에서, 그리고 소르본(Sorbonne)에 있는 미셸 브레알(Michel Bréal), 제임스 다르메스테테르(James Darmesteter), 가스통 파리(Gaston Paris) 밑에서 연구를 지속했다. 그는 1881년에서 1891년까지 EPHE에서 비교문법 부교수로 강의하였다. 특히 그는 고딕어, 고고독일어, 고대 노르딕어에 대해 강의했으며 나중에 그리스어, 라틴어, 리투아니아어의 음성학과 형태론도 강의하였다. 1891년부터 객원교수가 되었다.

1896년부터 소쉬르는 제네바대학의 산스크리트어와 비교문법을 위한 정교수가 되었다. 이 시기에 그는 특히 게르만 영웅신화와 라틴어 작시법에 대해서 많은 연구를 하였다. 1905년 일반언어학 교수인 베르테이머가 퇴직했고, 소쉬르는 그의 후임이 되었다. 그래서 1906년에 그의 교수 범위는 일반언어학으로 확대되었다. 1906년에서 1911년까지 세 가지 일반언어학에 대한 강의에서 그는 자신의 기본적 사상을 제시했다. 이 강의로부터 그의 유명한 저서 『일반언어학강의(Cours de linguistique générale)』가 나왔다. 즉 그의 제자 발리(Charles Bally)와 세슈에(Albert Sechehaye)가 소쉬르 사망 3년 후인 1915년에 그의 강의록을 책으로 발간했다. 이 책은 기호 체계로서의 언어 일반 이론이었는데, 1927년까지 좋은 평가를 받지는 못했다. 하지만 1927년에 폴란드 학자 쿠리로비츠가 "당시 새롭게 해독된 사어인 히타이트어에서 음성적으로 'ḫ'로 표기되는 음운에서 발견했는데, 이것은 소쉬르가 50년 전 인구어에서 비강향음이라고 정의한 바로 그 음운이었다. 이 훌륭한 관찰은 1878년 추론에 의해 전제된 이론적인 실체를 현실 속으로 끌어들였다"[1]라고 언급함으로써 소쉬르의 책은 주목받기 시작했다. 1930~50년까지 프랑스, 스위스, 벨기에, 덴마크, 폴란드 연구자들이 소쉬르에게 관심을 보였다. 그는 교수로서 이러한 강의와 연구를 열정적으로 지속하였고, 그 여파로 병이 들어 1913년에 스위스 뷔플랑르샤토에서 사망하였다.

소쉬르의 기호학

소쉬르는 현대 언어학과 언어 구조주의의 창시자로 알려져 있다. 소쉬르가 이렇게 유명해진 것은 그의 저서 『일반언어학강의』 때문인데, 이 책에서 그는 기호학의 대상을 다음과 같이 정의했다.

> 언어는 관념들을 표현하는 기호들의 체계이며, 따라서 글쓰기, 수화, 상징적 의례들, 예절 형식들, 군대신호들 등과 비교될 수 있다. 다만 언어는 그런 체계들 중에서 가장 중요한 것일 뿐이다. 그러므로 사회생활 속에서 기호들의 삶을 연구하는 과학을 상상해 볼 수 있다. 그것은 사회심리학의 일부분을 이룰 것이며, 따라서 일반 심리학의 일부분이 될 수도 있을 것이다. 우리는 그것을 기호학(Semiologie. 그리스어 semeion, 즉 '기호'에서 유래한)이라 부르고자 한다. 그것은 기호가 무

---

1 안느 에노, 『기호학사』, 박인철 역, 2000, 40쪽.

엇으로 이루어져 있으며, 어떤 법칙에 지배되는가 말해줄 수 있을 것이
다. 기호학은 이제 존재하지 않기 때문에 어떤 것이 될지 말할 수는 없
다. 하지만 그것은 존재할 권리가 있고 그 위치는 이미 결정되어 있다.
언어학은 그런 일반 과학의 한 부분에 지나지 않으며 기호학이 발견하
는 법칙들은 언어학에도 적용될 수 있을 것이다. 그리하여 언어학은 인
간적 현상들의 총체 속에서 분명하게 정의된 영역에 속하게 될 것이
다.[2]

소쉬르에 의하면 기호학은 아직 존재하지 않고 있지만 연구되어야 할
학문 분과이다. 그의 이론은 예름슬레우(Louis Hjelmslev, 1899~1965)에 의해
보다 정교하게 기호학으로 발전하였다. 예름슬레우는 소쉬르의 관념을
전개시켜 프랑스 기호학자에게 영향을 주었고 후에 그레마스는 텍스트
의 의미 생성 과정을 기술하는 체계적인 기호학의 토대를 세웠다.

소쉬르의 기호학에서 중요한 것은 언어의 일반 형태, 사회적 차원과
개인적 차원의 구분이다. 그는 기호학을 사회심리학의 일부로 제시했다.
이는 그가 일반언어학에서 구분한 언어 개념 중 랑그의 사회적 차원을
염두에 둔 것으로 보인다. 그리고 그는 다음과 같은 정의를 함으로써 언
어의 현상을 구분하였다.

- 랑그는 하나의 체계이다
- 언어기호는 자의적이다
- 언어 현상은 언제나 양면성을 보인다

그래서 그는 이러한 언어 현상을 이분법으로 과학화하였다.

---

2 소쉬르, 『일반언어학강의』, 김현권 역, 1916, 33~34쪽.

- 랑그(Langue)와 파롤(Parole)

- 시니피앙(Signifiant)과 시니피에(Signifié)

- 공시태(Synchronie)와 통시태(Diachronie)

- 계열체(Paradigma)와 통합체(Syntagma)

이러한 이원적 생각을 토대로 소쉬르는 언어를 랑가쥐 밑에서 랑그와 파롤로 구분하였다.

① 랑가쥐(Langage) : 랑가쥐는 넓은 의미로 언어의 모든 형태를 포괄하는 개념으로 사용된다. 즉 인간에게 보편적으로 주어진, 언어를 사용할 수 있는 능력 또는 언어 활동 전반을 이르는 넓은 개념이다.

② 랑그(Langue) : 랑그는 언어의 구조와 규칙을 의미하는데, 이는 사회적으로 공유되는 언어 체계로, 특정 언어 공동체 내에서 통용되는 규칙과 규범을 포함한다. 랑그는 언어의 문법, 어휘, 발음 등의 체계적 요소로 구성되며, 언어 사용자가 자연스럽게 받아들이고 따르는 규칙인데, 언어의 사회적 측면을 강조하며, 개인이 아닌 집단의 언어적 관습을 나타낸다.

③ 파롤(Parole) : 파롤은 개인의 언어 사용을 의미하는데, 언어 사용자 개인이 실제로 언어를 사용하여 의사소통하는 방식으로, 구체적인 발화나 문장, 대화 등을 포함한다. 파롤은 개인의 선택과 창의성을 반영하며, 언어의 실제 사용 사례들로 이루어져 있다. 따라서 파롤은 랑그의 규칙을 바탕으로 하지만, 개인적인 변형이나 독창성을 포함할 수 있다.

랑그의 본질은 그때마다 나타나는 파롤의 성질을 넘어서 존재하며 이 자체는 발화에 나타나는 단편적인 출현으로서 구체적으로 존재한다. 랑그라는 것은 언어능력의 사회적인 산물인 동시에 개인이 그 능력을 행사할 수 있도록 해주는 사회단체에 의해 채택되는 필요한 규약의 집합이다. 이를 보다 명확히 도표화하여 구분해 보면 다음과 같다.

소쉬르는 랑가쥐, 랑그 그리고 파롤의 구분을 통해 언어를 보다 체계적으로 이해하고, 언어가 단순한 의사소통 도구가 아니라 사회적 현상임을 강조했다. 랑그와 파롤의 개념은 현대 언어학의 기초를 형성하는 데 큰 영향을 미쳤다.

언어의 랑그 측면을 소쉬르는 다시금 다음과 같이 공시태와 통시태로 나누었다. 이는 언어의 시대성을 고려한 구분이다.

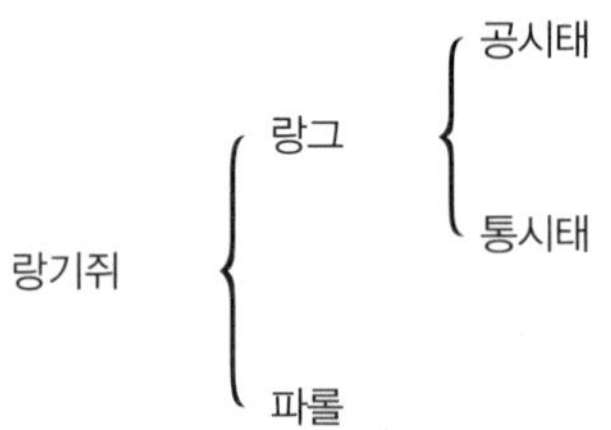

소쉬르는 언어는 개개의 부분이라는 관점에서 통시적일 뿐 아니라, 그 부분들 상호 간의 관계라는 관점에서 공시적인, 즉 현 시점에서의 견지에

서도 연구되어야 한다고 주장했다. 그래서 공시태는 특정 시점에서 언어를 분석하는 방법으로, 언어의 구조와 그 내부 관계에 초점을 맞추어 연구한다. 언어는 단순한 단어의 집합이 아니라, 의미와 관계가 얽힌 기호의 시스템이기에, 각 기호는 다른 기호와의 관계에 의해 그 의미를 형성하기 때문이다. 소쉬르는 언어를 사회적 맥락과 분리된 자율적 시스템으로 보았으며, 공시태적 연구를 통해 언어의 구조적 특성을 분석하는 데 중점을 두었다. 통시태는 시간에 따른 언어의 변화를 연구하는 방법으로, 언어가 어떻게 발전하고 변화하였는지를 연구한다. 소쉬르는 언어가 역사적으로 발전하면서 외부의 영향이나 내부적 요인에 의해 변화한다고 보았다. 그래서 이러한 변화는 언어의 규칙, 발음, 의미 등에 영향을 미치고, 언어의 발전을 이해하기 위해 언어 사용의 역사적 배경과 사회적 맥락을 고려해야 한다.

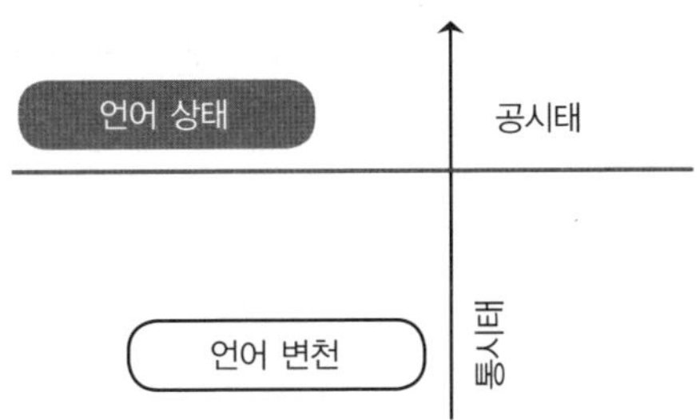

소쉬르는 공시태와 통시태를 구분하였지만 이들은 서로 상호 보완적이다. 그래서 공시태적 분석은 언어의 구조를 이해하는 데 도움을 주며, 통시태적 연구는 그 구조가 어떻게 형성되었는지를 설명한다. 이를 통해 언어의 현재 상태와 발전 과정을 종합적으로 이해할 수 있다.

그리고 소쉬르의 언어기호학 분야에서 중요한 그의 이원적 기호 개념은 시니피앙(signifiant)과 시니피에(signifié)이다.

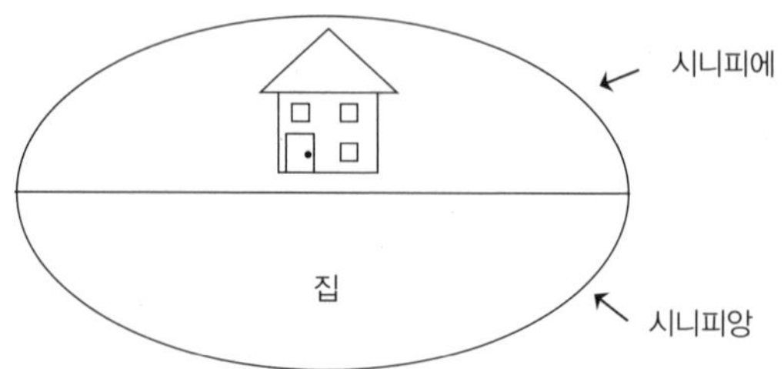

① 시니피앙(Signifiant) : 시니피앙은 언어기호의 '표현' 또는 '형태'를 의미하는데, 어떤 개념을 나타내기 위해 사용되는 소리, 글자, 형태 등의 물리적 측면을 가리킨다. 예를 들어, 낱말 '집'이라는 언어기호에서 '집'이라는 발음이나 글자 형태가 시니피앙(시청각적으로 인식가능하다)이다.

② 시니피에(Signifié) : 시니피에는 언어기호가 나타내는 '개념' 또는 '의미'를 의미하는데, 지시하는 정신적 이미지나 아이디어를 가리킨다. '집'이라는 낱말의 경우, 이것이 나타내는 실제 집의 개념, 즉 집의 특성이나 형태, 기능 등이 시니피에에 해당한다.

시니피앙과 시니피에는 마치 동전의 양면처럼 서로 밀접하게 연결되어 있으며, 이 두 요소가 결합하여 '언어기호'를 형성한다. 소쉬르는 이 관계를 "자연적이지 않다"고 강조하며, 특정한 시니피앙이 특정한 시니피에와 연결되는 것은 사회적 합의에 의해서 형성된 것이라고 말한다. 그래서 시니피앙과 시니피에의 관계는 절대적이지 않고 임의적이다.

소쉬르에게 의미란 사회적인 교환, 즉 기호 변증법에서 구체화되는 것이다. 어떤 의미가 어떤 기호에게 해당되는 것은 기호와 지시된 것 사이의 불변하는 내적 결합이 아니다. 어떤 특별한 의미를 정당화할 수 있는 기호 자체에 놓인 어떤 성질도 있을 수 없다. 소쉬르에 의해 언급된 언어기호의 임의성은 말 그대로 어느 기호가 어느 의미와 연결되는 것이 매우 자유롭다는 것을 의미한다. 이는 여러 언어들이 동일한 대상에 대하여 상이한 기호와 의미를 가질 뿐 아니라 그 기호의 의미도 시간에 따라 변한다는 것을 의미한다. 의미란 기호의 존재론적 특성이 아니고, 언어 의미의 출현은 파롤이고, 그리고 언어공동체를 통한 기호 사용의 결과이다. 동시에 이것은 언어기호가 어떤 체계(랑그)의 부분들이라는 사실 덕분이다. 이 체계 안에서 모든 기호는 모든 다른 기호로부터 구분된다. 언어형식은 다른 형식에 대한 체계적 상호관계에 있음을 통해서 비로소 의미를 얻게 된다. 즉 기호는 자체로부터가 아니라 다른 기호에 대하여 차별을 통하여 규정된다. 의미는 측면에서 항상 오는데, 즉 다른 기호에 대한 대립을 통해서 결정된다. 그래서 그는 자체적으로 의미 없음에 대하여 언급한다. 소쉬르는 의미가 구분되는 체계적 측면을 가치(valeur), 즉 '기호의 체계적 가치'라고 나타낸다.[3]

하지만 소쉬르는 이러한 단일적 낱말에 머무르지 않고, 언어는 결국 낱말이라는 자료적인 실체에 내재하는 것이 아니라, 더 크고 추상적인 기호체계 안에 있다고 생각했다. 실제로 기호 및 기호들의 관계가 언어학의 연구 대상이며 기호 및 기호들 간에서의 관계의 본질도 역시 구조적이고 이를 연구하는 것이 필요하다고 했다. 그래서 소쉬르는 공시태와 통시태라는 시대성을 고찰하는 연구, 단일 기호의 구성을 고찰하는 연구를 넘어서 언어란 관계에 바탕하고 있고, 이것의 관계를 기호의 연합적 관계(신타

---

3 위의 책, 225쪽 이하 참조.

그마 관계) 그리고 통합적 관계(파라디그마 관계)라고 설명하였다.

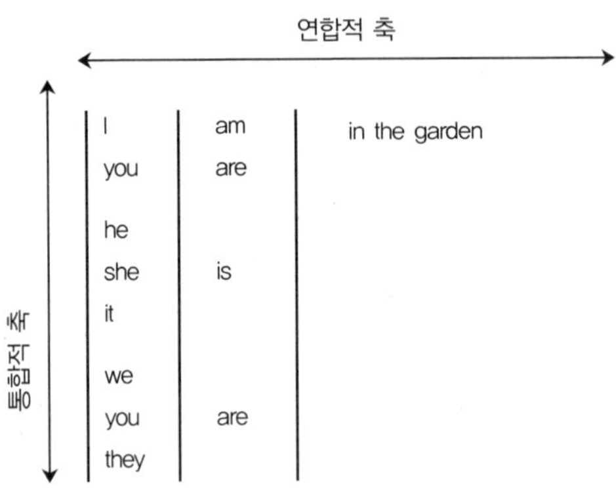

① 신타그마(Syntagma) : 신타그마는 언어의 기호들이 시간적 순서로 배열된 구조를 의미하는데, 문장에서 단어들이 어떻게 결합되어 의미를 생성하는지를 나타낸다. 예를 들어 "그는 학교에 간다"라는 문장에서 각 단어는 특정한 위치에 있으며, 이 단어들이 결합하여 전체 의미를 형성합니다. 여기서 '그는', '학교에', '간다' 는 각각의 신타그마적 관계를 가지고 있다.

② 파라디그마(Paradigma) : 파라디그마는 언어의 기호들이 차별적인 관계를 통해 형성된 집합을 의미하는데, 특정한 맥락에서 서로 교체 가능한 기호들 간의 관계를 나타낸다. 예를 들어 '그는', '나는', '우리는'와 같은 단어들은 모두 사람을 나타내는 대명사 범주에 속하며, 특정 문맥에서 서로 대체 가능할 수 있다. 예를 들어, "그는 학교에 간다"라는 문장에서 '그는'을 '우리는'으로 바꿀 수 있다.

신타그마와 파라디그마는 서로 보완적인 관계에 있는데, 신타그마는 문장 내에서 단어들이 어떻게 배열되며 의미를 형성하는지를 보여주고, 파라디그마는 특정 문맥 내에서 어떤 단어가 선택될 수 있는지를 나타낸다.

기호는 음소처럼 그 본래적인 가치를 통해서가 아니고 상대적 위치를 통해서 기능한다. 어떤 기호를 다른 것과 구분하는 것이 기호의 특성이다. 그래서 언어는 실체(Substance)가 아니고 형식(Form) 이다. 언어는 내용을 가지는 항목들의 집합체가 아니고, 구조적이다.

이러한 신타그마와 파라디그마 관계를 기호학적으로 살펴보면, 독일인의 조식과 한국인의 조식을 대입시켜 다음과 같이 비교해볼 수 있다.

소쉬르 기호학 응용

독일인의 조식과 한국인의 조식 비교

독일인의 아침 식사는 매우 간편하면서도 절제와 구분이 명확하다. 그래서 애피타이저와 본식이 나뉘어 있고 후식은 절대 다른 식사 과정과 혼동되지 않는다. 그래서 그들의 식탁의 모습을 표로 나타내면 다음과 같다.

전식	본식	후식
커피	빵	바나나
차	작은 빵	아이스크림
물	호밀빵	요구르트

위에서 보는 것처럼 독일인의 조식은 전식, 본식, 후식으로 명확하게 구분되어 있어서, 이는 소쉬르의 신타그마 관계처럼 '전식 – 본식 – 후식'

으로 연결되어 있고, 전식에서 각각 '커피, 차, 물'은 파라디그마 관계처럼 대체될 수 있고, 본식에서 '빵, 작은 빵, 호밀빵' 등이 대체관계이며, 후식에서는 '바나나, 아이스크림, 요구르트' 등이 대체관계에 있다. 마치 독일어의 언어 구조가 독일인들의 조식에 대응되고 있는 것처럼 보인다.

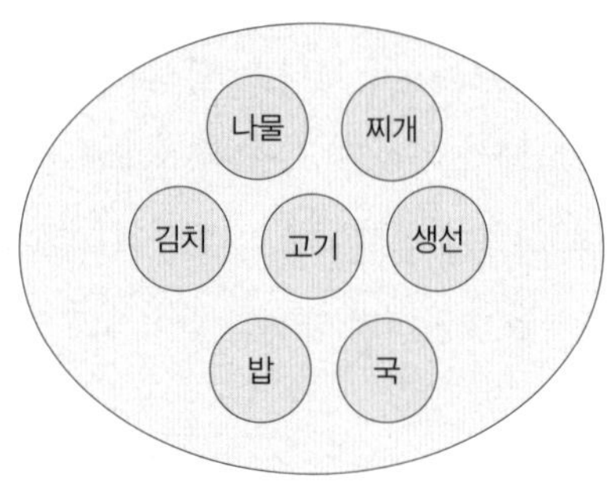

한국인들의 아침 식사를 보면, 전식, 본식, 후식 등 구분 없이 모든 종류의 음식이 함께 등장한다. 즉 국, 밥, 김치, 나물, 숭늉, 찌개, 젓갈, 고기, 생선 등이 동시에 나온다. 그래서 한국인들은 아침을 먹을 때 '전식 - 본식 - 후식'의 구분 없이 식사자의 마음 내키는 대로 먹는다.

한국 언어는 모든 문법 성분이 맨 뒤에 나오는 동사에 수렴된다. 주어, 목적어, 보어 등은 상황에 따라 생략된다. 한국어는 통상적으로 "－ － － －하였었습니다"(과거, 회상, 존칭, 서술, 평서문)라고 표현된다. 이는 한국인들의 아침 밥상과 유사하게 모든 문법 사항에서 신타그마 관계와 파라디그마 관계가 임의적으로 배열되고 있음을 알 수 있다.

소쉬르는 『일반언어학강의』에서 기호란 좁은 의미에서 언어이지만 넓은 의미에서 문학작품, 미학적 코드, 사회적 관습 등도 기호라고 정의하여 기호학의 연구 대상으로 보았다. 그러한 기호학의 핵심적 연구 대상인 그의 기호관을 요약하면 다음이다.

① 완전한 임의성[4]

② 언어적 공동체의 사회적 제도성

③ 언어의 불가침성 : 개인이 언어에 절대 변화를 줄 수 없음

④ 언어기호의 체계성

⑤ 기호의 무한 생산성 : 정해진 기호 목록으로 무한한 생산 가능성

⑥ 기호의 조음적 표명 : 분절을 통해 의미 생성

소쉬르가 말하는 기호는 임의적이고 제도성 안에서 작동하며, 개인의 영역을 넘어서 사회체계에서 움직이고, 유한한 기호로 무한적으로 생산되는 것이다.

보드리야르의 소비사회

장 보드리야르(Jean Baudrillard, 1929~2007)의 『소비의 사회』[5]는 소비문화와 그것이 현대사회에 미치는 영향에 대해 다룬 중요한 사회학적 분석인데, 그는 책에서 개인의 정체성과 사회적 관계를 형성하는 데 있어 소비는 핵심적인 역할을 한다고 주장한다. 그래서 소비는 단순히 물건을 구매하는 행위가 아니라, 사회적 상징과 의미를 생산하는 과정으로 이해된다.

---

4 이 임의성이라는 말은 문화적 사회 기호에 해당하고 자연의 기호에는 해당하지 않는다. 하지만 시간이 흐름에 따라 자연적 기호들도 점차 임의적으로 변화한다. Saussure, F. de, *Grundfragen der allgemeinen Sprachwissenschaft*, de Gruyter, 1916, pp.100~101 참조.

5 장 보드리야르, 『소비의 사회』, 임문영 역, 1998 참조.

소비는 개인의 신분, 지위, 가치관을 드러내는 수단이 된다. 그리고 소비가 기호로서의 역할을 한다. 즉, 상품은 그 자체로 의미를 가지기보다는 다른 상품과의 관계 속에서 의미를 생성한다. 소비자들은 이러한 기호를 통해 자신을 표현하고 사회적 위치를 설정한다. 상품은 그 자체의 기능이나 실용성뿐만 아니라, 사회적, 문화적 의미를 내포하고 있다. 예를 들어, 특정 브랜드의 의류는 단순히 옷이 아니라, 그 브랜드가 상징하는 가치, 신분, 스타일 등을 나타낸다.

그는 상품을 교환가치와 사용가치가 있는 것으로 평가하여, 교환가치는 기표이고 사용가치는 기의이다. 기표와 기의가 임의적인 것같이 사용가치와 교환가치도 임의적이라고 보드리야르는 주장한다. 다이아몬드를 착용하는 여인은 그것의 기의보다 기표를 중시한다. 나이키 신발은 소비자들이 기호를 소비하는 것이지 그 신발 기능을 소비하는 것이 아니다.

라캉의 무의식의 해명[6]

소쉬르의 언어이론은 자크 라캉(Jacques Lacan, 1901~1981)에 의해서 정신분석의 도구의 방법론으로 응용되었다. 구조주의자이고 기호학자인 그는 프로이트의 무의식을 언어와 같은 구조로 보고 해석하려 했다. 우리 인간의 주체 단위를 극도로 부인하고 언어의 노예라고 주장한다. 우리의 주체는 언어의 구조일 뿐이라고 말한다. 즉 언어의 노예로서 주체는 담론의 노예이다.

---

6 강영안, 「자크라캉 언어와 욕망」, 김욱동, 『포스트모더니즘과 후기구조주의』, 1994, 182~215쪽 참조.

언어구조가 '표층구조＋심층구조'로 구성되어서 다음과 같이 나타난로.

- 표층구조 : I am a teacher and father.
- 심층구조 : I am a teacher 그리고 I am a father.

이와 같이 인간의 심리구조는 '의식＋무의식'으로 구성되어 있다.

- 의식 : 실재 생활, 현실
- 무의식 : 꿈, 술취한 상태

이 무의식을 라캉은 위와 같이 시니피앙과 시니피에와 같은 것으로 나타내려고 했다. 즉 소쉬르의 시니피앙와 시니피에를 통해서 프로이트의 문제를 해명하려고 시도했다. 라캉은 욕망이 어떻게 발생하며 언어와 욕망이 어떻게 연관되어 있는지 묻고 "언어처럼 무의식은 만들어져 있다"고 답한다. 프로이트는 전의식과 무의식을 구별하기 위해 사물표상과 언어표상이라는 용어를 만들어냈다. 언어표상은 언어주체가 알고 있는 전의식적 언어체계에 속하고 사물표상은 무의식에 속한다. 사물표상은 대치와 압축을 통해 여러 가지 증상으로 나타난다. 증상은 무의식적 사고 내용의 압축이다. 이것은 어떤 증상으로 고정되거나 다른 증상으로 대치된다. 그래서 증상의 의미가 해독되려면 무의식적 사물표상이 얽혀 있는 그물이 언어로 옮겨질 수 있어야 한다. 무의식은 대치와 압축으로 나타나는데 프로이트에 의하면 증상이 나타나는 자리는 전의식과 무의식의 경계선이다. 이 증상은 무의식적 활동의 결과로서 대치와 압축의 결과로 형성되고 다른 한편으로는 전의식의 도식에 따라서 언어를 매개로

표현된다. 증상을 통해 표현된 것은 말로 옮겨질 수 있어야 한다. 이것이
언어로 옮겨질 때 보편성을 띤다. 언어가 지니는 보편적 형식 때문에 무
의식은 이해 가능한 것으로 나타난다. 그래서 언어의 법칙성은 무의식이
해석가능한 텍스트로 씌어지기 위한 조건이다. 언어를 통하지 않으면 무
의식은 이해될 수 없다. 이것이 라캉의 주장이다. 프로이트는 정신분석
에서 자유연상을 통하여 언어로 표현되는 것의 의미가 고정된 것이라고
생각했다. 그러나 라캉은 압축과 대치를 2차 과정과 분리시키고 의미 생
산 과정에서 의미는 고정되어 있지 않다고 보았다. 라캉은 무의식의 진
상과 이것의 발현 방식을 도식적으로 나타내려고 시니피앙과 시니피에
이론을 도입하였다. 라캉은 의미표현을 통해 나타나지 않는 무의식적 사
고내용을 시니피에라고 부르고 무의식이 표현된 증상과 언어표상을 시
니피앙이라고 부른다. 프로이트는 이것을 증상과 언어표상이라고 했다.
하지만 라캉은 증상과 언어표상은 동일하게 무의식인 시니피앙이다. 그
래서 압축과 대치는 언어의 근본 구조이다.[7]

　　라캉은 『에크리』에서 시니피앙과 시니피에의 관계를 'S/s'로 나타냈다.
여기서 시니피앙과 시니피에의 관계는 동시성을 전제하지는 않는다. 그
리고 소쉬르와는 다르게 라캉은 시니피앙을 더 강조하였다. 시니피앙과
시니피에는 임의적인 관계이므로 시니피에를 시니피앙에서 추론할 수
없다. 즉 이는 프로이트가 증상과 무의식적 내용 간의 관계를 이해한 방
식과 일치한다. 즉 어떤 증상도 무의식적 내용을 그대로 반영할 수 없고
따라서 무의식의 내용을 증상에서 곧장 추론해낼 수 없다. 무의식의 내

7　Lacan, Le 23 février 1957, la Société française de Philosophie recevait Jacques Lacan,
　　pour une communication sur « La psychanalyse et son enseignement » (publiée dans
　　les Écrits, pp.444~445. 한국어 번역, 라캉, 『에크리』, 조형준 외 역, 2019 참조.

용은 대치와 압축과정을 거쳐 증상을 통해 왜곡된 모습으로 나타난다. 라캉 도식에 의하면 선 위에 있는 시니피앙은 전의식이고, 선 아래에 있는 시니피에는 무의식이다. 어떤 시니피앙도 독립적으로 그것에 대응하는 시니피에를 가지지 않는다. 시니피에는 현실적으로 나타니지 않은 무의식적 사고 내용이다. 라캉은 시니피앙이 고정된 의미를 가지지 않고, 시니피에도 고정되어 있지 않다고 주장했다. 라캉은 압축과 대치를 은유와 환유로 이해하여서 무의식을 언어적으로 해석했다. 라캉은 무의식을 언어이론으로 해명하려고 하다가 로고스 중심주의로 환원하였다. 하지만 라캉은 무의식조차도 언어구조로 파악한 결과, 언어 이외의 다른 현실에 대한 가능성을 차단시켜 버렸다.[8]

소쉬르의 영향

소쉬르는 역사 비교언어학 중심이었던 당시 언어학에 반기를 들고, 언어 자체의 내부 구조와 체계를 분석하는 공시태 언어학을 제시했다. 이는 언어를 자의적인 기호 체계로 보고, 기호의 의미는 '기표(소리나 문자 이미지)'와 '기의(개념)' 간의 관계가 아니라, 언어 체계 내 다른 기호들과의 차이와 관계 속에서 발생한다고 주장한 것이다. 이러한 혁신적인 관점은 레비스트로스, 로만 야콥슨 등 수많은 언어학자들에게 지대한 영향을 미치며 구조주의 언어학의 토대를 마련했다. 또한 소쉬르는 언어학을 보다 넓은 기호학의 한 분야로 간주하며, 언어기호의 분석 방법을 사회문화적 기호 체계 전반에 적용할 수 있는 가능성을 열었다. 그의 기호학적 관점

---

8 라캉, 『에크리』, 조형준 외 역, 2019 참조.

은 롤랑 바르트, 움베르토 에코 등 후대 기호학자들의 연구에 중요한 기
반이 되었다.

　이러한 소쉬르의 구조주의 언어학은 언어뿐만 아니라 인간의 사고, 문
화, 사회 현상 등을 구조적인 관점에서 분석하는 구조주의 철학 및 사상
의 발흥에 결정적인 영향을 미쳤다. 레비스트로스의 구조인류학,[9] 자크
라캉의 구조주의 정신분석학, 미셸 푸코(Michel Foucault)의 지식 고고학 등
다양한 분야에서 소쉬르의 이론적 틀이 활용되었다.

　소쉬르의 구조주의는 후기구조주의(Post-structuralism) 학파의 비판적 논
의의 출발점이 되기도 했다. 자크 데리다는 소쉬르의 이분법적 개념(예:
기표/기의, 랑그/파롤)의 해체를 통해 텍스트의 다의성과 의미의 불안정성을
강조하는 해체주의 이론을 발전시켰으며, 이는 후기구조주의의 중요한
특징 중 하나이다.[10]

9　4장 레비스트로스 참조.

10　김욱동, 「포스트모더니즘과 후기구조주의」, 김욱동, 『포스트모더니즘과 후기구조
　　주의』, 1994, 10~55쪽 참조.

클로드 레비스트로스

신화를 구조로 풀어내다

"알려지지 않았던 복잡한 구조로 만들어낸 서양문명의
　　　최대의 고명한 작품인 원자로의 경우처럼,
　　　서구의 질서와 조화는 이 지구를 오염시키고 있는
　　　막대한 양의 해로운 부산물의 제거를 필요로 하고 있다."
　　　　　　　　　　(레비스트로스, 『슬픈 열대』, 박옥출 역, 1997, 65쪽)

Claude Lévi-Strauss

1908	벨기에 브뤼셀 출생
1931	국가시험 아그레가시옹 합격
1932	결혼
1932-1934	몽드마르상과 리세에서 강의
1934-1937	상파울루대학 객원 교수
1935-1939	아마존 지역에서 민족지학 연구
1941	미국으로 망명
1945	프랑스 문화 고문
1947-1949	프랑스 국립과학연구센터 연구원
1955	『슬픈 열대』 출간
1958	『구조인류학』 출간
1962	『야생의 사고』 출간
1964-1971	『신화학』 출간
2009	프랑스 파리에서 심장마비로 사망

이력

클로드 레비스트로스(Claude Lévi-Strauss)는 1908년에 브뤼셀에서 태어났
다. 그의 아버지 레몽 위르뱅 엘리 레비스트로스(Raymond Urbain Elie Lévi-
Strauss, 1881~1953)는 유대인 초상화가였다. 레비스트로스는 제1차 세계
대전 동안 유대인 랍비였던 외할아버지 집에서 부모님과 함께 살다가,
그 후 부모님과 다시 파리로 이사했다. 파리에서는 리세 장송 드 사일리
(Lycée Janson de Sailly)를 다니고, 소르본대학교에서 법학과 철학을 공부했다.
법학 학사학위를 받은 후 1931년에는 고등교원 자격 국가시험인 아그레
가시옹(Agrégation)에 합격했다. 1932년에 어린 시절 친구의 여동생인 디나
드레퓌스(Dina Dreyfus)와 결혼했다.

레비스트로스는 군 복무 후에 몽드마르상(Mont-de-Marsan, 1932~1933)과
라옹(Laon, 1933~1934)의 리세에서 강의하였고, 사회주의 운동가이자 연설
가로도 활동했다. 그는 1934년부터 1937년까지 프랑스 문화 사절단의
일환으로 브라질의 상파울루대학교에 객원교수로 파견되었다. 그는 그
곳에서 최초로 민족학 강의를 했다. 그리고 1935년에서 1939년 사이에
마토 그로소와 아마존 지역으로 가서 여러 차례 민족지학을 연구했다.
그는 그곳에서 얻은 수집품들을 파리 인류 박물관(Musée de l'Homme)에서

구조주의와 기호학의 차이

기호학과 구조주의는 서로 밀접하게 연결되어 있다. 그러나 기호학은 특정 학문 분야이고 구조주의는 특정 학문 분야를 아우르는 철학적 사조라는 점에서 차이가 있다. 구조주의는 기호학의 핵심 개념을 바탕으로 다양한 학문 분야로 확장된 사상이라고 이해할 수 있다. 구조주의는 소쉬르의 기호학적 접근법을 언어학을 넘어 인류학, 문학, 심리학 등 다양한 인문사회과학 분야에 적용한 사상이다. 구조주의는 개별적인 현상이나 개인의 의식보다는, 그 현상들을 가능하게 하는 보이지 않는 근본적인 구조를 밝히려 한다. 예를 들어 클로드 레비스트로스는 소쉬르의 개념을 인류학에 적용해, 다양한 신화나 친족관계가 겉으로는 달라 보여도 그 밑에는 공통적인 구조와 규칙이 존재한다고 주장했다. 그는 구조주의 인류학자이자 동시에 기호학적 접근을 적극적으로 활용한 인물이어서 구조주의와 기호학이 밀접하게 연결되어 있다고 할 수 있다. 그는 사회와 문화현상을 언어와 유사한 구조로 분석했다.

하지만 기호학은 기호와 그것의 의미 작용을 연구하는 학문이라서, 언어, 이미지, 제스처, 문화적 관습 등 의미를 전달하는 모든 것을 기호로 보고, 기호가 어떻게 의미를 생성하고 소통하는지를 분석한다. 기호학은 구조주의의 핵심적인 방법론적 기초를 제공했는데, 소쉬르가 제시한 기호의 차이적 가치와 시스템으로서의 언어(랑그)라는 개념은 구조주의 사상이 탄생하고 발전하는 데 결정적인 역할을 했다. 따라서 구조주의는 기호학을 기반으로 다양한 문화현상의 이면에 숨겨진 구조와 규칙을 찾아내려는 시도라고 할 수 있다.

〈디나와 클로드 레비스트로스 탐험(Expédition Dina et Claude Lévi-Strauss)〉이라는 제목으로 전시했다.

그는 제2차 세계대전 직전에 프랑스로 돌아와서 연락장교로 군대에서 복무했다. 그러나 비시 정권의 인종법으로 인해 1940년 군대에서 해고되었고, 아내와 헤어져 프랑스를 떠나 미국으로 이민을 시도했다. 그는 1941년 봄에 결국 뉴욕에 도착했다. 당시 록펠러 재단은 많은 지식인의 망명을 지원했기 때문에 그도 무난히 학자의 삶을 지속할 수 있었다. 그는 1942년부터 1945년까지 그곳에서 강의했는데, 구조주의 언어학에서 가장 중요한 학자인 로만 야콥슨(Roman Jakobson)을 만났고, 앙리 포실롱(Henri Focillon), 자크 마리탱(Jacques Maritain) 등과 함께 망명 대학인 뉴욕 자유고등연구원(École libre des hautes études de New York)을 설립했다.

1944년에 그는 프랑스 외무부에 의해 프랑스로 소환되었고, 1945년에는 프랑스 대사관의 문화 고문으로 다시 뉴욕에 파견되었다. 하지만 1947년에 연구에 전념하기 위해 문화고문 직책을 사임했다. 그 후 실천고등연구원(École pratique des hautes études, EPHE)에서 모리스 레인하르트(Maurice Leenhardt)의 '미개 민족 종교'에 대해 강의하였다. 또한 1947년부터 1949년까지 프랑스 국립과학연구센터(Centre national de la recherche scientifique)에서 연구원으로 일했으며, 소르본대학교 민족학연구소에서 강의했다.

그는 두 개의 학위 논문(「친족관계의 기본 구조」 및 「남비쿠아라족의 가족 및 사회생활에 대한 연구」)으로 1949년에 문학박사(Doctorat ès lettres) 학위를 받았다. 1949년에 파리 인류 박물관의 부관장이 되었고, 1951년 EPHE 제5부(종교학)의 '미개 민족 종교' 강좌 교수로 임명되었다. 1955년에는 그의 여행 보고서인 『슬픈 열대

포스트모더니즘과 후기구조주의의 차이

포스트모더니즘과 후기구조주의는 명확하게 구분되지 않고 혼동되어 사용되고 있지만 확연히 다르다. 말하자면 포스트모더니즘은 통시적 범위이고 후기구조주의는 공시적 범위이다. 즉 포스트모더니즘은 넓은 의미이고 후기구조주의는 좁은 의미이다. 그래서 포스트모더니즘은 문화, 예술, 문화 전반적인 시대정신이나 정신구조, 세계관과 관련된 폭넓은 현상이고, 후기구조주의는 철학 이론이나 사회이론과 관련된 좁은 개념이다. 즉 후기구조주의는 포스트모더니즘의 하부 구조인 셈이다. 포스트모더니즘의 학자들로 보르헤스, 마르케스, 시몽, 귄터 그라스, 베른하르트, 슈트라우스, 존 케이지, 쿠르트 슈비터스, 백남준 등이 거론되고, 바르트, 데리다, 푸코, 라캉, 리오타르, 알튀세, 크리스테바 등은 후기구조주의자들이다. 후기구조주의는 또 다시 일반성이냐 특수성이냐 관점에 따라 두 유형으로 나뉜다. **레비스트로스**와 라캉은 전자에 속하고, 바르트, 푸코, 데리다는 후자에 속한다. 보편론적 후기구조주의자들은 단순히 보편적인 인간 정신에 의해 수행되는 활동에 관심을 가질 뿐 특정한 시대의 특정한 정신 활동에는 관심을 갖지 않는다. 즉 **레비스트로스**는 다양한 경험 사실을 기초로 보편적인 정신 구조를 수립하는 데 관심이 있다. 상대주의적 후기구조주의자들은 사고의 역사적 차원, 시간을 통한 사고의 발전, 그리고 주어진 사회에서 사고의 의미에 관심을 갖는다. 이들은 특수한 현상에 더 관심이 있다.[1]

---

1 김욱동, 「포스트모더니즘과 후기구조주의」, 1994, 23쪽 이하 참조.

(*Traurige Tropen*)』가 출간되었다. 이 작품에서 그는 서구 문명을 비판하고, 모든 이질적인 것이 평준화되었고, 서구는 "2만 년의 역사를 낭비했다"고 주장했다. 1958년에는 저서 『구조인류학(*Anthropologie Structurale*)』이, 그리고 1962년에는 『야생의 사고(*La pensée sauvage*)』가 출간되었다.

그는 1959년 콜레주 드 프랑스(Collège de France)에 선출되었고, 1982년 은퇴할 때까지 사회인류학 교수로 강의했다. 에밀 뱅베니스트(Emile Benveniste)와 피에르 구루(Pierre Gourou)와 함께 1961년에 인류학 전문 저널인 『인류(*L'Homme*)』를 창간했다. 그리고 그의 유명한 저서 『신화학(*Mythologiques*)』이 네 권으로 나누어 출간되었다.(『날것과 익힌 것(Das Rohe und das Gekochte)』(1964), 『꿀에서 재로(Vom Honig zur Asche)』(1967), 『식사 예절의 기원(Der Ursprung von Tischsitten)』(1968), 『벌거벗은 인간(Der nackte Mensch)』(1971))

그는 1973년 아카데미 프랑세즈의 회원이 되었고 에라스무스상을 받았다. 2009년 10월 30일에 심장마비로 프랑스 파리에서 사망했다.

인류학 및 문화 연구

레비스트로스는 언어학과 언어의 관계를 민족학과 문화의 관계에 비유하며, 언어학적 구성을 민족학에 적용할 수 있다고 가정했다. 그에 의하면 문화는 언어와 유사하게 작동한다는 것이다. 그래서 문화는 외부인만이 그 밑에 깔린 규칙과 구조를 인식하고 해석할 수 있다고 그는 주장했다. 1958년에 레비스트로스는 이런 생각을 모아 『구조인류학』이라는 에세이 모음을 발표했다. 혼인 관계에 대한 그의 연구에서처럼, 그는 체계적인 구조에 기반한 방법을 사용했는데, 여기서 관계의 틀이 중요하며, 이는 다른 요소에도 적용될 수 있다.[2] 그의 목표는 문화현상 분석을 통해 간접적으로 인간 사고의 인지 구조를 이해하고, 사용된 분류 및 의미 체계에서 보편적인 사고 원리를 밝혀내는 것이었다. 그래서 그의 인류학적 연구는 다양한 형태의 신화적 인간-동물 관계를 고찰하고 사회적 측면을 논구하였다.

이성 비판

레비스트로스는 『야생의 사고』(1962)에서 원주민 문화의 사고방식을 설명했는데, 이는 전통적이고 총체적이며 신화적으로 설명된 세계관에 기반한, 자연에 적응된 문화들을 의미했다. 그는 문화라는 전반적인 것이 정신적·인지적으로 우월한 것이 결코 아니라고 했으며, 문화이건 야만

---

2 이와 유사하게, 야콥슨 등을 포함한 프라하 구조주의는 음운론이 연구하는 요소들이 그 자체로 의미를 갖는 것이 아니라 그것들을 질서화하는 시스템을 통해 의미를 얻는다고 주장했다.

이건 동질적인 절차 방식의 변형이라고 주장했다. 원시인은 충동적이거나 비이성적인 것이 아니라, 단순히 다른 방식으로, 즉 다른 목표를 가지고 더 구체적인 재료를 처리한다고 보았다. 즉 그는 인간 사고의 구조가 보편적이고 균일하다는 것을 증명하려 했는데, 예를 들어, 사고는 항상 두 개념의 대립, 즉 이분법적 대립(상보적 이분법)을 통해 이루어진다고 보았다. 이러한 대립쌍은 뜨거움-차가움, 위-아래 등이다. 단지 그런 것들의 발현이 문화마다 다를 뿐이다. 근본적인 대립은 자연과 문화 사이의 대립이다.

이분법적 사고에 대한 연장선상에서 레비스트로스는 '차가운' 문화와 '뜨거운' 문화의 구분을 도입했다. 그는 이 용어를 사용하여 현대문화와 전통문화(자연에 적응된 문화)를 비교했다. '차가운 문화'는 전통적으로 고정된 구조의 어떤 변화도(강제적인 필요나 외부 영향이 없는 한) 의식적, 무의식적으로 방지하는 것을 목표로 하는 사회를 의미한다. 자연에 대한 신뢰가 있으며, 인간의 행위는 기본적으로 불완전한 것으로 간주된다. 이들은 대부분 서구 세계와의 접촉을 의도적으로 피하는 소위 고립된 민족들이다. '뜨거운 문화'는 인간의 혁신 능력을 신뢰하며, 자연을 자신의 필요에 맞게 조정할 수 있다고 낙관한다. 따라서 그들의 모든 노력은 진보와 변화를 향한다. 비록 처음에는 특권층의 생활 조건이 주로 개선될지라도 하층 계급이 종종 발전의 원동력이 된다. 현대 서구 지향적인 소비 사회는 뜨거운 문화의 모습이다.

레비스트로스에 의하면 문자법의 발명이 인류의 발전에 기여했지만, 인류의 근본적인 것을 뺏아갔다고 한다.[3] 즉 원시인은 글도 모르고 기술

---

3 레비스트로스, 『구조인류학』, 김진욱 역, 1983, 261쪽 이하 참조.

도 없지만 자기 주변의 세계에 반응하는 수단을 가지고 있다. 이것은 야생의 사고인데, 이 토템적인 논리는 구조화되어 있고, 이것이 신화를 이용하여 다른 층위로 이행될 수 있다. 즉 신화 체계는 지리, 기상, 동물, 식물, 예식, 종교 등에서 유의적인 대립을 보인다. 이것이 정신구조를 구축하고 이 야생의 사고는 유추적 사고라고 하여 세계를 이해하는 데 용이하게 해준다. 유추적 사고가 작동하는 것은 문화 구성원들이 암암리에 공유하는 구조적 대비 혹은 대립을 자신들의 세계에 부여함으로 이들 대립이 그들 간의 차이가 유사하게 느껴진다는 점에서 유추적으로 연관된다. 그래서 위 : 아래, 뜨거운 것 : 차가운 것, 날것 : 구운 것 등의 여러 대립들 간에 유추적 관계를 분석함으로써 각 문화가 지각하고 있는 각 현실의 성질을 볼 수 있다. 즉 어떤 문화권에서 먹을 수 있는 것과 먹을 수 없는 것을 대립시켜 먹을 수 없는 것에 어떤 것이 매칭되는 문화권은 아군이고 그렇지 않으면 이질적인 문화로 구분된다. 더 나아가서 이런 논리가 토템 양식에 작용될 때, 그때도 자연종의 사회와 사회집단의 세계 간의 논리적 대등 관계가 설정될 수 있다. 예를 들어서 사람은 곰이라고 생각할 수 있는데, 그 사람이 그 공동체에서 사람의 지위와 역할을 나타내는 것이다. 이는 여러 실체들 간에 음소적 관계가 그들 실체의 본질을 규정하는 구조주의자들의 주장과 통한다. 그래서 토템적 코드는 문화 전반에서 소통의 언어적 수단으로 작동한다. 예를 들어 영국인은 동물을 야생동물, 여우, 사냥 짐승, 가축, 애완동물, 유해동물로 구분하는데, 이는 낯선 사람, 적, 벗, 이웃, 동료, 범죄자와 같은 것과 이어지는 상동 관계임을 알 수 있다. 이처럼 자연으로부터 나뉜 인간이 자연과 유추되는데, 인간 정신은 자연에 은폐되어 있다.

구조인류학과 구조언어학은 현실과 자연과의 1 : 1 대응이 존재하는 추정을 하는 것이다.[4] 그래서 레비스트로스는 모든 사회는 형식과 기능을 결정하는 정신적 심리적 원칙에 따라서 자기의 현실을 구축한다고 말한다. 원시사회, 야생의 사회, 문명사회 등 모든 사회가 그렇다는 것이 구조인류학의 기본적인 인식이다. 그가 경험에서 얻은 결과를 써 내려간 『야생의 사고』는 인간 사고의 전형이며, 개화된 예술작품도 같은 과정의 강화이므로 원시 신화에 깊이 결부되어 있다고 이해될 수 있다. 레비스트로스의 『구조인류학』에 의해서 토테미즘이라는 야생의 사고법은 모든 인간 안에 잠재해 있는 것이다. 구조주의자는 세계를 엑스선처럼 분석하라고 한다. 즉 외적으로 독립적으로 존재하는 구체적인 사물을 넘어서, 항목 중심적 세계를 넘어서 관계 중심적 세계 속으로 들어가 탐구해야 한다.

레비스트로스는 인간에 대해서 말하는 것은 언어에 대해서 말하는 것이며, 언어에 대해서 말하는 것은 사회에 대해서 말하는 것이라고 했다. 그래서 그는 언어를 분석하여 문화 전반을 분석하는 모델로 삼았다. 그는 문화 행동, 격식, 예절, 친족관계, 혼인 규칙, 요리 방법, 토템 체계 등을 상호 간에 맺고 있는 대립관계라고 생각하였고, 언어의 음소 구조와 유사한 것으로 파악하려 하였다.[5]

또한 레비스트로스는 무의식적인 행동을 탐구하는 것은 매우 의미 있다고 보았다, 그래서 이것들 분석하기 위해 '친족 체계', '신화구조', '야생의 사고'에 접근하였다.

---

4 위의 책, 31쪽 이하 참조.
5 위의 책, 31~79쪽 참조.

친족 체계의 구조

구조주의의 시작은 종종 레비스트로스의 친족 체계 분석서가 1949년에 출간된 시기로 거슬러 올라간다. 예를 들면, 혼인 규칙에 의해 통제되는 교환 시스템은 자연적인 친족관계를 상호 의무를 통한 사회적 동맹으로 대체한다는 것이다. 혼인 규칙은 혼인 금지(어떤 사회에서 어떤 집단과 결혼이 허용되지 않는지에 대한 규정)와 혼인 명령(어떤 사회에서 어떤 집단과 결혼해야 하는지에 대한 규정)으로 구분된다. 이 가설에 따르면, 특정 형태의 '여성 교환'이 유의미하게 자주 나타나는 것은 그것이 선호되는 체계적 위치를 가지고 있기 때문이라고 설명될 수 있다. 이는 교차 사촌 결혼, 즉 남성이 외삼촌의 딸(외측 교차 사촌)과 결혼하는 것으로, 가장 안정적인 사회 관계를 형성한다고 한다. 이 결혼은 사회적 의무가 효과를 발휘할 만큼 가깝지만, 근친상간 금기가 유지될 만큼 충분히 멀리 떨어져 있다. 따라서 외삼촌(어머니의 남자 형제)이 특히 중요하다.[6] 이를 그는 친족 체계에서 명확히 한다.

모든 사회는 친족 체계를 가진다. 이것은 누가 누구와 결혼할 수 있는가에 관한 규칙이다. 레비스트로스는 같은 사회에서 친족관계와 언어가 동일한 무의식 구조에서 생산될 수 있다고 했다.[7] 그래서 그는 친족의 체계와 언어구조가 비슷할 것이라고 생각했다. 그래서 외삼촌과 조카의 관계가 일반적으로 의미 없어 보이지만 사회에 따라서 두 개의 특성을 가

---

6 이 점은 피에르 부르디외(Pierre Bourdieu)에 의해 비판받았는데, 그는 북아프리카에서 이 결혼 사례가 많은 사례 중 하나일 뿐임을 밝혀냈다. 위의 책, 31~79쪽 참조.

7 위의 책, 31~79쪽 참조.

진 관계로 분화된다고 보았다.

> ① 조카는 외삼촌을 두려워하고 그에게 복종한다. 그리고 외삼촌은 조
> 카에 대한 모종의 권리를 가진다.
> ② 조카는 외삼촌에 대해 친밀성을 가지고 외삼촌을 자신의 희생물처
> 럼 다룬다.

이는 외삼촌에 대한 조카의 태도와 부친에 대한 조카의 태도 사이에 상관관계가 있기 때문이다.

> ① 아버지와 아들이 친밀한 집단 : 외삼촌과 조카의 관계는 존경.
> ② 아버지와 아들의 관계가 엄격한 집단 : 외삼촌과 조카가 친밀.

레비스트로스는 이 두 사람 간의 상이한 태도들을 언어학자처럼 대립의 관계로 보았다. 이러한 상관관계는 집단에서 형제/자매, 남편/아내, 아들/아버지라는 관계와 유기적으로 연결되어 있다. 이 관계를 이루는 두 집단에서 볼 수 있는 것을 우리는 공식화할 수 있는 법칙을 발견할 수 있다. 즉 두 집단에서 외삼촌과 조카의 관계는 형제와 자매 관계에 대응하고, 아비와 아들의 관계는 남편과 아내의 관계에 대응한다. 그래서 어떤 관계의 한 조를 알면 다른 조의 관계를 추리할 수 있다.

이처럼 외삼촌과 조카의 관계를 이해하려면 전체 체계의 포함된 것으로 이해해야 하고 그 체계 자체는 전체로 고찰되므로 구조가 파악될 수 있다. 그 가족에서 구조의 항은 형제, 자매, 아버지, 아들이라는 항이다. 이것들이 상관적으로 대립되어 있고 각각 적극관계와 소극관계로 이루

어져 있다. 이런 특징은 실질적으로 근친상간 금기가 보편적으로 존재함을 보여주는 결과이다. 즉 인간 사회에서는 남자는 다른 남자로부터 여자를 얻어 와야 하고 그는 그 남자에게 딸이나 여동생을 주어야 한다. 그러니 어미의 남자형제의 존재는 처음부터 친족 구조에 주어져 있고 구조의 존속을 위해 필요한 전제조건이다.[8]

레비스트로스는 자연에 대하여 객관적인 사실을 다루는 것이 아니고 인간 고유의 사고를 통해 자연에 주어지는 구조를 다루려고 했다. 친족이란 개념은 자연으로부터 나오는 것이 아니고 사회 문화적 성격을 부여받은 것이고 자연과 다르다. 이것은 하나의 사회적 기능이고 '구조적'이다.

친족 체계, 혼인 규칙, 혈통집단은 혈연관계와 인척관계를 얽히게 해서 사회집단의 영속성을 확보하는 것이다. 이는 여자들을 혈족집단인 가족으로부터 분리해서 재분배하고 새로운 혈족집단을 만들어간다. 이런 식으로 이 친족관계의 '임의적'이고 '체계적'인 성격은 언어의 모습이다. 이것은 기호를 구조화하는 체계이며 구조화된 기호 체계이므로 자연과는 무관한 구조화된 절차의 결과이다.

신화 연구

레비스트로스의 신화 분석은 주로 『신화학』의 『날것과 익힌 것』에 제시되어 있다. 이 작품에서 그는 구조 분석이 신화 연구 분야에서도 성공적으로 적용될 수 있음을 입증한다. 그의 연구는 원시사회의 신화에 따라 구축된 모델들이 다른 신화 모델의 변형 또는 변환으로 형성되며, 이

---

8 위의 책, 31~79쪽 참조.

러한 모델들 전체가 하나의 구조를 형성한다는 것을 보여주는데,『신화학』에서 보로로족의 특정 신화에서 시작하여 콜럼버스 이전 시대의 모든 신화를 설명하려고 시도하였다.

레비스트로스에 따르면 신화는 아직 불확실한 규칙에 따라 배열된 단위(신화소)로 구성된다. 이 단위들은 대립관계에 들어갈 수 있으며, 이는 사고 구조의 기초를 이룬다. 신화 분석을 통해 인간 사고의 기본적인 구조를 이해하는 것을 목표로 한다. 신화는 그 문화의 산물이므로, 우선 그 문화를 형성하는 사고의 법칙을 나타내지만, 간접적으로는 이러한 사고 구조가 모든 인간 표현 형태를 형성하기 때문에 인간 두뇌의 구조와 기능 방식에 의해 결정된다. 구체적으로 레비스트로스는 북미와 남미의 다양한 신화들을 연구하고, 서로 비교하며, 그들의 내부 질서에 대한 가설을 세웠는데, 그의 분석은 이야기 구조의 유형인 다양한 짧은 시나리오를 제안하며, 이는 계속해서 변형되어 나타난다.[9]

인류학자가 노리는 것은 문화 전체의 랑그인 문화의 체계와 일반법칙이다. 이를 위해서 문화에 나타난 여러 가지 파롤을 쫓는 것이 문화인류학자들이다. 과거에는 신화는 꿈, 미적 유희의 결과 등으로 보았다. 신화는 어린이들의 유희로 사용되고 신화를 세계나 사회와 연관지어 보지는 않았다. 그러나 레비스트로스는 신화의 구조를 인간 정신의 반영으로 보았다. 그는 친족관계처럼 신화의 무의식 구조를 찾고 그것의 음운론적

---

9 비평가들은 레비스트로스가 사고 구조의 번역과 해석이 종종 너무 사변적이며, 또한 연구 대상 공동체의 일상적인 현실로부터 주의를 돌리게 한다고 비판한다. 또한 일부 저자들은 모든 범주화의 기본 패턴으로서 대립쌍의 형성에 대해 의문을 제기하며, 구조적 추상화에 속을 위험이 있다고 말한다.

현상을 찾으려 했다.[10]

　신화는 언어와 긴밀하게 관련되는데, 신화는 이야기로 되어야 하기 때문이다. 신화는 언어처럼 랑그와 파롤을 가지는데 예를 들어서 오이디푸스 왕은 파롤이고 오이디푸스 신화는 전체로서 랑그이다. 그 신화의 구조와 패턴은 항상 어느 시점을 반영하지만 과거 미래 현재에 해당하는 무시간성을 지녀야 한다. 그렇게 신화가 이야기되면 랑그와 파롤이 결합된다. 그리고 초역사적이고 초문화적이 된다. 이 산화는 무의식적 의미와 의식적인 내용인 플롯 간에 대응을 통해 나타나는데 그대로 반영되지 않고 변형되어 나타난다. 그래서 레비스트로스는 다음과 같이 말한다.

① 신화의 의미는 신화를 구성하는 개개 요소들에 있는 것이 아니라 그 요소들의 결합 양상에 깃들어 있다. 그래서 요소들의 결합에서 생기는 변형의 가능성을 고려해야 한다.
② 신화에서 사용되는 언어는 특수한 성질을 보이고 있으며 보통의 언어적 레벨 위에 있다.

　그래서 신화는 언어처럼 구성단위로 되어 있고 이 구성단위는 음소, 형태소 등과 유사할 것이다. 그리고 더 높은 차원에서 신화의 구성단위는 대형 구성단위인 신화소라고 불려야 한다. 즉 단위는 특정 기능이 주어진 주제에 결부되는 관계로 성립되고 신화의 구성단위는 그러한 관계들의 다발이다. 다발은 동일한 기능적 특성을 나누어 가지는 한 세트 항

---

10 아래에 나오는 부분은 테렌스 호옥스, 『구조주의와 기호학』, 오원교 역, 50~79쪽을 참조하였다.

이다. 이 다발은 언어에서 음소처럼 기능한다. 레비스트로스가 포착하려는 것은 공시적 차원과 통시적 차원 간, 랑그와 파롤 간에서의 상호작용이다. 모든 신화는 관현악의 악보처럼 동시에 두 개의 축 위에서 작동하여 화음을 만들어낸다. 그래서 하나의 축을 따라 통시적으로 다른 축을 따라 공시적으로 읽혀져야 한다. 오이디푸스 신화도 이런 식으로 신화소를 먼저 찾고 동일계열의 신화소들끼리 배열해보는 작업이 필요하다. 그래서 이렇게 한 결과는 다음과 같이 나온다.[11]

카드모스가 제우스에 유혹된 여동생 에우로파를 찾는다			
		카드모스가 용을 죽인다	
	스파르토이족이 서로를 죽인다		
	오이디푸스가 자기의 아비 라이오스를 죽인다		라브다코스(라이오스의 아비) = 절름발이. 라이오스=왼쪽
		오이디푸스가 스핑크스를 죽인다	
오이디푸스가 그의 어미 이오카스테와 결혼한다	에테오클레스는 형 폴리니세스를 죽인다		오이디푸스=부어 오른 발
안티고네는 금기를 깨고, 오빠 폴리니세스를 매장한다			

---

11 위의 책, 61쪽 참조.

여기서 우리는 같은 칸 속에 있는 특징을 발견해야 한다. 왼쪽 첫째 칸에 있는 모든 사건은 지나치게 강조된 혈연관계와 연관이 있다. 그래서 첫째 칸은 과대평가된 혈족관계의 특징이다. 둘째 칸은 과소평가된 혈연관계이다. 셋째 칸은 살해당하는 괴물에 관한 것이다. 넷째 칸은 바로 서는 것과 바로 걷는 것에 어려움이 있는 것과 연관이 있다.

이를 통해서 보면 오이디푸스 신화의 기본 의미는 '구조적'이다. 오이디푸스 신화의 분석 결과는 "인간은 하나에서, 아니면 둘에서 생기는가"라는 문제와 "인간은 같은 것에서, 아니면 다른 것에서 생기는가"라는 문제를 연결하는 논리적 도구를 제공한다. 그래서 혈연관계의 과대평가와 과소평가의 관계는 땅에서 생긴다는 것을 인정하지 않으려는 노력이다. 즉 인간이 일구어낸 문화에서 근친상간의 거부와 자연으로부터의 도래를 거부하는 은유가 신화 속에 함유되어 있다.

레비스트로스의 영향

레비스트로스는 '야만적인' 문화로 여겨지던 원시사회에도 서구 사회와 동등한 수준의 복잡하고 합리적인 사유 체계가 존재함을 밝혀냈다. 이는 서구 문명의 우월성에 대한 근본적인 의문을 제기하고, 모든 문화를 동등하게 존중하는 문화상대주의의 확립에 결정적인 기여를 했다. 또한 그는 다양한 문화현상 뒤에 숨어 있는 인간 정신의 보편적인 무의식적 구조를 찾아내려고 했는데, 특히 '이항대립(binary opposition)'이라는 개념을 통해 친족관계, 신화, 의례 등 다양한 문화현상이 대립하는 요소들의 관계로 구성되어 있음을 보여주며, 인간 사고의 근원적인 패턴을 제시했다. 그는 의식적인 표면보다는 의식이 접근하지 못하는 심층의 무의식적 구조에서 진실을 찾으려 했다.

장 폴 사르트르의 실존주의가 인간의 자유로운 선택과 책임을 강조했다면, 레비스트로스는 인간이 사회적 구조의 구성원으로서 이미 주어진 구조 안에서 행위하며, 인간의 감정이나 이론이 아니라 사회 구조가 인간을 형성한다고 보았습니다. 이는 인간의 존재를 구조적 맥락에서 이해하는 새로운 관점을 제시했다.

결국 그는 페르디낭 드 소쉬르의 언어학적 구조주의를 인류학에 성공적으로 적용하여 구조주의 인류학을 창시했고, 친족의 기본 구조, 신화 분석 등을 통해 문화현상에 내재된 보이지 않는 규칙과 체계를 밝혀냈으며, 이는 이후 프랑스 구조주의 전반에 큰 영향을 미쳤다. 그리고 소쉬르의 언어기호학을 바탕으로, 언어뿐만 아니라 문화 전반의 모든 제도와 관습을 기호 체계로 이해하고 분석하는 기호학적 접근을 가능하게 했다. 옷, 음식, 의례, 예술 등 다양한 문화현상을 일종의 '언어'로 보고, 그 내재된 의미 체계를 파악하려는 시도는 이후 롤랑 바르트 등의 기호학자들에게 직접적인 영향을 주었다.

그래서 레비스트로스의 구조주의는 미셸 푸코, 자크 데리다 등 후기 구조주의 사상가들에게 영향을 주었으며, 이들은 레비스트로스가 간과했던 권력, 역사성, 우연성 등의 문제를 제기하며 구조주의를 비판적으로 계승, 발전시켰다.

제5장

롤랑 바르트

이데올로기가 신화로 거듭나다

“신화는 역사에 의해 선택된 파롤이다.”
(롤랑 바르트, 『현대의 신화』, 이화여자대학교 기호학연구소 역, 1997, 265쪽)

Roland Barthes

1915	프랑스 셰르부르에서 출생
1916	부친 사망
1924	파리로 이주
1924-1930	리치 몽테뉴 방문
1930-1934	리치 루이 르 그랑 방문
1934	폐결핵 발병
1935	소르본대학 입학
1939	고전문헌학 학위 취득
1940	볼테르고교와 뷔퐁고교에서 교사로 근무
1949-1950	이집트 알렉산드리아대학 프랑스어 교수
1953	『글쓰기의 영도』 출간
1957	『신화론』 출간
1970	『S/Z』 출간
1977	콜레주 드 프랑스에서 문학기호론 교수
1980	『카메라 루시다(*Camera Lucida*)』 발표
1980	파리에서 사망

이력

롤랑 바르트(Roland Barthes)는 1915년에 프랑스 셰르부르(Cherbourg)에서 앙리에트 바르트(Henriette Barthes)의 장남으로 태어났다. 하지만 바르트가 두 살밖에 안 되었을 때 그의 아버지는 북해의 어떤 해전에서 전사하였다. 그래서 그의 어머니는 아이들을 데리고 친할머니가 살고 있는 프랑스 남서부 바욘(Bayonne)으로 이사했다. 거기서 바르트는 어린 시절을 보냈다. 하지만 1924년 바르트의 가족은 다시금 파리로 이주하였고 경제적으로 어려운 생활을 이어갔다.

파리에서 바르트는 리세 몽테뉴(Lycée Montaigne)를 다녔고(1924~1930), 나중에 그가 철학을 배우는 리세 루이 르 그랑(Lycée Louis-le-Grand)도 다녔다 (1930~1934). 1934년 5월에 왼쪽 폐에 문제가 있어 각혈을 하였고, 그로 인해 몇 년 동안에 걸쳐서 치료를 위해 종종 치료시설에 머물러야 했다.

1935년에 바르트는 고전문학을 공부하기 위해 소르본대학에 입학했다. 1937년에 군대를 면제받은 후에 헝가리에 있는 데브레상(Debrecen)에서 프랑스어 교사를 하였다. 1938년에 그는 소르본 시절에 공동 창설한 'Gruppe Antikes Theater'와 함께 그리스로 여행하였다. 1939년에 고전문헌학 학위를 취득하였고 프랑스 남서쪽의 비아히츠(Biarritz)에서 보조교사로 일했으며, 1940년에는 파리에 있는 볼테르(Voltaire) 고교와 뷔퐁(Buffon) 고교에서 교사로 근무했다. 그리고 그는 마침내 그리스 비극이라는 주제로 석사학위 논문을 제출했다. 하지만 1941년에 다시금 폐결핵이 재발하여 그는 요양소에 입원하였다. 그곳에서 그는 1943년에 문학, 음악, 연극에 대해 발표하였다. 1947년까지 폐결핵은 자주 재발했고, 경제 사정은 너무나 어려웠다. 그래서 1948년에서 1949년까지 그는 도서관 보조 사서로 일했으며, 루마니아 부쿠레슈티에 있는 대학교와 프랑스 연구소에서 강의하였다. 또한 1949~1950년 사이에 이집트의 알렉산드리아대학에서 프랑스어 교수로 일하기도 했는데, 거기서 평생의 지기이자 스승과 같은 그레마스(Algirdas Julien Greimas)를 알게 되었다. 1950년 말에 파리로 돌아와서 1952년까지 문화 관련 일을 하였고, 1952년에서 1954년까지 프랑스 국립과학연구센터(Centre National de la Recherche Scientifique)에서 어휘학 실습을 마쳤다.

1953년에 바르트는 첫 번째 저서 『글쓰기의 영도(*Degré zéro de l'écriture*)』를 출간하였다. 1954~1962년까지 그는 여러 가지 강의를 하였고, 1962년에 고등연구실습원(École Pratique des Hautes Études)의 감독으로 지명되었다. 그는 1977년에 『사랑의 단상(*Fragmente einer Sprache der Liebe*)』을 출간하여 자신의 이름을 세상에 더욱 널리 알렸다. 결국 그는 콜레주 드 프랑스(Collège de France)에서 문학기호론 교수가 되었다. 하지만 함께 살았던 어머니가 1977년 10월에 사망하였다.

1980년에 그는 마지막 저서 『카메라 루시다(*Camera Lucida*)』를 출간했다. 그러나 불행하게도 1980년 2월에 우유 배달차에 치여서 중상을 입고, 파리의 병원에 입원하였지만, 한 달 후에 사망하였다.

바르트의 기호학

바르트 기호학은 소쉬르 기호론의 실현을 위한 접근 방식이다. 바르트에서부터 소쉬르적 특징을 가진 구조주의가 발생하고 그리고 응용기호학으로 넘어간다. 소쉬르의 이론을 확장하고 응용하기 시작한 바르트는 신학, 신호, 건축, 미술, 사진, 선전, 모드, 음악, 수사학, 의학까지 모든 응용 분야를 다룬다.

바르트의 기호학은 기본적으로 인간의 언어, 다양한 랑가쥐에 대한 탐구 결과를 여러 분야의 현상에 적용한다. 언어에 대한 고찰은 기호적인 단위에서 확장되어 담화, 이야기, 텍스트로 발전되고 아울러 그것은 다시금 비언어적인 현상, 예컨대 사회학적인 것과 넓은 의미에서 문화적인 것으로 옮겨간다. 그리하여 바르트의 기호학에서는 언어학적 모형이 기호학적 모형의 바탕이 됨으로써, 그 틀 속에서 문학적인 것에서부터 문자가 아닌 비문학적인 것에 이르기까지 의미를 내포하고 산출하는 모든 것을 다룰 수 있게 된다.

그는 연구 초기부터 1956년까지 몇 가지 기호적 수단으로 문학의 신화 뒤에 있는 이념적 베일을 벗기려 시도했다. 그래서 그는『글쓰기의 영도』,『신화론』,『기호학 요강』을 통해 랑가쥐, 특히 담화 연구에 심취하였다. 그리고 그는 1957년부터 1963년까지 응용기호학 연구를 다지기 위해 노력했는데, 특히 영화기호학(1960)과 사진기호학(1961), 광고기호학(1963, 1964)에 대한 논문을 발표하였고, 대표 저서인『신화론』(1957)을 출간했다.

그는 소쉬르의 핵심 개념인 랑그/파롤, 기호, 기표/기의, 의미작용, 통합체/체계와, 예름슬레우의 외시/공시 개념을 나름대로 종합하여 복장,

음식, 자동차, 장식가구 등의 분석에 적용하였다. 그는 1964년 이후부터 텍스트기호학, 광고기호학, 음악기호학에 몰두하였고, 구조주의는 점차 포기되었고 후기구조주의로 나아갔다. 『이야기의 구조적 분석』, 『S/Z』(발자크의 『사라진느』) 등에서 텍스트에 대한 연구를 구조주의적으로 진행하였고, 나중에는 의미작용의 기호학으로 옮겨갔다.[1]

바르트는 기호학이 모든 기호 체계에 대한 학문이기에 "모든 기호 체계들이 경험적으로 재구성된 후에야 기호학이 학술적으로 다루어질 수 있다"라고 주장하였고, 기호학을 『기호학의 원리』에서 다음과 같이 정리하여 주었다.[2]

① 기호학은 초언어학에 흡수된다.
② 초언어학 재료는 신화, 설화, 신문기사, 인터뷰, 회화 등이다.
③ 기호학은 담화의 대단위 의미를 대상으로 하는 분야이다.

바르트는 기호학이란 아직 미완의 학문이고, 이를 보다 체계화시키기 위해 방법이나 용어를 언어학에서 빌려와야 한다고 했다. 그래서 그는 소쉬르의 언어학 용어인 '랑가쥐', '랑그', '파롤', '통합체', '계열체'를 자신의 방식으로 이해하였고, 예름슬레우의 '공시'와 '외시' 개념을 변용시켜 자신의 기호학 영역을 발전시켜 나갔다. 특히 그는 "랑그는 파롤의 산물이면서 그 도구이고' 따라서 '파롤 없이는 랑그가 있을 수 없고 랑그

---

1 바르트의 저서 중에서 한국어로 번역된 책은 『모드의 체계』, 『현대의 신화』, 『텍스트의 즐거움』, 『신화론』, 『카메라 루시다』, 『이미지와 글쓰기』, 『영도의 에크리띄르』, 『기호학의 원리』 등이다.
2 바르트, 『기호학의 원리』, 조종권 역, 1994, 85쪽.

를 떠나서는 파롤은 존재할 수 없다”고 말하였다.[3] 이러한 관점은 기호의 표현 면과 내용 면의 불가분한 관계를 언급한 옐름슬레우의 관점과 상통하며, 소쉬르의 견해와 차이가 난다. 그에 의하면 문화권에 따라 동일한 기호의 기의가 달라지는 것과 마찬가지로 기호학적 기의도 관점에 따라 유동적이다. 따라서 기의만을 연구의 주된 대상으로 삼았던 의미론은 언어학적 범주를 넘어서는 기호학으로 연구의 방향이 전환되어야 한다고 그는 주장했다.[4] 그리고 바르트는 소쉬르의 용어인 ‘통합체’와 ‘계열체’의 문제를 언어학적인 차원에서 예술 일반의 차원으로 옮겨 놓았다. 바르트의 연구에서는 문장에서의 통합체와 계열체는 의상, 음식, 건축, 장식물 등의 각 분야에서도 다양한 기능들이 있고, 각각의 기능은 선택할 수 있는 일정한 수의 요소들을 갖는다.

바르트에서 공시(Konnotation)와 외시(Denotation) 개념이 매우 중요하다. 그는 이 개념을 예름슬레우 언어학에서 차용해 왔다. 예름슬레우는 단어가 어떤 문맥 속에서 기호로 작용하면서 원래 의미에 머물지 않고 부가적인 새로운 의미를 산출하는 현상을 ‘공시’ 현상이라 하였다. 기표를 ‘표현(Expression)’, 기의를 ‘내용(Contenu)’, 그 의미는 ‘관계(Relation)’에 의해 표시되고 이것은 ‘ERC’라는 형식을 갖는다. 이것은 다시 새로운 기의를 취해 (ERC)RC로 표기되어 공시기호체(sémiotiqueconnotative)가 형성된다. (‘장미’는 꽃에서 ‘정열’ 또는 ‘사랑’으로 이차적 의미를 지닌다)[5]

공시와는 반대로 메타언어는 일차 체계의 ‘ERC’가 이차 체계의 기의

---

3 바르트, 『현대의 신화』, 이화여자대학교 기호학연구소 역, 1997, 264~266쪽 참조.
4 위의 책, 282~291쪽, 298~306쪽 참조.
5 위의 책, 269쪽 이하 참조.

역할을 하여 새로운 기표를 취해 다음의 도식이 형성된다.[6]

ER(ERC)

바르트는 의미작용(Signification)의 일반적인 정의에 다른 의미를 부여한다. 그에 의하면 의미작용은 일종의 과정으로서 그것은 기표와 기의를 결합시키는 행위이다. 기표와 기의의 1 : 1 대응 관계를 주장하는 소쉬르와는 다르게 옐름슬레우는 기표와 기의의 결합이 새로운 의미를 낳는 기표의 역할을 맡을 수 있고, 이 기표가 또 다른 기의와 결합되는 형식을 공시로 표현하였다. 즉 의미작용은 외시적 의미에서 끝나지 않고 공시적 의미를 만들어내는 과정을 나타낸다고 할 수 있다. 이것은 바르트의 신화분석과 연결된다. 이를 도표로 만들어보면 다음과 같다.[7]

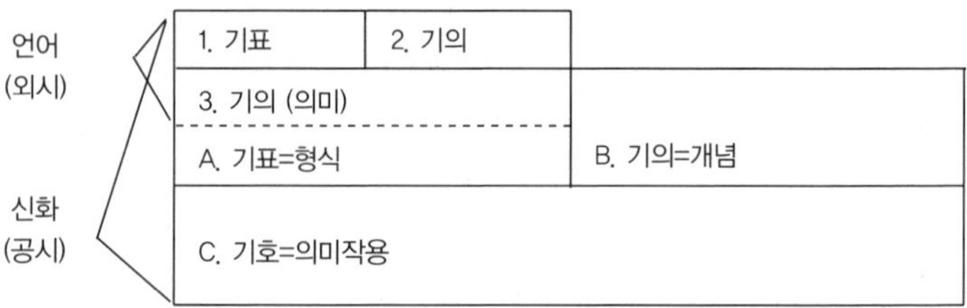

이 도표에서 우리는 언어차원과 신화차원을 구분할 수 있다. 맨 윗단의 기표(1)와 기의(2)가 하나의 의미(3)를 만들고, 다시금 그것이(A) 하나의 형태가 되어 다른 것을 만들어내는 개념(B)으로 발전하는데 이것이 제 3의 기호(C)가 된다.

---

6 바르트, 『기호학의 원리』, 168쪽 이하 참조.
7 바르트, 『현대의 신화』, 272쪽 참조.

신화론

바르트는 자신의 저서들에서 여러가지 텍스트 안에 진실, 의미, 의의가 어떻게 기능하고 구조화되었는지를 알 수 있게 하였다. 이런 것들을 그는 사회적 신화라고 했다.

"신화는 하나의 파롤이다"[8]라고 바르트는 말했는데, 정확히 말하자면 신화는 대상도 아니고 개념도 아니고 하나의 이념일 수 있다는 것을 사람들은 알아야 한다. 즉 신화는 의미하기의 한 방법인데, 말하자면 하나의 형식이다. 신화는 대상이 어떻게 말해지는 방식들이다. "신화는 하나의 진술이기 때문에, 어떤 담화를 변명할 수 있는 모든 것은 신화가 될 수 있다. 신화는 전달 내용의 객체를 통해서 규정되는 것이 아니고 그것이 이 대상들을 어떻게 발설하는가 하는 방법을 통해서 규정된다."[9]

바르트에 의하면 기호학적 체계는 소쉬르와는 다르게 세 개의 상이한 요소로 되어 있다. 의미하는 것(소쉬르에서는 시니피앙), 의미된 것(시니피에), 그리고 이 두 개를 공유하는 전체적인 것이 기호이다. 그래서 바르트는 장미를 예로 들고 있다.

"장미꽃 다발을 생각해보라. 나는 그것을 나의 열정으로 의미화할 수 있다. 그러면 여기에 단지 의미하는 것과 의미된 것만, 즉 장미와 내 열정만이 있는 것은 아닐까? 실제로 여기에 정렬화된 장미들만이 존재하는 것은 아니다. 분석을 해보면 세 개의 개념들이 존재한다. 왜냐하면 이러한 정렬로 채워진 장미들은 당연히 장미들과 정렬로 나누어지기 때문이

---

8 위의 책, 268쪽 참조.
9 위의 책, 264쪽.

다. 이것들 연결되어서 제3의 대상인 기호를 형성하기 전에 이런 장미 저런 장미들이 존재했었다. 실제 경험에서 내가 장미가 가지는 정보를 덜 생각하면 할수록, 나는 분석의 영역에서 의미하는 것으로서의 장미를 기호로서의 장미와 동일하게 생각할 수 없을 것이다. 의미하는 것은 비어 있고 기호는 채워져 있다. 이것이 의의이다."[10]

신화는 기호학적 체계의 연쇄에서 나온다. 단순한 체계는 의미하는 것, 의미된 것, 기호로 만들어져 있다. 신화는 기호학적 체계의 첫 번째 기호를 포함하고 있다. 이것은 여기서 두 번째 체계에서 의미하는 것으로서 기능한다. 즉 바르트의 의미에서 신화는 한 사회가 기호학적 과정에서 도출하는 무의식적이고 집단적인 의미를 포함한다.

신화에서는 그 발화가 문자로, 사진으로, 예술적으로, 어떤 건물의 질료적 형태로 표현되건 중요하지 않다. 아주 실용적인 물건이나 관습들도 사회적 용례에 의해 2차적 의미를 획득하여 하나의 신화로 기능하게 된다. 예를 들어, 프랑스 인에게 "포도주를 소중하게 여기는 것은 하나의 강요된 집단행동이며, 포도주를 마시는 것은 사회통합의 의식이다". 포도주는 일종의 '토템 음료(boisson-totem)'이며 집단적 도덕심의 원천이 되었다. 신화학자는 포도주의 특성이나 효과에는 관심이 없고 포도주의 이미지, 즉 사회적 규약에 의해 포도주에 부여된 2차 의미에 더 관심이 있다. 이처럼 신화적 의미를 생성시키면서 문화는 그 자체의 규범을 자연스러운 사실처럼 보이게 만든다.[11]

바르트의 신화 체계 모형은 첫째로 언어체계의 모형에서 그 틀을 빌려

오고, 둘째로 그 언어체계 모형이 신화 체계로 전환되면서 구성요소들은 새로운 명칭과 기능을 부여받는다. 신화도 언어와 마찬가지로 의사소통을 목적으로 하는 체계이다.

다음 도식에서 1, 2, 3은 언어 차원이고, I, II, III은 신화 차원을 이룬다.[12]

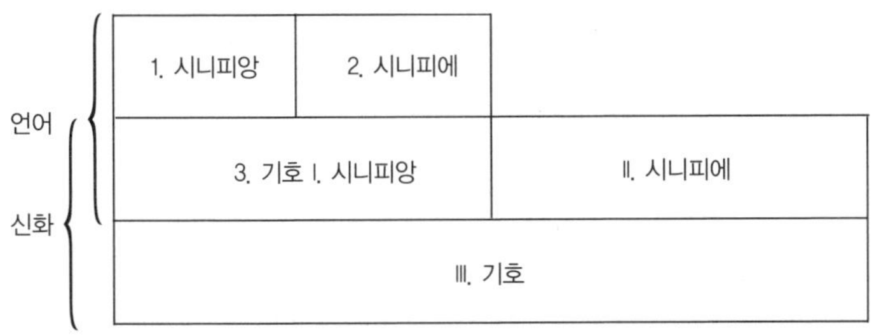

이는 일차적 외연적 기호에서 이차적 내포적 기호로 확대되는 매우 특징적인 현상이다. 일차적 측면은 상단에 있는 언어적 측면이고 이차적 측면은 내포적이며 신화적 측면이다. 그래서 1.+2.=3.이 되고 그 3.은 I 가 되어 다시 I+II=III이 된다.

바르트는 1950년대 신문 사진을 예로 함축적인 의미 원리를 논의했다. 이 사진은 원래 외연적 기호의 표현을 나타내는데, 이 사진을 보는 독자는 프랑스 군복을 입은 아프

『파리마치』에 실린
프랑스 군인 사진

---

12 위의 책, 271쪽 이하.

리카인과 그 앞에 프랑스 국기를 인지할 수 있다. 이 사진에는 내포적 내용이 들어 있다.[13] "프랑스는 군대에 충성스러운 흑인 시민을 가진 거대한 식민 제국이다 등…."

신화에서도 이런 3차원적 도식이 나타난다고 바르트는 본다. 예를 들어 프랑스 흑인 병사가 경례하는 모습은 세 가지 차원을 갖는다.

- 기표 : 한 흑인 병사의 프랑스 군대식 경례
- 기의 : 아프리카 프랑스 시민의 군복무와 복종을 포함
- 기호 : 프랑스군에 복무하는 흑인 병사라는 사실

이러한 현상은 원래 언어 체계에서 비롯되고 그 언어체계가 문화체계로 넘어오면서 한편으로는 내포적 의미로 변화하고 다른 한편으로는 바르트의 주장대로 신화적 의미로 변화된다.

- 새로운 기표 : 1차 기호 전체, 경례하는 흑인 병사.
- 새로운 기의 : 프랑스는 피부색에 무관하게 모두를 포용하는 위대한 제국
- 신화 : 충성을 통한 프랑스의 위대함과 비차별성

언어체계는 일차적이며 직시적이고, 문화체계는 이차적이며 내포적이고 신화적이다.

---

13 위의 책, 283쪽.

신화론의 예(『현대의 신화』)

바르트는 대중문화의 여러 측면들을 토론
하면서 이데올로기에 의해 자연스러운 것,
당연한 것으로 호도된 사회의 고정관념들을
분석해 나갔다. 그는 현대 생활을 자연스러
운 것으로 위장된 이데올로기의 함축이라고
보았으며, 대부분의 경우에 이런 신화를 폭
로해야 할 환상으로 규정하고 있다.[14]

『신화론』(1957)

그의 『신화론』(한국어판 제목 『현대의 신화』)은
사르트르, 브레히트, 마르크스에 영향을 받은 프랑스 좌파 지성의 책이
다. 바르트에 의하면 신화는 하나의 파롤이다.[15] 언어 활동에 특수한 조
건이 충족되면 신화가 될 수 있다. 신화는 의사전달의 한 체계이고 하나
의 메시지이기 때문이다. 그래서 신화는 의미작용의 한 양식이다. 세상
의 사물은 모두 다 말 없는 존재로부터 말의 상태로 사회적인 것으로 이
행될 수 있다. 그래서 글로 쓴 담론뿐 아니라, 사진, 영화, 리포타주, 스
포츠, 공연, 광고 등 모든 것이 신화적 파롤이다. 예를 들어 어떤 사물도
언제나 기호적 신화가 되는데 언어에서는 기표와 기의로 기호가 되어 있
지만 기호학적 체계에서는 세 개의 상이 중요하다. 예를 들어서 '장미'의
경우, 장미 다발은 기표, 사랑의 정렬은 기의, 내 사랑의 정렬이 담긴 장
미는 기호이다.

---

14 위의 책, 11쪽 이하 참조.
15 위의 책, 268쪽.

① 포도주[16] : 태양과 땅의 즙이고 갈증을 해소시키는 이것은 전환의 실체이다. 약한 자를 강한 자로, 조용한 자를 수다스런 자로 만들어준다. 노동자에게는 일에 열정을 주고 지식인에게는 나태와 혼란의 기능을 한다. 포도주는 지식인을 프롤레타리아로 바꾸어준다.

프랑스에서는 포도주는 취하기 위해서 마시는 것이 아니라 마신다는 지속적인 행위이고 몸짓의 일부이다. 이런 포도주의 힘은 민담, 속담, 대화, 문학 속에 수없이 등장한다. 그래서 이 포도주의 신화는 하나의 집단 행위이다. 포도주를 믿지 않는 사람은 사회가 용납하지 않는다. 반대로 동화의 자격증은 포도주를 마심으로 주어진다. 포도주를 마신다는 것은 프랑스인의 자격을 부여하고 인상 수행 능력, 사교성을 입증하는 국가적인 기술이다.

프랑스에서 포도주는 사회화되었다. 간단한 식사, 대향연, 선술집까지 등장한다. 배고픔, 권태, 굴종, 낯섦 등과 같은 물리적 제약의 상황에서도 포도주를 꿈꾸게 한다. 포도주가 일상생활에 없으면 이국적인 향취를 준다. 물은 포도주와 반대였다. 그러나 이제는 물이 아니라 우유가 포도주의 대립이다. 포도주는 무엇인가를 만들고 변화시키고 훼손시키는 외과적 특성이 있다. 우유는 화장용이어서 접합하고 회복시키고 변화시킨다. 우유는 힘의 표시가 아니라 조용하고 결백함의 표시이다.

② 스트립 쇼[17] : 바르트는 파리의 스트립 쇼는 하나의 모순 위에 있다고 보았다. 에로티시즘이란 일상적인 기호를 보임으로써 성의 개념과 추

---

16 바르트, 『현대의 신화』, 이화여자대학교 기호학연구소 역, 2002, 102쪽 이하.
17 위의 책, 203쪽 이하.

방을 동시에 유발하기에 충분한 일종의 공포, 달콤한 공포이기 때문이다. 스트립 쇼를 통해서 대중은 악으로 가볍게 접종되어 영원히 면역된 도덕적 선에 빠지는 속임수에 넘어간다. 스트립 쇼에서 사용되는 소도구, 무대장치, 몸짓이 자극을 대중으로부터 탈취한다. 그리고 중국적 상징인 아편 파이프, 곤돌라와 원피스, 베니스풍의 무대장치 등을 통해서 이국적 취향이 가미된다.

스트립 쇼에서는 여자를 변장의 대상으로 삼는다. 그렇기에 스트립 쇼는 더 이상 비밀스런 곳을 보는 것이 아니라 인공적인 의복을 벗음으로써 나체가 마치 자연스런 의복인 것처럼 생각하게 한다. 무대 고전적 소품인 모피, 부채, 장갑, 깃털, 망사 스타킹 모두 다 무대장식으로 사람을 둘러싼다. 이런 것을 벗어버리는 것은 더 이상 벗는다는 느낌을 주지 않는다. 스트립 쇼에 동반되는 율동은 단순하고 에로틱하지 않다. 스트립 걸이 움직이며 불안을 쫓는 동작일 뿐이다. 스트립 쇼는 하나의 스포츠이다. 스트립이 끝나면 스트립 걸은 수상자가 상을 받듯이 상을 받고 훈련을 받고 연습한다. 그래서 스트립은 프랑스에서 친숙하고 중산층화되어버렸다.

③ 부르주아의 신화[18] : 서구에서 근대의 등장과 함께 인간은 신이 차지하고 있던 전지전능한 자리를 탈취하였는데, 그때 사용한 무기가 바로 '이성(理性)'이었음은 잘 알려진 사실이다. 그런데 인간은 그렇게 신의 자리를 탈취한 것에 만족하지 않고, 고대의 신들이 그랬듯이 그 권능을 행사하려고 했다. 그 권능의 행사에 앞장선 것이 이른바 '부르주아'라고 알

---

18 위의 책, 233쪽 이하.

려진 계층들이었다. '이성'에 '자본'이라는 막강한 화력을 더함으로써 근대의 신으로 군림하게 된 그들은, 자신들의 이데올로기를 유지·강화·확대하는 담론들을 생산하여 유포시키기 시작했다. 그러한 담론들 중, 수 세기를 거치면서 현재까지 살아남은 것들은 현대의 신화가 되었다. 바르트가 주목하고 있는 신화란 바로 이러한 부르주아의 신화인 것이다.

30개의 신화들은 바로 그의 이러한 노력의 결정체들로서, 1954년부터 1956년까지 프랑스의 일상적 삶에서 채취한 신화들을 해석해낸 것이다. 이 신화들의 목록은 레슬링에서 스트립 쇼에 이르기까지, 영화 속의 로마인들에서 휴가 중인 작가들에 이르기까지, 가르보의 얼굴에서 아인슈타인의 두뇌에 이르기까지, 현실을 모방하는 장난감에서 인간을 모방하는 신형 자동차에 이르기까지 실로 다양하다. 특히 인상적인 것은 가루비누와 합성세제가 그 이전의 액체비누를 대체하는 과정에서 나타난 신화의 진화이다. 바르트가 보는 견지에서는 액체비누는 더러움을 완전히 '박멸'한다. 이에 반해 가루비누는 더러움을 옷감의 씨줄을 따라 몰고 가 '추방'한다. 그리하여 가루비누는 전쟁이 아니라 경찰의 기능을 수행한다.

이에 더 나가서 바르트는 여류 소설가들에게 있어서 작가의 삶은 모성에 충실해야 얻어지는 것이라는 남성중심적인 시선이 놓여 있음을 날카롭게 지적한다. 잡지 『엘르』가 구축하고 있는 이 여성 세계는 "여성은 자신의 직업적인 야망을 다소간 펼칠 수 있다. 하지만 여성의 조건으로 빨리 돌아와야 한다"고 암시하고 있는 규방의 세계라고 판정한다. 그래서 바르트는 여성 소설가들을 특집으로 내세워 여성을 추켜세우고 있는 듯이 보이는 여성 잡지 『엘르』가 사실은 다음과 같이 속삭이고 있음을 우리에게 폭로하고 있는 것이다. "규방을 폐쇄하세요. 그리고 나서 그 안에 있는 여성을 자유롭게 하세요. 여성이여, 당신은 사랑하고 일을 하고 글을 써야 합니다. 당신은 직업 여성이나 여류 문인이 되어야 합니다. 하지만 항상 남성이 있다는 사실을 기억해야 합니다. 당신은 남성과 같은 완전한 인간이 아니지요. 당신의 질서는 오직 남성의 질서에 종속될 때에만 자유로울 수 있습니다. 당신의 자유는 사치입니다. 당신의 자유는 먼저 당신이 당신의 본성에 알맞은 의무들을 인정할 때에만 가능한 것입니다. 물론 당신이 원한다면 글을 써도 좋습니다. 우리 여성들은 그 사실을 매우 자랑스럽게 여길 것입니다. 하지만 그렇다고 해서 아이들을 낳아야 한다는 사실을 잊어선 안 됩니다. 왜냐하면 그것은 당신의 운명이니까요."[19]

바르트는 현대 사회의 일상적 삶에서 발견되는 사소한 사물들과 현상들 안에 깃들어 있는 신화들의 숨겨진 이데올로기와 그 감춰진 의도를 우리에게 보여준다.

설화 분석

바르트는 설화를 '기능', '행위', '서술' 층위로 구분하였다. 그에 의하면 장편소설에서 랑그를 찾아내는 것은 이론적으로는 가능하지만 너무 방대해서 연역적으로 결론을 추론하지 못한다고 한다. 그래서 그는 이야기 분석에서 텍스트 분석으로 넘어간다. 그는 텍스트와 문학작품을 구분한다. 문학은 미적 가치를 지니고 있어 닫힌 기호들의 총체이고 그 안에

---

19 바르트, 『현대의 신화』, 이화여자대학교 기호학연구소 역, 1997, 74쪽 이하 참조.

서 의미를 찾는다. 텍스트는 생산 작업이며 구조화 작업의 대상이고 입체적이다. 그래서 어떤 움직임을 그 안에서 추적할 수 있다. 텍스트 분석은 어떤 의미를 텍스트가 만들어내는가를 보여주는 것이다. 의미의 형식이나 코드를 찾아 텍스트가 어떻게 이들과 관련되는가를 설명하는 것이 텍스트 기호학이다. 이때 그는 구조주의 방법론을 따른다.[20]

바르트는 담화를 일종의 커다란 문장으로 보았다. 그래서 그는 문장과 담화는 상동적 관계에 있다고 보았다. 이러한 의미에서 '이야기'도 담화의 한 종류이고 또한 커다란 문장이라고 할 수 있지만, 이야기의 특성은 '이야기성'을 바탕으로 동사의 주요 범주가 확대 변형된 상태로 내재화된다는 데 있다. 그래서 이러한 이야기에 있는 이야기성을 연구하려면 이전에 구조주의자들이 연구했던 방법론을 전제해야 했다. 즉 구조주의는 기본 방법론을 언어학의 연구 성과로부터 빌려왔는데, 결혼의 형태, 친족 구조 등의 인류학적 문제로부터 작품 분석에 이르기까지 연구 대상을 하나의 자율성을 지니고 있는 언어체로 간주하고, 그 언어체를 내재적으로 분석하려고 했다. 이러한 내재적 분석은 해당 언어체를 구성하고 있는 요소들 상호 간의 상관관계를 찾아내는 데 목적이 있었는데, 이 상관관계를 맺고 있는 요소들은 대체로 이항대립을 바탕으로 서로 대립적이면서 동시에 상호 보완적이다. 그리고 일반적으로 문장은 문법적인 형식을 갖춘 언어 단위로서 형태 통사론적 특성에 의하여 정의된다. 즉 담화는 언술과 동의어로 쓰이면서 의사소통을 위한 의미 구축을 위하여 하나 이상의 문장을 필요로 한다.

---

20 Barthes, R., *Introduction to the structural Analysis of Narratives*, in: Communication No.3, 1966.

이러한 전제조건하에서 바르트가 제시한 이야기 분석을 위한 층위 개념은 다음과 같다.

① 기능층위 : 의미를 산출하기 위해 계열체로 재단되어야 한다. 그리고 이것에 통사론적 기능을 부여한다. 이 단위는 'unit'인데, 기능단위가 배열적 단위와 통합적 단위로 나뉜다. 배열적 단위는 '권총을 한 자루 산다'는 것은 그것을 쏘는 순간과 대응되고 수화기를 드는 행위는 내려놓는 행위와 대응된다 등으로 나뉠 수 있다. 그리고 통합적 단위에서는 이야기의 의미를 이해하는 데 필요한 관계, 주인공의 성격을 드러내는 지표로 구성된다.

② 행위층위 : 이 층위에 대해 아리스토텔레스가 언급했는데, 등장인물보다 행위를 중시했고, 17세기 이후에는 주인공은 행위보다 심리묘사에 의해 규정되었으며, 블라디미르 프로프는 행위의 일관성을 바탕으로 주인공의 유형을 분류하였다. 그리고 그레마스는 이야기 분석에서 등장인물을 존재론적으로 파악하지 않고 행위에 의해 평가하면서 행위소란 용어를 사용하였고, 바르트는 인물을 행위 영역에 대한 참여에 의하여 정의한다는 입장을 취했다.

③ 서술층위 : 서술의 의사전달의 방식에서 이야기할 때, 그 속에서 독자에게 어떤 정보를 알려주는 요소는 독자를 위한 기호라고 보아야 한다. 그리고 이야기 상황에서도 이야기가 소비될 때에 따르는 일련의 의례 준칙이 있고, 이야기의 언어도 분절과 통합을 통하여 의미를 형성한다.

그러나 바르트 후기의 해석 방식은 문학 텍스트의 다양한 코드화의 단일 의미 이론을 반대한다. 발자크의 소설 『사라진느』의 예를 가지고 그는 새로운 분석 방식을 제시한다. 이것은 이야기의 분석에 초점을 맞추면서 문학성을 구조주의적 관점에서 해명하려고 한 시도이다.

설화 분석의 예 : 『S/Z』[21], 발자크의 소설 『사라진느』

바르트는 17세기 프랑스의 글쓰기 스타일에 주목했는데, 그 스타일이 국가적 규모에서 확립되어 19세기에 하나의 문체가 되었다고 보았다. 특정 시기의 특정 글쓰기의 방법이 있다고 그는 본다. 이 글쓰기는 부르주아의 착취라고 보는데, 부르주아들은 생활양식, 가치관을 제도화하여 매체, 전달자, 코드 작성자로서 작용한다. 그리고 이들은 자신들의 것을 형상화한다.

그런 글쓰기에 반응을 보이는 부르조아는 그런 가치관에 동의하는 것이다. 19세기에 이들 생활양식이 해체되고 문체도 해체되었다. 그래서 1850년 이후 문체는 다채로운 문체로 번창하였다. 그는 문체도 보편적인 문체나 양식, 조건이 순수하게 존재하지 않는다고 보았다. 문학에서도 소쉬르의 시니피앙과 시니피에의 임의성 관계가 적용된다. 즉 문학은 하나의 의미를 제시하는 것 같지만 또 다른 층위에서의 의미를 포함하고 있다.[22] 그래서 어조, 특정 어

『S/Z』(1970)

---

21 바르트, 『S/Z』, 김웅권 역, 2006.
22 바르트, 『글쓰기의 영도』, 김웅권 역, 2007, 61~67쪽.

휘사용, 신화적 3인칭, 단순과거 등은 문학적 기호로서 사회계급의 지표로 작용한다. 그때 작가와 독자를 중재하는 문학은 사회적, 정치적, 경제적 사안이 될 수 있다. 이것들을 분석하면 그런 것들이 드러나는데, 바르트는 『현대의 신화』에서 미디어가 생성하는 신화를 폭로했다.[23] 문학은 우리가 세계를 창조 가공하려고 만든 코드에 의존한다. 그는 문학을 코드의 상호작용에서 파생된 일

『텍스트의 즐거움』(1973)

종의 구조로 본다. 그래서 바르트의 관심은 최종적으로 글 쓰는 사람과 글 읽기 행위에 집중한다. 이를 바탕으로 그는 문학의 새로운 분류를 제안한다. 『S/Z』에서 문학은 독자에게 적극적인 역할을 하게 하지만, 또한 게으른 역할을 하게 하기도 한다. 적극적인 역할은 독자가 작가 느낌을 가지고 문학을 읽는 것이다. 바르트는 『텍스트의 즐거움』(1973)에서 읽기를 쾌락과 향락으로 구분하였는데 전자는 소극적인 기쁨이고, 후자는 적극적인 글 읽기의 기쁨이다. 이런 향락을 느끼려면 글 읽기와 글쓰기에 있는 코드의 성질을 고찰해보아야 한다.

바르트는 이를 『S/Z』에서 561개의 단위와 5개의 코드로 분석했다. 이 작업은 발자크 소설을 독자스런 텍스트에서 작가스런 텍스트로 바꾸었다.[24] 의미작용은 언어의 어떤 층위에서 다른 층위로의 이동이고, 한 언어에서 다른 언어로의 이동이다. 그래서 의미라고 하는 것은 코드 전환

---

[23] 바르트, 『현대의 신화』, 이화여자대학교 기호학연구소 역, 1997, 324쪽 이하 참조.
[24] 바르트, 『S/Z』, 특히 372쪽 참조.

일 뿐이다. 의미는 기호들의 상호작용이므로 경험의 세계가 아니고 기호의 세계이다.

전기 바르트는 구조주의적 관점에서 텍스트를 수용하였다. 그래서 그는『이야기의 구조적 분석 입문』에서 담화의 구성요소를 기능단위, 행위단위, 서술단위로 구분하였다. 그는 문학을 언어로 보고 언어는 내용보다 구조나 체계 안에서 연구하려고 했다. 그러나 후기에 바르트는 텍스트라는 개념을 새로이 정의한다. 텍스트는 작품이 아니라, 무한한 시니피앙들의 유희라고 보았다. 그래서 그는 구조주의에서 후기구조주의로 이행은 작품에서 텍스트로의 이행이었다. 즉 그는 "텍스트는 하나의 완결된 산물로 간주해 왔다. 이제 우리는 이 직물에서 끊임없는 짜임을 통해 텍스트를 만들어가는 생성적인 개념을 강조하고자 한다."[25]라고 말했다.

텍스트가 직물이라는 개념은 생산적이고 역동적인 의미를 강조한다. 텍스트는 열린 체계로 작용한다. 그리고 글 읽기는 곧 글쓰기이고 작가, 비평가, 독자의 구분이 없어진다. 이러한 텍스트의 실천이 잘 드러난 바르트의 작품은『S/Z』이다. 이 작품의 처음부터 그는 모든 구조주의 연구가들의 시도는 실패라고 한다. 담화의 모델 정립이 아니라 메시지의 해체, 구조의 재조작이 필요하다고 한다. 그래서 독자들은 텍스트 생산자로서 글 읽기에 참여해야 한다.

예를 들어서 스탕달이 이탈리아어를 작품에서 사용했다면 그 자체가 열정이나 자유를 수반한다. 그래서 외연 언어에 일차적 시니피에에다 이차적 시니피에를(함축 언어) 첨가하고 텍스트는 복수적이 된다. 함축 언어,

---

25 바르트, 『텍스트의 즐거움』, 김희영 역, 2022, 100~101쪽 참조.

즉 이차적 시니피에는 사전에 없는 의미이고, 약호의 출발이고, 의미의 분산이고, 목소리의 분절이고, 텍스트 내재적 상관관계에 의해 드러나는 의미이다.[26] 이러한 함축 언어로 글 읽기는 '약호'라는 개념을 드러나게 한다.

『사라진느』는 풍속 연구에 속하는 소설인 만큼 특정 인물의 사고와 가치관을 보여주는 것이 아니라 그 사회에서 일어나고 있는 일, 즉 그 당시 상황을 묘사하고 있는 소설이다. 구성을 보면, 겉 이야기에서는 1830년 대 파리의 살롱에서 여인을 유혹하려 나타난 서술자가 어떤 100세의 노인의 신비스러운 모습을 묘사하고 있는 내용이고, 속 이야기에서는 18세기 이탈리아에서의 비인간적인 풍습에 대해 비판하는 내용이다. 즉 그 당시 시대상을 배경과 아울러 묘사하고 비판하려는 의도로 이 작품이 쓰여졌다.

서술자 '나'는 랑티 백작 저택의 파티에 초청받고 와서 창가에 자리 잡고 멀거니 창밖을 바라본다. 겨울철이라 정원의 나무들은 눈에 덮였는데, 그것이 어쩐지 흰 수의를 걸친 죽은 사람들처럼 보인다. 그에 비하여 파티가 무르익은 거실에는 인생을 마음껏 즐기는 사람들이 휘황찬란한 보석으로 치장하고 짙은 향수를 풍겨대는 멋진 연인, 부인들과 경쾌하게 춤을 춘다.

바르트의 분석 대상인 『사라진느』의 첫 문장을 보면 "나는 깊은 몽상에 잠겨 있었다. 가장 소란한 여회 한가운데에 모든 사람을 — 경박한 사람이라 할지라도 — 사로잡는 그런 몽상에 엘레제 부르봉의 시계가 막 자정을 울렸다. 나는 물결 무늬의 구불구불한 커튼 주름 아래에다 몸을

---

26 바르트, 『S/Z』, 15쪽.

감춘 채, 창문 틈 사이로 내가 저녁 시간을 보내고 있는 이 저택의 정원을 응시할 수 있었다"로 시작한다.[27]

제목에서부터 해석학적 약호가 드러난다. 즉 주인공이 남자인가 여자인가라는 질문으로 작품이 긴장하게 되고 모든 사건이 이 약호에 수렴된다. 이름이자 제목인 '사라진느(*Sarrasine*)'에서 'e'는 여성형 의미소 약호를 포함하는데, 남자 조각가의 이름이 여성형인 데서 주제가 중성형 아니면 트랜스젠더임을 유추해 볼 수 있다. 그리고 소란한 연회라는 대목에서 '연회 = 부유함'이라는 의미소이다.[28]

"모든 사람을 사로 잡는 깊은 몽상"이라는 구절은 집단적 주체가 화자의 입을 빌려 표현한 공공의 견해로서 문화적 약호이다. "깊은 몽상에 잠겨 있었다"에서 '잠겨 있었다'는 행위적 약호이다. 이는 몽상 이후에 다른 행위가 나올 것을 암시해준다. '몽상'이라는 낱말은 다음에 나오는 '살롱/정원, 안/밖, 더위/추의, 삶/죽음' 등의 대립과 함께 상징적 약호이다. 이러한 약호가 다음과 같이 반복되어 나타난다.[29]

① 해석학적 약호 : 세부적인 지식이 없는 상태에서 상상력을 발휘하여 의문을 제기한 다음, 차츰 그것이 무엇인가를 깨닫게 해주는 요소들.(제목의 의문점 : 다양한 해석 가능성)

② 의소적 약호 : 주로 사람이나 명칭이 암시적으로 내포하고 있는 의미론적 요소(제목의 -e)

---

27 위의 책, 305쪽.

28 위의 책, 29쪽.

29 김희영, 「롤랑 바르트 구조주의에서 후기구조주의로」, 김욱동, 『포스트모더니즘과 후기구조주의』, 1994, 64~72쪽 참조 : 바르트, 『S/Z』, 32쪽.

③ 상징적 약호 : 주로 거세나 육체의 유전적 특성과 관계되는 요소
들의 상호 관계를 연상 작용을 통하여 암암리에 가리킨다.(거세된 노
인 : 피어나는 소녀 / 정원 : 살롱 / 죽음 : 삶)

④ 행위적 약호 : 행위에 관계되는 요소들로서, 일상적 체험이나(문을
두드림, 데이트 약속 등), 로마네스크한 사건들(연인의 납치, 살인 등)과 관계
된다. 어느 경우든 모두 서술자의 사건 설명에 의하여 이루어진다.
('나는 몽상에 잠겨 있었다')

⑤ 문화적 약호 : 인생이나 자연, 사회와 관련되어 널리 받아들여지는
고사, 격언, 지식 또는 전통적인 지혜 등과 관계되는 약호.(파티가 무
르익은 거실, 휘황찬란한 보석…)

이런 약호 해석을 통해서 수동적인 독자는 능동적인 생산자로 변화되
어 작가와 대등하게 될 수 있다. 그리고 독자는 다의적인 의미를 음미하
고 지적 만족감을 맛볼 수 있으며, 독해 단위로 분절되는 텍스트의 상황
과 장면은 그때마다 독자가 알고 있는 이야기를 머리 속에 떠올리게 하
여 글 읽기를 수행하게 한다.

여기서 약호는 코드나 메시지와 구분되어야 한다. 코드는 발신자가 수
신자에게 사용하는 암호 혹은 수신 체계이다. 바르트의 약호는 책 읽기
의 잠재적인 방향, 혹은 텍스트를 이루고 있는 여러 개의 목소리이다. 이
는 이미 보고 듣고 읽고 체험한 것이 어떤 연상작용을 통해 드러나는 것
을 말한다. 그래서 모든 약호는 문화적이고, 이것은 글쓰기를 구성하고
있는 어떤 '이미'의 형태이다.

이 『사라진느』 약호들은 다른 텍스트 분석에 적용될 수도 있고, 아니면
다른 약호들이 추가될 수도 있고 완전히 다른 약호들로 구성될 수도 있

다. 그래서 성서의 신약 부분인 「사도행전」 10~11장 분석의 약호는 12개나 된다. 서술적, 지형학적, 고유명사적, 역사적, 의미소적, 수사학적, 행위적, 연대기적, 상징적, 친교적, 유추적, 메타언어적 약호이다. 이처럼 바르트의 분석으로 『사라진느』를 읽으면 사실주의 발자크는 사라진다. 이 텍스트는 '거세'라는 의미와 비유적 의미가 동시에 사용된다. 거세된 가수 장비넬라, 가수를 사랑한 사라진느, 그래서 욕망의 재현물로 조각품을 남기는 것이 일차적 의미이다. 그러나 욕망의 공허, 예술가의 창조적 행위는 거세의 이차적 의미이다. '거세'는 가치관의 혼란이고 도덕적 타락이다. 그리고 '거세'는 대립의 세계에서 중성화이고 파괴이다. 이러한 대조법에 의한 서술행위의 좌절, 타락, 거세는 사실주의 문학의 뿌리를 부인하고 있으므로 이런 언어, 육체, 돈의 혼돈이 『사라진느』라는 작품이다.

바르트의 문학 작업은 세계를 하나의 의미로 하려는 구조적 공식 언어에 반기를 드는 것이다. 그는 부단한 움직임, 의미의 역동성을 파악하려고 했다. 그래서 텍스트는 모든 문화적 압박, 이데올로기적 폭력으로부터 해당되기 위한 수단이다. 그의 텍스트론은 이론과 실천, 글 읽기와 글쓰기, 독자와 작가, 작품과 비평의 이분법을 넘어 텍스트를 새로이 인식하도록 했다.

『기호의 제국』

바르트는 일본 여행 후의 기록인 『기호의 제국』(1970)에서 서구의 신화를 변형시키고 그 힘을 약화시키기 위해 반신화를 창조한다. 그는 이 반신화를 위해 일본을 객관적인 대상이나 이상적인 이미지로 나타내는 것이 아니라 일본이 그에게서 유발한 것으로 묘사하고 이 서사를 허구로 포착한다. "나는 현실을 묘사하거나 분석하려는 어떤 주장 없이도 세상 어딘가에서 일정 수의 특징을 포착하고 이 특징들로 내가 원하는대로 시스템을 형성할 수 있다. 그리고 나는 이 시스템을 일본이라고 부를 것이다."

『기호의 제국』(1970)

서구 사고에 있는 관찰자는 낯선 것 속에서 자신이 비춰지도록 하는 것이 중요하다. 하지만 바르트는 이 책으로 이러한 거울을 가능하면 비우려고 하였다. 이런 것은 서구의 나르시시즘에 대항하는 것이다.

바르트는 일본은 하나의 체계라고 보았다. 동양은 서양과 다른 상징의 세계인데, 일본은 바로 그러한 다른 세계의 표상이라고 바르트는 쓰고 있다.

① 일본어는 예를 들어서 '사실보다는 느낌을 표현하는 데 더 적합한 언어이다'라고 말한다. 그래서 동사는 생물과 무생물을 구별하고 있다. 일본의 기표는 광범위하다. 몸 전체로 의사소통한다.

② 먹는 행위가 일본에서는 일이나 놀이로 간주된다. 보면서 먹고 먹으며 즐긴다. 음식은 칼질 이외에는 그대로 두고 제공된다. 일본에서는 더 나가서 밥을 정의할 때 재료적인 특징에 따라서 규정한다. 즉 밥은 조각이고 덩어리이며 잘 붙고 분리되며 따로 요리할 수 있다. 일본의 수프는 투명한 것이 많은데 이는 생명력을 의미한다. 일본 요리는 글로 쓰여진 음식이며 분리와 선택의 몸짓에 바쳐지는 헌납품이다.

③ 젓가락은 지시적 기능을 갖는다. 젓가락은 음식물을 해체하거나 상처 내거나 손상을 주지 않고 이동시킨다. 포크는 꼭 찍는 기능과 조금씩 먹어 치우는 의미 이외에는 전혀 다른 활동을 못 한다. 젓가락을 이용한 음식 섭취는 폭력을 사용한 약탈이 아니고 조화롭게 이동되는 물질이다.

④ 스키야키라는 음식은 섭취자 바로 앞에서 요리된다. 이는 신선함, 자연스러움이 이동되어 온다.

⑤ 회는 최소한의 잔인함이다. 그리고 텅빈 공간 덩어리로 축소된다.

⑥ 덴푸라는 기독교에서 나온 요리이다. 사순절의 음식인데 이는 단식과 속죄의 의식이었는데 일본에서는 명상이며 눈요기가 되었다. 덴푸라는 서양의 튀김처럼 태우는 것이 아니라 야채 고추 등을 하얀 밀가루 반죽으로 부분만 감싸서 튀기는 순결성이고 신선하고 텅 빈 기호이다.

⑦ 서양의 시내는 신성함(교회), 권력(관공서), 돈(은행), 상업(백화점), 언어(광장, 카페)로 가득 차 있는데 일본은 그렇지 않다. 천황이 사는 크고 '텅 빈 공간'이 있다.

⑧ 쓰모는 한순간에 승패를 가른다. 여기에는 위기나 드라마 과정이 없다. 일종의 무게를 재는 기호일 뿐이다. 결코 신경을 세우는 격투기가 아니다. 이 쓰모 선수는 폐쇄 계급을 이루고 격리 생활을 하면서 머리를 길게 기르고 의식적인 예식을 치른다.

⑨ 절 : 서양은 인간이란 이중적이라고 주장한다. 즉 사회적이고 인공적인 거짓된 외부와 개인적이고 진실인 내부로 되어 있다. 그래서 공손한 몸짓은 다른 사람의 존경의 기호이고 세속적 한계이다. 즉 불손함이 결국 진솔하고 인간적일 수 있다. 그러나 일본의 절은 굴욕적으로 보이는 공손이다. 이 절은 두 개의 제국 간의 대화이지 커뮤니케이션의 기호가 아니다.

⑩ 하이쿠는 아주 이해하기 쉽지만 아무것도 의미하지 않는다. 하이쿠는 가볍고 단순하고 평범하다.

오랜 연못에
개구리 뛰어들어
오! 저 물소리

하이쿠는 인생을 관조하며 인상을 간단하게 메모하게끔 유도한다.

황소 싣고서
강 건너는 작은 배
밤비 맞으며

하이쿠에서는 주체도 없고 신도 없는 형이상학을 통해서 진술된 것이며 불교의 무나 선의 깨달음에 상응한다. 하이쿠는 사실에 대한 개안이며 사물을 물질보다 사건으로 이해하고 세계를 나누고 분류하며 무수한 사건의 공간을 구성한다. 하이쿠의 시간에는 주체가 없다. 하이쿠가 할 일은 완벽하게 읽을 수 있는 담론으로부터 의미를 면제하는 것이다. 이는 서양예술이 인정하지 않는 모순인데 담론이 이해 불가능할 때만 그 의미에 대해 이의를 제기할 수 있다. 하이쿠는 의미가 없으면서도 우리에게 저항한다. 하이쿠는 자신에게 부여되었던 형용사 어구들을 긍정적으로 모두 상실하고 의미의 유예 상태로 들어온다. 하이쿠는 주석 없는 환상을 불러 일으킨다. 의미보다는 모든 개념이 폐지된다. 하이쿠에서는 서양의 아주 고전적인 글쓰기의 두 가지 기능, 즉 묘사의 기능과 정의의 기능이 사라졌다. 하이쿠에서는 의미는 섬광일 뿐이다. 마치 아이가 이

리저리 가리키는 행동 같고 그 행동은 너무 직접적이어서 대상의 무의성이 나타난다.

바르트의 영향

롤랑 바르트는 20세기 후반 인문학, 특히 문학 이론, 기호학, 문화 비평 분야에 지대한 영향을 주었다.

바르트는 초기에는 소쉬르의 언어학에 기반한 구조주의 기호학을 발전시켜 문학, 패션, 음식 등 다양한 문화현상을 분석했다. 그래서 그의 저서『현대의 신화』는 일상생활 속에서 작동하는 부르주아 이데올로기를 기호학적으로 해체하며 큰 반향을 일으켰다. 그러나 후기로 가면서 바르트는 구조주의의 경직성을 비판하고, 텍스트의 다의성과 독자의 적극적인 해석을 강조하는 후기 구조주의 또는 해체주의적 관점을 견지했다. 이는 저자의 죽음이라는 유명한 개념으로 대표된다. 그래서 그가 말하는 저자의 죽음이란 문학 작품의 의미가 작가의 의도에 의해 고정되는 것이 아니라, 텍스트 자체의 구조와 독자의 해석 행위에 의해 끊임없이 생성된다고 주장했다. 이 급진적인 주장은 문학 연구에서 독자 반응 비평의 중요성을 부각시키고 기존의 작가 중심적 해석에서 벗어나는 중요한 계기가 되었다. 그리고 그는 문학작품을 넘어 모든 문화현상을 일종의 텍스트로 간주하고 분석하는 시도를 했다. 그는 텍스트를 단순히 의미를 전달하는 매체가 아니라, 다양한 기호와 코드들이 상호작용하며 의미를 생산하는 다차원적인 공간으로 이해했다. 이러한 텍스트 이론의 확장은 문화 연구, 미디어 연구 등 다양한 분야에 영향을 미쳤다. 또한 바르트는 소쉬르의 이분법적인 기호학 모델을 넘어서 기호의 함축적 의미

(connotation)와 신화(myth)의 작동 방식을 분석하며 기호학의 이론적 깊이를 더했다.

결국 바르트의 사상은 후기 구조주의 문학 이론과 비평의 발전에 결정적인 영향을 미쳤으며, 해체주의자 자크 데리다를 비롯한 많은 학자들에게 영감을 주었다. 그의 기호학적 방법론은 문학, 문화, 미디어 연구에서 널리 활용되었으며, 특히 대중문화 분석에 중요한 도구를 제공했다.

제6장

알기르다스 줄리앙 그레마스

이야기를 기호로 풀어내다

"의미는 대립에서 발생한다."
(Greimas, *Strukturale Semantik*, 1971, p.24)

Algirdas Julien Greimas

1917 러시아 툴라에서 출생

1936 고등학교 졸업 후, 리투아니아 카우나스에서 법학 수학

1936-1939 프랑스 그레노블 대학에서 중세를 연구하여 학사 학위 취득

1939 방언학 연구 도중 리투아니아로 귀국하여 군 복무

1944 리투아니아가 러시아에 정복되자 프랑스로 이주

1948 박사학위 논문「1830년대의 의상, 당시의 의상 신문에 따른 의상 어휘들의 기술시론」제출

1958 튀르키예 앙카라대학에서 프랑스어 문법 강의

1960 튀르키예 이스탄불대학에서 강의

1966 『구조의미론』 발표

1966 포티어, 뒤부어, 바르트와 잡지『랑가쥐』를 창간

1970 '국제기호학 연구 및 언어학 센터' 창립

1992 프랑스 파리에서 사망

이력

알기르다스 줄리앙 그레마스(Algirdas Julien Greimas)는 러시아 툴라에서 1917년에 태어났다. 1919년에 가족이 리투아니아로 이사하여, 1927년까지 그레마스는 고등학교 예비과정 쿠피스키스(Kupiškis)를 다녔고, 1929년부터 1931년까지 샤울랴이(Šiauliai)에 살다가 마리암폴레(Marijampolė)로 이사해서 그곳에서 고등학교를 졸업했다. 1934년부터 1935년까지 카우나스에 있는 비타우토디지오요대학(Vytauto Didžiojo universitetas)에서 법학을 공부했고 1936년부터 1939년까지 그레노블대학에서 언어학과 지방 방언을 연구했다. 1939년에 리투아니아로 돌아와 군 복무를 마쳤다. 1944년에 그는 파리 소르본대학에서 학업을 마친 후에 앙카라, 이스탄불, 푸아티에, 알렉산드리아 등에서 어학 교수로 강의하였다. 알렉산드리아에서 롤랑 바르트를 알게 되었고 학문적인 긴밀한 교류를 하였다.

1966년에 그레마스는 『구조의미론(*Strukturale Semantik*)』을 출간했는데, 이것을 계기로 텍스트 기호학의 토대를 세웠다. 그는 이 책에서 소쉬르와 예름슬레우의 구상에 지향된 구조 분석을 진행하였다. 이로써 그는 파리학파를 기호학에서 하나의 독자적인 방향으로 특징 지었다. 즉 그의 이론과 연구는 통칭해서 파리학파의 '설화적 담화문법(Narrative Diskursgrammatik)’이다. 그레마스는 설화(이야기)의 의미에 대하여 세상은 이야기로 만들 수 있다고 주장했다. 그래서 사실적인 경험과 허구가 이야기될 수 있고, 그것들이 어떤지 명확히 밝힐 수 있을 뿐 아니라, (민족, 문화, 국가, 민주주의, 인터넷 등의 구성처럼) 문화적이고 사회적으로 어떻게 재현되는지도 밝힐 수 있다고 했다. 이것들은 ‘이야기’로 분석될 수 있다.

1970년에 그는 국제기호학 연구 및 언어학 센터를 창립하였고, 1992년에 지병으로 프랑스 파리에서 사망하였다.

구조의미론

그레마스의 『구조의미론』은 소쉬르의 차이 개념과 관련이 있으며, 예름슬레우의 글로셈 기호 모형과 관련이 있고 테니에르(Lucien Tesnière)의 종속문법에도 관련이 있다. 즉 행동자와 기능의 개념은 테니에르 문법개념에 의하면 주부와 술부 개념이다.

$$SP(문장) = NP(명사구) + VP(동사구)$$

$$Naration(서사) = Actant(행동자) + Function(기능)$$

이야기가 보다 많이 분화되면서 전통적인 문장론에 이야기 구조가 대응되지 않게 되자 테니에르의 발렌츠 이론이 도입된 것이다. 이 이론은 동사를 중심으로 모든 것이 결정된다고 보는 문장 설명 이론이다.

이에 더 나가서 그레마스는 『구조의미론』에서 텍스트(이야기, 신화, 광고 등)의 심층적인 의미 구조를 분석하는 데로 나간다. 그는 언어학적 구조주의를 바탕으로 의미가 개별적인 요소가 아닌 요소들 간의 관계 속에서 생성된다고 보았다. 그래서 그는 의소(Sème), 부류소(Classème), 동위소 (Isotopie)에 대해 설명하는데, 의미의 최소 단위인 의소들이 모여 더 큰 의미 범주인 의미소를 형성한다고 보았고, 텍스트 분석을 통해 반복되는 부류소들을 파악하여 텍스트의 동질성과 의미의 축을 밝히고 있다. 그리고 그는 텍스트의 의미는 추상적인 심층구조에서 생성되어 구체적인 표층 구조로 드러난다고 보았다. 구조의미론은 표층구조 분석을 통해 심층 구조를 밝히는 것을 목표로 하고 있다. 그리고 그는 '기호학적 사각형 (Sémiotique Carré)'을 제안하는데, 이것은 의미를 분석하는 기본적인 틀로, 한 쌍의 반대항(예 : 삶/죽음)과 각 항의 부정항(예 : 비-삶/비-죽음) 간의 관계를 시각적으로 보여준다. 이를 통해 텍스트 내의 의미 관계와 갈등, 가치 체계를 드러낸다. 그리고 '행동자 모형(Actantial Model)'을 통하여 이야기에 등장하는 인물이나 힘을 6가지 행동자(주체, 대상, 발신자, 수신자, 조력자, 반대자)로 유형화하여 이야기의 구조와 의미를 분석한다.[1]

요약하자면, 그레마스의 구조의미론은 텍스트를 이루는 다양한 요소들의 관계를 분석하고, 그 관계를 통해 텍스트의 심층적인 의미 구조와 작동 방식을 밝히는 것을 목표로 하는 이론인데, 이는 문학, 신화, 문화 연구 등 다양한 분야에서 텍스트 분석의 중요한 도구로 활용되고 있다.

그레마스의 기호학

그레마스의 기호학은 구조의미론에서 제안한 의미작용의 체계를 밝히는 것이다. 그래서 구조란 하나의 가시적인 실체가 아니라 현상의 이면

---

1 Greimas, Algirdas Julien, *Strukturale Semantik*, Übersetzt von Jens Ihwe, Friedr. Vieweg + Sohn, 1971.

을 설명하는 데 사용되는 조작적 성격을 가진다. 이것은 다양한 위계질서로 구성된 자율적이며 내적인 관계들의 실재이다. 체계는 구조화된 세계의 존재 방식 중의 하나이다. 여기서 통합체와 계열체가 중요한 역할을 한다.

그레마스는 텍스트나 서사(이야기) 내에서 의미가 어떻게 생성되고 구조화되는지를 설명하기 위해 '의소', '의미소', '부류소', '동위소' 등의 개념을 만들었다. 그의 이론은 구조주의 의미론과 서술 기호학의 핵심을 이루며, 의미를 단일한 실체가 아닌 의미 요소들 간의 관계와 조작의 결과로 보았다.

① 의소, 의미소, 핵의소

• 의소(Sème)는 의미를 구성하는 가장 작고 분해 불가능한 의미 단위다. 이는 언어학의 음소(phonème)에 상응하는 의미론적 최소 단위라고 할 수 있다. 의소 자체로는 의미가 없고, 다른 의소와의 관계(대립) 속에서만 정의된다. 예를 들어, '남자'라는 의미소를 구성하는 의소로 '인간성', '성인', '남성' 등을 상정할 수 있다.

• 의미소(lexème) : 의미소는 의미를 규정하는 최소 단위이고 의미소의 하위 부류를 행동자와 서술부라고 한다. 행동자는 주부에 해당하고 서술부는 서술하는 부분이다. 여기서 의미소는 필히 문맥적인 의소를 고려해야 한다. '아동(兒童)'이라는 의미소는 '인간성', '비성인(非成人)' 등의 의소의 결합으로 분석될 수 있다. 결국 의미소는 다음처럼 나타난다.

의미소 = 핵의소 + 문맥적 의소

예) '머리'는 '말단성', '타원성', '우위성'이라는 핵의소가 있다. 그리고
상황에 따라서 문맥적 의소가 첨가될 때 제대로 된 의미소가 결정된다.

② 부류소(Classème)

부류소는 의소 중에서 반복적으로 출현하여 문맥을 규정하고 동위소
(isotopie)를 형성하는 데 기여하는 의소의 집합을 말한다. 즉 의소가 개별
적인 의미 차이라면, 부류소는 특정 의미 범주 또는 영역을 나타낸다. 텍
스트의 일관된 주제나 분위기를 만드는 배경적 의미 요소를 말한다. 예
를 들어 "선원들이 망망대해를 항해했다"라는 문장에서 '선원', '망망대
해', '항해' 등에 공통적으로 내재하는 부류소는 '해양성'이 될 수 있다.

③ 동위소(Isotopie)

동위소란 텍스트의 여러 의미소들 사이에서 공통적으로 반복되는 부
류소의 묶음에 의해 형성되는 의미의 일관성 또는 균질성을 말한다. 즉
동위소는 텍스트가 하나의 주제나 관점을 유지하며 독해될 수 있도록 하
는 원리이기에 동위소가 다르면 의미가 모호해지거나 이중적인 해석이
가능해진다. 이것은 독자가 텍스트를 하나의 일관된 의미 영역에서 이해
하게 만드는 장치인데. 하나의 텍스트에 여러 동위소가 공존할 수 있으
며, 이는 다의적 해석의 근거가 된다.

예를 들어서 '무도회'와 '가다'라는 낱말은 일정한 수의 의소들을 가지
고 있다. 그러나 "나는 무도회에 간다"라는 말 속에 있으면 우리는 바로
이것이 동위소라는 현상에 있음을 알게 된다. 동위소 현상은 서로 무관
한 두 개의 단어들이 서로 친화적이 되는 것인데 공간성(무도회의 공간에서

신체적 움직임, 사회적 교류 등이 드러난다)이라는 의소를 토대로 두 단어는 공통적인 의미를 만들어낸다.

그레마스가 이러한 복잡한 미시적 개념들을 만든 근본적인 이유는 다음과 같다. 단어나 문장(의미소)이 가진 표면적 의미를 넘어서, 그 의미를 구성하는 심층적이고 논리적인 최소 요소(의소)를 밝혀내고, 이들이 어떻게 결합하여 의미를 형성하는지를 과학적이고 구조적으로 설명하고자 했다. 그리고 동위소 개념을 통해, 이야기가 단지 일련의 사건 나열이 아니라 일관된 주제(부류소의 반복)와 의미 영역을 가지고 있음을 입증하고, 이를 통해 텍스트의 응집력과 독해의 원리를 설명하고자 했다.

그레마스는 서사(이야기) 속에서 의미가 어떻게 작용하고 생성되는지를 설명하기 위해, 언어학적 최소 단위에서부터 텍스트 전체의 일관성까지를 아우르는 체계적이고 정밀한 의미 분석 도구를 만들고자 한 것이다.

김수영의 시 「풀」을 그레마스가 제시한 '의소', '의미소', '동위소' 개념을 적용하여 분석해보면 다음과 같다.[2]

풀이 <u>눕는다</u>
비를 몰아오는 동풍에 나부껴
풀은 <u>눕고</u>
드디어 울었다
날이 흐려져 더 울다가
다시 <u>누웠다</u>

---

2 김성도, 『구조에서 감성으로』, 2002, 123쪽 이하 참조 : 홍정표, 「동위성 이론을 통해 본 김수영의 시작품 분석」, 기호학연구, 2020.

풀이 눕는다
바람보다도 더 빨리 눕는다
바람보다도 더 빨리 울고
바람보다 먼저 *일어난다*

날이 흐리고 풀이 눕는다
발목까지
바람보다 늦게 누워도
바람보다 먼저 일어나고
바람보다 늦게 울어도
바람보다 먼저 웃는다
날이 흐리고 풀뿌리가 눕는다

— 김수영, 「풀」 전문

● 형태 문장론적 동위소

이 시는 주어와 술어 구조이며, '동풍', '날', '풀', '뿌리'를 제외하면 모두 '풀'이라는 주어와 동작 동사 서술어로 이루어진 것을 알 수 있다. 상태 형용사가 사용되는 몇 개를 제외하면 모두 '나부낀다'와 '분다'라는 동작 동사가 사용되므로 형태론적인 동위소를 추출할 수 있다. 또 주격조사 '이'와 비교격조사 '보다'도 형태론적인 동위소라고 할 수 있다.

● 의미론적 동위소

이 시에서 반복적인 의소에서 부각되는 것은 서술어에서 지시하는 상승과 하강으로 이루어진 방향성, 자연의 기후 현상을 나타내는 자연성, 과거와 현재로 이루어진 시간성 그리고 공간성을 지적할 수 있다.

● 부류소 방향성에 따른 동위소

첫째, 눕다(하강) / 일어나다(상승) : 의인화를 통한 풀의 움직임을 묘사하는 표현은 방향성의 동위소를 이루고 있다.

둘째, 울다(하강) / 웃다(상승) : '울다'는 기분의 '침체'를 내포하므로 하강을 '웃다'는 기분의 '상승'이라는 의소를 내포한다.

셋째, 수동성(하강) / 능동성(상승) : 반복되는 술어 '나부낀다'는 바람이라는 외적 요인에 의해서 '움직인다'는 점에서 수동성이고 '눕다', '일어나다', '웃다' 등은 스스로의 의지에 의한 것이라는 점에서 능동을 내포한다.

넷째, 정태성 / 동태성 : 동작과 상태에 따른 동위소로서 각 행마다 날이 흐린 상태를 나타내는 정지와 풀이 '눕는다'의 동태성의 대립이 나타난다.

● 다른 동위소

자연성 : 이 시는 지배적인 행동자인 풀 이외에 비, 동풍, 바람 등의 자연현상을 나타내는 의소들이 반복적으로 나온다.

동물성 : 서술어 '눕다', '일어나다', '웃다', '울다', '몰아오다'는 모두 동물성의 동위소를 내포한다. 이것은 '나부끼다', '흐리다'가 내포하는 자연성의 동위소와 대조를 이룬다.

공간성 : 이 시의 공간을 이루고 있는 곳은 '땅', '하늘'이다, 또한 '눕다', '일어나다'가 수직성이라는 공간성을 내포하며 '웃다', '울다', '몰아오다', '나부끼다' 등도 모두 공간성의 동위소를 이룬다.

감응 : 이 시는 기쁨과 슬픔을 나타내는 부류소가 반복적으로 나타난

다는 점에서 감응의 동위소가 추출된다.

시간성 : 서술어의 시제는 과거와 현재가 반복된다. 그리고 '빨리'와 '먼저'가 사용되고 있다.

그레마스의 '의소', '의미소', '핵의소', '부류소', '동위소' 등의 개념을 이용하여 김수영의 「풀」이라는 시를 분석한 결과, 그 시 안에 있는 여러 가지 구조와 대립 그리고 의미작용기전 등을 확인할 수 있었다.

텍스트 기호학

그레마스의 모델들은 서사 내에서 의미가 논리적으로 어떻게 구성되는지(기호학적 사각형) 그리고 그 의미를 전달하는 역할과 기능이 어떻게 배치되는지(행동자 모델)를 체계적으로 설명한다.

① 행동자 모델(Modèle Actantiel) : 이야기에서 등장인물들의 기능적 역할을 6가지 행동자로 분석한다.

- 주체(Sujet) : 이야기의 주인공.
- 대상(Objet) : 이야기에서 발신자가 수신자에게 제시하는 가치(결핍).
- 발신자(Destinateur) : 서사에서 목표를 설정하고 임무를 부과하는 힘.
- 수신자(Destinataire) : 대상 획득이나 결핍 해소 시 이익을 얻는 존재.
- 조력자(Adjuvant) : 주체가 목표를 달성하도록 마법적/물리적 도움을 제공하는 요소.
- 반대자(Opposant) : 주체의 목표 달성을 적극적으로 방해하는 인물이

나 제약.

② 기호학적 사각형 : 그레마스는 의미 생성의 과정을 심층구조와 표층구조로 나누어 설명하였다. 심층구조는 기본적인 의미 관계를 다루며, 표층구조는 이러한 의미가 구체적인 텍스트로 실현되는 과정을 나타낸다. 기호학적 사각형은 이러한 심층구조에서의 의미 관계를 시각적으로 표현함으로써, 텍스트의 의미를 보다 명확하게 이해할 수 있도록 한다. 즉, 그는 기호학적 사각형을 통해 텍스트 기호학에서 의미의 복잡성을 해소하고, 기호와 의미 간의 관계를 명확히 하고자 노력했다. 그래서 그의 기호학적 사각형은 단순한 기호 분석을 넘어, 다양한 담론과 문화적 맥락에서의 의미 생성 과정을 설명하는 데 유용하다. 이 모델은 디자인, 문학, 사회적 담론 등 여러 분야에서 의미 작용을 분석하는 도구로 다양하게 활용되고 있다.[3]

그는 기호학적 사각형을 두 가지 주요 의미 요소(S1, S2) 간의 관계를 분석하는 도구로, 이들 사이의 다양한 관계를 통해 의미의 생성과 변화를 이해할 수 있도록 설정했다. 그래서 기호학적 사각형은 네 가지 항(S1, Non-S1, S2, Non-S2)으로 구성되며, 이들 간의 관계는 다음과 같다.

- 대립관계 : S1과 S2는 서로 대립하는 관계에 있으며, Non-S1과 Non-S2도 마찬가지이다.
- 함의 관계 : S1은 Non-S2와 함의 관계에 있고, S2는 Non-S1과 함의 관계에 있다.

---

3 그레마스, 『의미에 관하여』, 김성도 역, 1997, 179~205쪽 참조.

● 모순 관계 : S1과 Non-S1, S2와 Non-S2는 각각 모순 관계를 형성한다.

이를 도표로 나타내면 다음과 같이 표시할 수 있다.

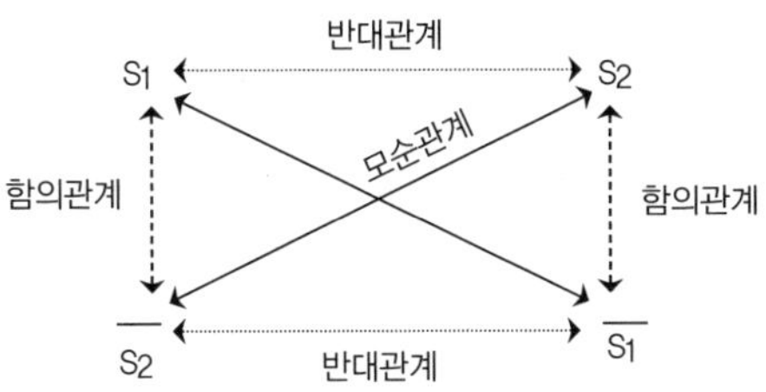

이것을 근거로 '라마단의 금식 기간'의 허락과 금지의 심층구조를 나타낸다면 다음처럼 표시할 수 있다.[4]

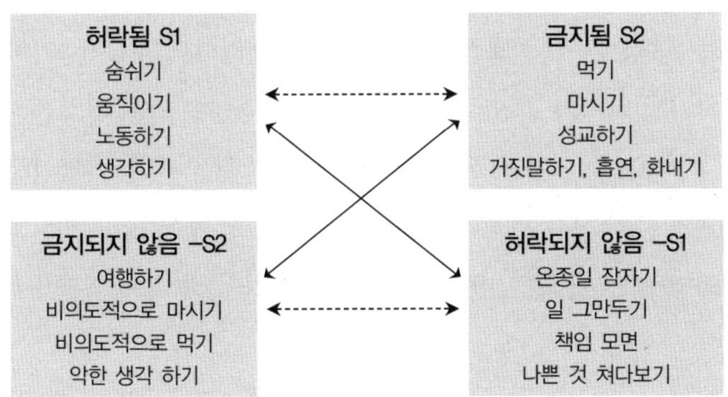

---

4 기호학적 사각형에 대하여, Greimas, Algirdas Julien, 1971, 『*Strukturale Semantik*』, Übersetzt von Jens Ihwe, Friedr. Vieweg + Sohn 라는 책 뒷부분을 참조, '라마단 기간의 금지와 허락의 심층구조'에 대하여, 유르겐 트라반트, 『기호학의 전통과 경향』, 안정오 역, 2001, 74~75쪽 참조 : 김성도, 『구조에서 감성으로』, 2002, 128~137쪽 참조.

이러한 구조는 의미의 생성 과정을 체계적으로 분석할 수 있는 기반을 제공하며, 기호와 언어, 문학적 텍스트의 분석에 널리 활용된다. 이 모델을 통하여 텍스트의 의미가 어떻게 생성되고, 어떻게 변형되는지를 알 수 있다.

③ 기호, 설화구조와 담화구조 : 그레마스는 심층구조인 기호-서사구조와 표층구조인 담화구조를 설정하였는데, 이를 통하여 텍스트의 의미 생성의 복잡성을 체계적으로 분석하려 하였다. 즉 그는 기호학적 분석을 통해 텍스트의 구조와 의미를 명확히 하려고 했다.

- 기호구조 : 잠재적인 상태의 의미구조, 논리-의미관계(기호학적 사각형 : 반대, 모순, 함의), 통사 조작(긍정, 부정).
- 설화구조(심층구조) : 텍스트의 기본적인 내러티브 구조를 의미하며, 이야기의 전개와 관련된 요소들(주체, 객체, 행위 등) 간의 관계를 분석한다. 설화구조는 주로 이야기의 내용과 형식을 다루며, 기본적인 의미관계를 통해 서사의 흐름을 설명한다. 여기서 행동자와 가치 대상 사이의 관계인 상태문, 행위문으로 이루어진 설화 프로그램이 다루어진다.
- 담화구조(표층구조) : 텍스트가 실제로 어떻게 표현되는지를 다루며, 시간과 공간 속에서 구체화된 행동자들의 역할과 관계를 분석한다. 담화구조는 서사적 요소들이 어떻게 실현되는지를 보여주며, 텍스트의 맥락과 의미를 이해하는 데 필수적이다. 이 담화구조에서는 잠재적인 기호 설화구조의 의미구조를 현실화하는 구조, 행동자가 구체적으로 실현된 행동자들이 담당하는 주제적 역할 및 구상적인 것과

주체적인 것, 행동자의 행동 의사, 공간적인 위치지정의 문제가 다루
어진다.

● 텍스트 구조 : 기호-설화구조와 담화구조를 바탕으로 의미가 표현
면과 결합하여 발현됨으로써 실현된 구조를 말한다. 즉 기호-설화
구조는 잠재성, 담화구조는 현실성, 텍스트구조는 실현성이다. 이런
과정을 거쳐 담화구조를 통해 실현된 것이 구체적인 매체와 결합하
여 (문자, 음성, 색, 음향) 실제로 존재하는 텍스트가 창출된다. 이를 도표
로 나타내 보면 다음과 같다.[5]

기호-설화구조	통사부문		의미부문
	심층	기저통사	기저의미
	표층	설화통사	설화의미
담화구조	담화통사 담화화 시간화 공간화		담화의미 주제화 구상화

그레마스는 텍스트를 단순한 이야기로 한정 짓지 않고, 그 이면에 있
는 구조적 관계를 탐구하고자 하였다. 그래서 그는 다음과 같은 두 가지
목표를 설정한 것이다.

① 의미의 생성과 변별 : 설화구조와 담화구조를 통해 텍스트 내에서
의미가 어떻게 생성되고 변별되는지를 분석한다. 이는 기호학적 사각형

---

5 김성도, 『구조에서 감성으로』, 2002, 231쪽 이하 참조.

과 같은 도구를 사용하여, 대립적 관계와 모순 관계를 명확히 하여 의미의 복잡성을 드러내는 데 기여한다.

② 구조적 접근 : 텍스트를 분석할 때, 언어의 구조적 특성이 중요했다. 그는 텍스트가 단순한 서사적 요소의 집합이 아니라, 심층구조와 표층구조 간의 상호작용을 통해 의미를 생성한다고 생각했다.

이야기에서 심층 영역은 의미 인식의 첫 번째 층위이다. 이를 위해 의미의 생성을 알아야 하는데 의미 생성은 대립에서 시작하거나 유사관계에서 발생한다. 대립관계와 유사관계가 중복되어 논리적인 모델이 만들어진다. 그리고 이런 대립들이 질적 대립과 양적 대립을 통해 기호학적 사각형을 만들어낸다. 이 구조가 의미작용의 기본 구조로 상정될 수 있다. 이 기호학적 사각형의 각 항에 해당하는 의소들은 주체와 객체 관계의 통사구조로 변형되는데 이 통사구조를 형성하는 두 가지 요소가 행동자 모형이고 이야기 체계이다.[6]

① 행동자 모형 : 프로프(Propp)는 기호학자는 아니고 민담학자였지만 그의 이론이 서구학자들에게 영향을 주면서 거의 구조주의자 혹은 기호학자처럼 자주 등장하고 있다. 그는 『민담형태론』에서 러시아 민담 100편을 분석했는데 민담마다 일정한 순서와 도식이 있음을 발견했다. 이런 것들을 모아 그는 등장인물들의 기능 31가지로 분류했다. 그 기능들은 최초 상황에서 7개, 사건의 전개에서 4개, 그리고 사건에서 20개라고

---

6 박인철, 『파리학파의 기호학』, 2003, 119쪽 이하 참조.

했다. 이 31가지 기능들이 모든 민담에서 동일한 순서로 진행되는 것은 아니고 때로는 생략되거나 다른 민담에서는 건너뛰기도 하고 같은 기능이 반복되기도 한다. 이러한 프로프의 발견이 이야기를 구조적으로 분석하는 데 도움을 주었다. 그래서 레비스트로스, 바르트, 그레마스 등이 프로프의 작업을 토대로 서사기호학을 정립하고 체계화하였다. 그레마스는 서사성을 기호학에 포함시킨 것은 의미화의 일반문제를 다루기 위해서였다. 구조의미론의 구축와 그것을 해결하기 위해 서사론의 연구를 접목시켰다. 서사기호학에서 가장 중요한 것은 행동자 개념인데 원래 프랑스 언어학자 테니에르가 문장 차원의 구조적 통사론을 위해 사용한 용어이다. 테니에르는 문장을 작은 드라마로 생각했는데, 문장은 말하는 인간이 하는 공연인데 그 안에 과정(동사), 행동자(주어), 상황(부사)이 서로 연결되어 있다고 생각했다. 행동자는 그래서 행위와 관련된 것인데 술어나 술부이다. 그레마스는 자신의 구조의미론에서 프로프의 인물들을 축소시켜서 행동자모형으로 축약했다. 그것이 바로 주체−대상, 발신자−수신자, 원조자−적대자(발신자−주체에게 임무나 욕망을 부여하는 자, 객체−주체가 얻고 싶어하는 것, 수신자−임무를 받는 자, 보통은 주체임, 조력자−주체를 도와주는 인물 혹은 사태, 주체−목표를 얻으려는 인물, 적대자−주체를 방해하는 인물 혹은 사태)이다.[7]

---

7 이는 그레마스가 프로프나 레비스트로스의 모형들을 참조하여 보다 단순화한 결과이다. 즉 프로프의 민담 분석은 이야기의 통합체적 설화구조에 중점을 두었고, 레비스트로스의 신화 분석은 신화의 여러 변이형들을 비교함으로써 의미의 대립 쌍을 추출하였다. 그러나 프로프의 모델은 너무 표면적이고 구체적 층에 머물러 있어서 일반적인 성격을 가지려면 보다 추상화되어야 한다. 그래서 그레마스는 레비스트로스가 신화 분석에 사용한 방법을 원용하고, 프로프의 기능목록을 재편하고 체계화했고, 프로프의 인물유형도 단순하게 환원했다.

② 이야기 모형 : 이야기를 구성하는 기본 언술, 상태 언술과 행위 언술, 상태 언술은 두 행위자 사이의 존재 상태에 관한 언술이고, 행위 언술은 두 행동자 사이의 상태 변형에 대한 언술이다. 이야기 모형에서 상태 언술(énoncé d'état)과 행위 언술(énoncé d'action)은 서사구조를 분석하는 데 핵심적인 개념이다. 이 두 가지 유형의 언술은 서사 속에서 인물, 대상, 그리고 그들의 관계가 어떻게 변화하는지를 설명하는 데 사용된다. 상태 언술과 행위 언술은 다음과 같다.

- 상태 언술(énoncé d'état) : 이것은 서사 속 주체와 대상 간의 존재적 관계를 나타낸다. 즉, 주체가 어떤 대상과 결합되어 있거나 분리되어 있는 상태를 묘사하는데, 이는 정적이고 안정적인 상황을 나타낸다. 상태 언술은 일반적으로 다음과 같은 구조로 표현된다.

주체(Sujet) : 행위의 주체, 즉 어떤 상태를 가지는 인물이나 행동자.

관계 (Relation) : 주체와 대상 간의 관계를 나타내는 연결사.(예 : '이다', '가지고 있다', '없다')

대상(Objet) : 주체가 관계를 맺는 대상, 가치, 목표 등. 이를 기호학적으로 표현하면 상태 언술은 종종 다음과 같이 표현된다.

$S \cap O$: 주체(S)가 대상(O)과 결합되어 있는 상태(예 : 왕은 왕관을 가지고 있다)

$S \cup O$: 주체(S)가 대상(O)과 분리되어 있는 상태(예 : 백성은 자유를 잃었다).

예시 : "왕은 왕국을 다스리고 있다."(주체 : 왕, 대상 : 왕국, 관계 : 다스리다 – 결합의 의미), "가난한 소녀는 행복을 잃었다."(주체 : 가난한 소녀, 대상 : 행복, 관계 : 잃었다 – 분리의 의미), "기사는 용감하다."(주체 : 기사, 대상 : 용감함, 관계 : 이다 – 결합의 의미)

- 행위 언술(énoncé d'action) : 이것은 서사 속에서 주체가 어떤 행위를 수행하여 대상과의 관계를 변화시키는 과정을 나타낸다. 즉, 결합 상태에서 분리 상태로, 또는 분리 상태에서 결합 상태로의 이동을 묘사하는데, 이는 동적이고 변화를 일으키는 상황을 나타낸다. 이것은 일반적으로 다음과 같은 구조로 표현된다.

주체(Sujet) : 행위를 수행하는 주체, 즉 변화를 일으키는 인물이나 행동자. 이를 행위 주체(Sujet de faire)라고도 한다.

행위(Action) : 주체가 수행하는 행위, 즉 상태를 변화시키는 동사.

대상(Objet) : 행위의 영향을 받는 대상, 즉 상태 변화의 결과와 관련된 가치나 목표. 행위 언술은 다음과 같은 기호학적 공식으로 표현된다.

$F(S_1) \rightarrow (S_2 \cap O)$: 행위 주체(S_1)의 행위(F)로 인해 다른 주체(S_2)가 대상(O)과 결합하게 되는 변화.

$F(S_1) \rightarrow (S_2 \cup O)$: 행위 주체(S_1)의 행위(F)로 인해 다른 주체(S_2)가 대상(O)과 분리하게 되는 변화.

예시 : "기사는 용을 물리쳤다."(주체 : 기사, 행위 : 물리치다, 대상 : 용－결과적으로 왕국과 안전이 결합될 수 있음), "도둑은 보물을 훔쳐갔다."(주체 : 도둑, 행위 : 훔쳐 가다, 대상 : 보물－결과적으로 원래 소유자와 보물이 분리됨), "왕은 현자에게 지혜를 구했다."(주체 : 왕, 행위 : 구하다, 대상 : 지혜－결과적으로 왕과 지혜가 결합될 수 있음)

상태 언술과 행위 언술은 서사를 구성하는 기본적인 단위이며, 서로 밀접하게 연관되어 있다. 서사는 종종 초기 상태 언술에서 시작하여 행위 언술을 통해 상태가 변화하고, 그 결과 새로운 상태 언술에 도달하는 과정을 보여준다. 행위 언술은 특정한 상태 언술의 결핍이나 욕망에서 비롯되는데, 예를 들어, "가난한 소녀가 행복을 잃었다"는 상태 언술은 "소녀가 행복을 되찾기 위해 노력한다"는 행위 언술을 유발할 수 있다. 서사의 플롯은 이러한 상태와 행위의 연쇄적인 연결을 통해 발전한다. 즉 상태 언술은 서사의 정적인 측면, 주체와 대상 간의 관계를 나타내는 반면, 행위 언술은 서사의 동적인 측면, 말하자면 주체의 행위를 통해 이러한 관계가 변화하는 과정을 나타낸다. 이 두 가지 개념을 통해 우리는 서사의 기본적인 구조와 의미 생성 방식을 분석할 수 있다.

서사 도식은 여러 개의 서사 프로그램들이 모여 커다란 단위를 이룬다. 이러한 도식에는 프로프 방식대로 자격시련, 결정시련, 영광시련이라는 세 가지 유형의 시련이 있는데, 나중에 계약, 역량, 수행, 인가의 순서로 배치되기도 하고 조작, 행위, 인가의 세 단계로 파악하기도 한다. 예를 들어 모든 이야기는 발신자와 수신자 사이에 일종의 계약으로 시작되고 발신자는 주체인 주인공이 어떤 일을 하게 하는 것을 조작이라 하고 그런 임무를 수행할 역량을 가진 자와 계약을 맺는다. 그리고 마지막에 주인공이 발신자에게 일을 완수하고 대가를 받으면 인가되는 것이 서사도식이다.[8]

최초상황	자격시련, 결정시련, 영광시련			최후상황
결핍	주인공 출발	대상위치로 이동	거짓주인공 등장	결핍 해소
위임/위임수락	시련 수락	결투-승리	주인공 인지/ 거짓주인공 폭로	
계약	조력자 등장	주인공 구출		

---

8 박인철, 앞의 책, 153쪽 이하 참조.

그래서 이야기 도식은 주체의 실행과 이 실행이 전제하는 잠재능력을 중심으로 분절된 이야기에 잠재하는 조직을 표현하는 표준 모형이라고 할 수 있다. 이 도식은 초기에는 실행을 중심으로 삼았는데 나중에 행위의 잠재 능력, 양태를 중심으로 서술된다.[9]

양태로 말하자면 양태 조동사에 의해 나타나는데, 양태 조동사는 다른 동사를 수식하는 동사이다. 즉 본동사가 나타내는 행위에 대해 주체가 갖는 태도이다. 언어학에서는 양태가 발화의 주체와 발화체 사이의 관계를 나타내는데 기호학에서는 상태나 행위와 관련된 초보적 발화체들은 양태발화체로 기능하며 이것이 바로 서사도식의 내적 구조로 나타난다. 예를 들어 주인공이 어떤 행위를 하고 싶다는 것과 의무로 해야 한다는 것은 다르다. 또한 주인공이 하는 방법을 아는 것과 할 수 있는 능력을 가지고 있다는 것도 다르다. 계약은 믿음이나 의지 등을 양태화한 행위, 역량은 행위의 가능성을 양태화한 상태, 수행은 상태를 양태화하는 행위, 인가는 신분이나 모습을 양태화하는 상태이다. 이야기의 어느 순간에 주체는 어떤 행위하기를 원하거나 실제로 할수 있거나 또는 하지 않아야 하는 등 여러 가지 양태를 가질 수 있다. 그래서 행위소의 내적 구조는 양태의 계열체 형식으로 분석된다. 양태는 행위소를 자세히 조망할 수 있고 행위소가 이야기의 진행에서 변화하고 다변화하는 과정을 정확히 보여준다.[10] 이를 다음 과정을 통해 보다 자세히 접근할 수 있다.

사주/조종－능력－수행－상벌/제재

---

9 김성도, 앞의 책, 281쪽 이하 참조.
10 김운찬, 『현대기호학과 문화분석』, 2005, 93~132쪽 참조.

여기서 능력은 수행의 준비 과정인데 양태라고도 한다. 양태는 주체가 실행하기 위해서 획득해야 하는 객체가 되며 이를 양태 객체라고 한다. 양태에는 욕구, 의무, 지식, 능력의 양태가 있다. 주체는 이들 양태에 의해 양태화 되어야 실행을 옮기게 된다. 사주/조종은 다른 조작 주체가 주체를 행위하게 만든다.

담화영역은 기호 서사 층위에서 확립된 잠재적인 요소들이 발화행위의 순간 발화자에 의해 담화구조로 투사된 것이다. 여기서 행위소들이 배치되고 시공적 배경을 얻게 된다.

- 담화통사론 : 인물화, 배역화, 시간화, 공간화
- 담화의미론 : 주제화, 형상화

이런 것들이 드러나는 현상이 바로 텍스트이다. 즉 이것은 가장 표면적인 층위이다. 텍스트화 작업은 여러 가지 영화 텍스트나 문자텍스트로의 전환인데 감독이나 작가에 따라 다른 문체나 양상이 입혀질 수 있다. 이 텍스트의 층위에서 양태들의 존재 방식이 서술될 수 있는데 양태의 상태에 관한 문제인데 이는 담화에서 나오는 분위기, 감정, 느낌 등의 텍스트에 내재된 정념의 문제이다. 즉 미적 체험을 말하는데 어느 주체가 다른 객체를 만났을 때 느끼는 인식하는 감정과 과정인데 이를 감응성이라고 할 수 있다. 이 감응성이 선 조건의 층위에서 심층 층위로 전환되면서 쾌감과 불쾌감으로 분절되어 기호학적 사각형으로 투사되는 가치 체계를 형성한다.[11]

---

11 김성도, 앞의 책, 271쪽 이하 참조.

이를 보다 자세하게 이해하기 위해서 다음 동화 「하얀 티티새」를 토대로 그레마스의 방법론을 적용하여 분석하여 보기로 한다.[12]

「하얀 티티새」 분석

「하얀 티티새」라는 동화가 있다. 옛날에 세 아들을 둔 왕이 살았는데 어느 날 영묘한 하얀 티티새를 구해오면 왕위를 물려준다고 명령을 내린다. 하얀 티티새는 젊음을 가져다주는 새이다. 큰아들은 무기와 말과 금을 달라고 하고 떠나고 어느 큰 마을에 도착해서 방탕하며 지내버린다. 둘째 아들은 좋은 말과 금과 무기를 가지고 떠나는데 형처럼 역시 어느 큰 마을에서 방탕하며 금을 소비하고 지낸다. 소식이 없자 막내 아들이 새를 찾아 떠나면서 돈은 조금만 달라고 하고 말과 무기는 필요 없다고 한다. 막내가 궁을 떠난 지 5일 만에 숲속에서 동물 소리를 듣는데 여우가 덫에 걸려 있었다. 막내가 여우를 구해주자 여우는 하얀 티티새를 구하는 법을 알려준다. 동굴의 위치와 새를 지키는 용 두 마리의 퇴치법까지도 알려주고 또 그가 어려움에 빠지면 '나는 네 도움이 필요하다'고 말만 하면 나타나서 도와주겠다고 한다. 알려준 대로 동굴에 가니 용이 두 마리가 지키고 있어서 빵 15개와 거위 두 마리를 용에게 던져서 티티새를 구하게 된다.

돌아가던 중 어느 마을에서 왕자 두 사람을 처형한다는 말을 듣고 가보니 자신의 형들이었다. 그래서 막내는 티티새의 도움으로 형들을 구한다. 하지만 형들은 자유로워지자마자 동생을 채석장 동굴에 던져버리고

---

12 박인철, 앞의 책, 158쪽 이하 참조.

티티새를 가지고 가버린다. 막내가 여우의 약속을 떠올리고 주문을 외우자 여우가 나타나 도와준다. 다시 왕에게 가서 티티새를 자신이 구했다고 말하지만 막내가 농부 옷을 입고 있어서 왕은 알아보지 못한다. 그러자 티티새 경비를 하겠다고 해서 경비를 하는데 막내를 알아본 티티새가 그를 태우고 왕에게 날아가 두 형의 거짓말을 폭로한다. 두 형은 산 채로 태워지고 왕은 왕관을 벗어 막내 아들에게 주고, 또 티티새 덕분에 다시 젊어지게 되었다. 이 동화를 분석해보자.

① 행동자 분석

발령자 : 왕(결핍을 정의하고 해소할 수 있음)

수령자 : 세 왕자

주체 : 막내 아들

대상 : 하얀 티티새(왕에게 젊음을, 세 왕자에게 권력을 줄 수 있음)

용과 여우 : 막내 아들의 추구 과정에서 대립자와 원조자

말, 무기, 돈 : 두 형에게 원조자, 셋째에게 대립자

② 설화의 구성

최초 상황	왕이 겪는 결핍 정의, 잠재 주체 세 아들 소환, 왕이 세 아들과 계약 체결.
변형	자격시련 : 첫째와 둘째 아들은 쾌락의 나라에 유혹됨, 자격 박탈. 막내 아들을 시련에서 여우가 구해줌, 대상 '티티새' 획득에 필요한 원조자 구함, 원조자가 대상 티티새에게 가는 법 알려줌. 결정시련 : 티티새를 구한 막내가 두 형을 구하지만 두 형은 막내를 공격, 용이 아니라 형들이 공격하고, 고로 형들과 용은 은유관계. 영광시련 : 익명으로 귀환, 두 형 거짓 주장, 거짓주체 폭로, 거짓주체 처벌, 주인공 보상.

결핍해소	왕이 다시 젊어짐.
결론	막내 아들이 구해온 하얀 티티새로 인해 왕이 다시 회춘함.

여기서 차이와 유사를 통해서 의미가 드러나는데 이는 의미의 동위성에 근거한다.(동위소(Isotopie)) 이 상관관계가 동화의 의미구조를 이룬다. 그래서 이원적 대립관계에서 의미의 동위성을 추출할 수 있다.

늙음 : 젊음
쾌락 : 현실
친근한 세계 : 초자연 세계
천상 : 지하

이 동화는 계열체적 관점에서 왕의 '늙음/회춘', '삶/죽음', '권력/권력 상실'을 문제 삼는다. 그리고 이 문제는 연기자들의 행동으로 해결되는데 친근한 '공간/초자연적 공간'에서 전개된다. 현실 원칙을 준용하는 막내는 초자연 세계에 진입하여 결핍을 해결하고 쾌락원칙을 준용하는 두 형은 쾌락에 굴복하여 초자연 세계에 들어가지 못한다. 두 형과 두 마리 용은 등가 관계이고 동생의 대립자이다.

「하얀 티티새」의 이러한 분석을 통하여 우리는 그레마스의 텍스트기호학을 종합하여 본다면, 예름슬레우의 언어학적 구조주의, 레비스트로스의 구조 인류학, 프로프의 동화 형식주의[13] 이론에 바탕을 두고 있음을 알

---

13 형식주의(Formalism)는 프로프처럼 주로 산문을 분석하여 소설구조나 플롯의 문법에 관심을 갖는다. 즉 소설이 어떻게 구조화되고 그것의 단위는 무엇인가에 관심을 가진다. 그래서 형식주의는 문학 텍스트 자체를 분석하여 언어, 서술기법, 구성 등

수 있다.

그레마스의 영향

그레마스의『구조의미론』은 언어학, 문학, 사회학 등 다양한 분야에 걸쳐 큰 영향을 미쳤다. 그에게 영향을 받은 주요 학자는 특히 롤랑 바르트인데, 바르트는 초기에는 그레마스와 긴밀한 관계를 맺으며 구조주의 기호학 연구에 참여했다. 이후 이런 영향을 바탕으로 그는 독자적인 기호학 연구를 발전시켰다. 그리고 자크 라캉은 정신분석학자로서, 소쉬르의 언어학적 개념을 정신분석학에 접목하는 과정에서 그레마스의 구조주의 이론을 참조했다.

그리고 구조주의 문학 비평 영역에서 문학 텍스트의 심층 구조를 분석하는데 그레마스의 이론이 중요한 도구로 활용되었다. 특히 그레마스의 서사 문법과 행동자 모형은 이야기 분석에 큰 영향을 미쳤다. 신화, 광고, 패션 등 다양한 문화현상을 기호학적으로 분석할 때, 그레마스의 이론이 매우 유용했고, 텍스트뿐만 아니라 사회적 상호작용과 담론의 구조를 분석하는 데 그의 구조의미론 개념들이 자주 활용되고 있다.

을 살펴본다. 즉 독자에게 이것들이 어떻게 전달되는가도 연구한다. 구조주의는 구조언어학과 연결되는데 시의 분석을 하고 구조, 관계, 내러티브의 구조, 서서요소 등을 본다. 이것은 언어학적 의미생성 방식을 연구한다. 기호학은 기호의 생성, 사용, 해석, 전달 방식까지 여러 분야에서 다룬다.

제 7 장

유리 로트만

문화기호학을 만들다

“문화는 언제나 기호적 체계로서
　　　　나타난다.”(로트만, 『기호계』, 김수환 역, 2008, 63쪽)

Yuri Lotman

1922 　러시아 페테르부르크에서 출생

1939 　레닌그라드대학 입학

1940-1946 군 복무

1950 　레닌그라드대학 졸업

1951 　에스토니아 타르투로 이주

1964 　‘타르투 여름학교’ 개최

1964 　『구조주의 시학 강의』 출간

1970 　『예술 텍스트의 구조』 출간

1978 　『문화현상』 출간

1984 　『기호계에 관하여』 출간

1989 　독일 체류, 뇌졸중 발병

1990 　『문화의 폭발』 출간

1993 　에스토니아 타르투에서 사망

이력

유리 로트만(Yuri Lotman)은 1922년에 러시아 페테르부르크에서 태어났다. 부친이 건축가였으므로 그의 가족은 주말마다 박물관이나 미술관을 방문하는 것이 일상이었다. 이런 일상은 후에 그가 문화에 관심을 가지게 된 계기가 되었다. 그는 1939년에 레닌그라드대학에 입학했지만 전쟁으로 인해 1년 만에 군대에 입대하여 6년간 군 복무를 할 수밖에 없었다. 제대 후에 그는 복학해서 러시아 형식주의자인 아이헨바움, 프로프의 강의를 들었다. 1950년에 대학을 졸업하였지만, 페테르부르크에는 일자리가 없었고, 더 이상 학문을 할 수 없는 상황이 되었다. 그래서 그는 일자리를 찾아서 시골인 타르투대학의 임시 강사 자리를 얻었고 그곳에 계속 거주했다.

로트만은 초기에 문헌학에 관심을 가졌고, 그 결과 19세기 문학사를 연구하였다. 그러다 보니 그의 박사학위 논문도 라디시체프의 사회적 이념을 다룬 것이었다. 1950년대에 그는 주로 문학사, 사회사상, 형이상학적 이념 등을 연구하였다. 그리고 1950년대 후반에 들어 구조주의와 기호학에 관심을 가지고 연구하기 시작했다. 1960년대에 그는 구조주의와 기호학의 영향을 받아서 1964년에 『구조주의 시학 강의』라는 저서를 출간하였다.

1970년대부터 로트만은 문화기호학이라는 영역에 새로운 관심을 갖기 시작하였다. 이런 맥락에서 로트만은 타르투 여름학교 학술대회를 2년마다 개최했다. 이 학술대회에 로만 야콥슨과 같은 세계적인 학자들이 많이 참석하면서 유명해지고 타르루학파[1]가 형성되기 시작하였다. 이 타르투학파의 목표는 세계를 모델링하는 것이었는데 제1차 모델링 체계는 자연언어이고 제2차 모델링 체계를 위해 예술, 문화, 과학 등의 언어를 개발하려고 했다. 그래서 이들은 문학, 종교, 신화, 민속 등의 모델링 체계 분석에 집중하였다. 하지만 1970년에 4차 여름학교가 개설된 이후에 이 학회는 중단되었다. 이들의 학회 결과는 다행히도 『기호 체계 문집』이라는 결과물로 출판되었고, 이러한 학술대회 덕분에 타르투라는 도시는 문화의 연구 중심지로 변모하였다. 비록 1970년부터 후기구조주의가 등장하여 기호학을 위협했지만, 로트만은 1990년대까지 문화를 연구하는 유용한 수단으로 기호학을 선호하였다.

로트만은 1989년에 독일에 체류하다가 뇌졸중이 발병하였지만, 『정신의 우주』를 발간했고 1990년에는 『문화의 폭발』을 출간하였다. 로트만이 발표한 논문은 500편에 달하고 책은 10여 권에 이른다. 그는 결국 뇌졸중의 후유증으로 1993년 10월 28일에 타르투에서 사망하였다.

1　이 학파의 다른 주요 구성원으로는 보리스 우스펜스키(Boris Uspensky), 뱌체슬라프 이바노프(Vyacheslav Ivanov), 블라디미르 토포로프(Vladimir Toporov), 미하일 가스파로프(Mikhail Gasparov), 알렉산드르 퍄티고르스키(Alexander Piatigorsky), 이사크 레프진(Isaak I. Revzin) 등이 있다.

로트만의 기호학

로트만은 어려서부터 관심을 가졌던 문화를 '타르투 여름학교'에서 체계화하였는데, 특히 러시아 형식주의를 토대로 문화학을 하나의 기호학으로 발전시켰다. 그는 문화를 기호 체계로 파악해서 기호적 문화이론에 지대한 기여했다. 그래서 사람들은 그를 러시아의 저명한 기호학자이자 문학이론가로, 특히 문화와 텍스트를 기호학적으로 분석한 학자로 부른다. 그의 이러한 업적은 이바로프(「기호학의 보편적인 문제에 대한 소개(Einführung in allgemeine Probleme der Semiotik)」, 1976), 토도로프 등의 후계자들에 의해 계속 발전되었다.

로트만의 기호학 이론은 특히 문화기호학과 영화기호학 분야에서 중요하다. 그는 문화 자체를 일종의 기호 체계로 보고, 다양한 문화현상과 텍스트를 기호학적으로 분석하는 방법론을 제시했다. 그는 문화는 '집단의 비유전적 기억'[2]이라고 했다. 이것은 주로 텍스트의 형태로 전달된다. 그리고 문화는 비문화적인 것, 즉 자연적인 것에 대해서 기호들의 체계로 개입하여 문화를 만들어낸다. 여기서 핵심 역할을 하는 것이 언어이다. 언어는 1차 모델 체계이고 문화는 2차 모델 체계이다. 이들은 서로 상호의존적이다. 이런 문화 전체를 포괄하는 영역을 그는 기호계라고 했다. 이 안에서는 소리, 냄새, 접촉, 신호, 전파 등 다양한 신호와 기호들이 존재하여 이것들로 소통이 된다. 그는 문화는 기호이고 기호는 문화적 산물이라고 했다.

이러한 접근은 기호학이 단순히 언어나 문학에 국한되지 않고, 시각

---

2 Lotman & Uspenski 1973, p.28.

예술, 영화, 대중문화 등 다양한 분야에 적용될 수 있음이 확실하다. 그래서 그는 영화 기호학에서 영화가 어떤 방식으로 기호를 형성하고, 관객에게 의미를 전달하는지를 분석했다. 그는 영화의 시각적, 서사적 요소를 기호학적으로 해석하며, 영화가 어떻게 문화적 맥락 속에서 의미를 생성하고 소통하는지를 탐구했다.

로트만의 이론적 토대는 앞에 언급한대로 러시아 형식주의(1914-1930년)이다. 이 러시아 형식주의는 형식의 중요성을 강조했고, 문학적 장치들의 영향을 고려했으며, 문학과 비문학을 구분하고, 텍스트를 중심으로 연구하였다. 이런 맥락에서 로트만의 기호학적 관심 분야도 매우 넓었다. 사람들은 이러한 그의 기호학을 문화기호학 혹은 응용기호학이라고 하였다.

원래 언어적이고 시각적 예술에서 예술적 표현형식만 내용 표현을 하는 것이 아니므로 형식주의자들은 미학적 의사소통에서 자가적이고 내용에 국한될 수 없는 기호 기능을 성찰하기 시작했다. 그래서 실질적인 언어와 반대로 시적 언어는 내용의 전달 수단이 더 이상 아니고 표현의 자가 수단으로 고찰되어야 하는 것으로 나타났다. 로트만이 주장하는 문화기호학의 특징은 다음과 같다.

① 기호들의 탐구
② 문화적 맥락에서 접근
③ 의미 생성 과정 문화적 탐구
④ 영화, 소설, 패션 등 다양한 분야 문화적 탐구
⑤ 기호의 의미를 넘어 사회적, 정치적 함의를 탐구

로트만의 문화기호학은 다양한 체계, 예술, 종교, 광고, 신화, 이데올로기 등이 아니라, 이 모두를 포함하는 메타 체계로서의 문화 자체를 연구 대상으로 삼는다. 즉 그는 문화의 메커니즘 자체를 해명하려고 노력했다.

그래서 로트만은 문화를 한편으로는 총체적으로 이해하고 연구하려 했고, 다른 한편으로는 일종의 기호 체계로서 세계를 특정한 방식으로 모델링하려고 했다. 이 문화들은 모델링될 때 언어들이 다른 것처럼 각각 다르게 모델링된다고 그는 생각하였다. 그래서 로트만의 문화기호학은 문화의 자기 기술을 다루는 학문이라고 할 수 있다.

기호계

로트만은 문화의 기호학적 메커니즘에 대하여 자신의 논문 「문화의 기호학적 메커니즘에 대하여」에서 제시하고 있다.[3] 그에 의하면 문화는 비문화를 배경으로 하는 닫힌 영역이다. 그리고 문화는 반드시 문화와 비문화라는 대립을 필요로 한다. 비문화를 배경으로 할 때 문화는 언제나 기호적 체계로 나타난다고 한다. 즉 '자연성 : 인위성', '조건성 : 무조건성' 등과 같은 대립을 통하여 나타난다.

그에 의하면 자연언어만이 고유한 기호학적 체계이며, 언어와 문화는 분리 불가능하다. 그는 문화는 사회적 현상이라고 주장한다. 그래서 문화는 사후적으로 기록되어 인식된다. 문화는 집단기억이고 기호학적 규

---

3 로트만, 「문화의 기호학적 메커니즘에 대하여」, 『기호계』, 김수환 역, 2008, 62~99쪽 이하 참조.

범에 따르기에 그런 규범체계가 프로그램화될 수 있다. 그래서 모든 문화는 자신의 존재론적 지속성의 모델을 창조한다. 이러한 측면에서 일반적으로 문화는 텍스트의 집합으로 여겨진다. 텍스트가 없는 집단의 문화는 규칙으로 드러난다. 문화 내부는 질서화된 조직으로 나타난다. 그리고 그 안에서 고도로 질서화된 체계와 다양한 탈조직화를 허용하는 체계의 결합이다. 로트만에 의하면 문화는 필수적으로 고도의 모델링 능력을 가져야 한다. 그리고 이 문화의 체계성은 반드시 사용하는 집단에 의해 인식되어야 한다.

문화의 체계는 '옛 것 : 새 것', '변화하는 것 : 변하지 않는 것'의 대립이다. 즉 상부 체계와 하부 체계가 구조적 다양성을 지니고 있는 것이다.

그는 문화를 기술하기 위해 메타언어를 구축하는데, 공간모델을 세우기 위해 위상기하학의 방법론을 차용한다.[4]

공간모델, 사건, 주체

로트만은 문화사를 통시적으로 연구하기도 하고 다른 문화들과 공시적으로 서로 비교하기도 한다. 그래서 문화의 유형학적 연구의 결과를 추출하여 비교 분석할 수 있다. 이 연구에서 로트만이 문화기술의 메타언어로 도입한 것은 '공간모델'이다.

로트만의 문화기호학에서 '공간모델'과 '기호계(Semiosphere)'는 상징과 의미 생성의 과정에서 중요한 개념이다. 로트만의 공간모델은 문화와 기

---

4 로트만, 「문화를 유형학적으로 기술하기 위한 메타언어에 관하여」, 앞의 책, 17쪽
   이하 참조.

호를 이해하는 구조적 프레임 워크로서 각기 서로 다른 기호와 그 기호
들이 상호작용하는 방식을 시각화한다. 이 모델은 문화가 시간과 공간
속에서 어떻게 형성되고 변형되는지를 탐구한다. 공간모델은 문화적 맥
락 내에서 기호가 어떻게 위치하고 연결되는지를 분석하여, 그 구조가
의미의 생성에 미치는 영향을 조명하는 것이다. '기호계(Semiosphere)'는 로
트만이 제안한 개념으로서 의미의 생성과 전달이 이루어지는 공간을 나
타내는데, 이것은 기호 체계가 작동하는 환경인데, 문화적 상징과 의미
가 서로 상호 작용하며 조직되는 공간을 의미한다. '기호계(Semiosphere)'는
단순히 기호의 집합이 아니라, 다양한 기호가 결합되어 새로운 의미를
창출하는 복잡한 네트워크로 이해될 수 있다.

이에 더 나가서 로트만은 오늘날 문학이 관심을 가지는 이야기 이론의
한 접근방식을 문학 텍스트의 구조라는 영역 안에서 발전시키었다. 그
에게 문학은 여타 문화처럼 이차적으로 모형화되는 기호 체계를 나타낸
다. 문학적 세계는 문학 외적 현실의 구체적인 모사가 아니고, 시간적으
로 그리고 문화적으로 변화한다. 이야기 연구 영역에 대한 다른 이론적
발제와는 다르게, 로트만은 이야기의 시간적 구조를 전면에 내세우지 않
고, 이야기 텍스트의 공간적 조직을 강조한다. 로트만은 자신의 모형에
서 두 개의 부분공간 사이의 이원적 대립으로부터 출발하는데, 그 대립
은 다음과 같이 나타날 수 있다.[5]

- 위상학적으로(topologisch) – 높다 : 낮다, 왼쪽 : 오른쪽, 내부 : 바깥.
- 의미론적으로(semantisch) – 지형학적인 구별은 의미론적인 대립 쌍과

---

5 김수환, 『사유하는 구조』, 2012, 123쪽 참조.

연결되어 있다. 좋다 : 나쁘다. 익숙한 : 낯선, 자연스런 : 인위적인.

- 지형학적으로(topograpisch) – 의미론적으로 부과된 기하학적 질서는 지형학적인 대립을 통해서 구체화된다. 산 : 계곡, 도시 : 숲, 하늘 : 지옥.

로트만에게 있어서 이러한 공간적 질서는 체계화하는 요소인데, 이것 주위에 비공간적 특성도 생성된다. 즉, 공간 형성은 텍스트의 다른 비공간적 관계들을 나타내는 언어이다. 지형학적 공간 경계는 만일 이것이 기하학적이거나 의미 면에서 추가적으로 기호화된다면 분류학적 경계가 된다. 이 모형은 시간 요인이 포스트모던적 시기에 경계 지음과 얽힘을 더 이상 나눌 수 없다는 사실도 계산하고 있다. 로트만의 구조적이고 기호학적 공간모형은 그의 단순한 방법론 때문에 이야기 분석의 실질적인 방법으로 드러났다.

공간상징학의 강조를 통해서 문학을 위한 문화인류학의 의미를 상대화시키는 이 모형은 칼 니콜라우스 렌너(Karl Nikolaus Renner)에 의해 이론적으로 변형되었다.[6] 그래서 이것은 문학, 영화, 다른 예술 작품들의 분석에 실질적으로 수용되었을 뿐 아니라, 이미 기호학적 문학과 문화학에 수용되었다.[7]

로트만에서는 문화공간에서 '사건(Ereignis)'과 '주체(Sujet)'라는 개념도 중요하다. 즉 '사건(Ereignis)'은 문화에서 '사태'를 의미하는데, 로트만은

6　Renner, K. N., *Grenze und Ereignis: Weiterführende Überlegungen zum Ereigniskonzept von Jurij M. Lotman*(경계와 사건 : 유리 M. 로트만의 사건 개념에 대한 심층적 고찰) 2004, pp.357~381 참조.

7　Michael Titzmann & Hans Krah, Münchner und Passauer Schule 참조.

이 '사건'이 단순한 물리적 사건이 아니라, 의미가 생성되고 변형되는 과정으로 이해한다. 이는 주체가 사건을 경험하고 해석하면서 새로운 의미를 만들어내는 과정을 강조하는 것이다. '주체(Sujet)'는 개인이나 집단이 사건을 통해 자신의 정체성과 의미를 형성하는 주체성을 나타낸다. 로트만은 주체가 사건 속에서 자아를 탐색하고, 사회적 맥락 속에서 다양한 의미를 생산하는 역할을 한다고 주장한다. 이 두 개념은 서로 밀접하게 연결되어 있으며, 로트만의 문화기호학에서는 사건을 통해 주체가 어떻게 의미를 창조하고 구성하는지를 탐구한다. 그래서 로트만에서는 이야기의 전체 구조가 그려지는 것이지 작은 단위들이 아니다.

어떤 일이 '사건'이 되려면, 정해진 범위나 규칙을 넘어서는 일이 일어나야 한다. 그리고 그 사건의 중심에는 행동을 하고, 그 행동이 벌어지는 세상을 가지고 있으며, 그 세상 안의 넘을 수 없는 경계를 넘어서거나 지키는 '영웅' 같은 존재가 있다. 여기서 '영웅'은 그 행동을 하는 주체를 상징한다. 즉 경계 침해는 주제적 텍스트에서 일어나지 주체가 없는 텍스트에서는 일어나지 않는다. 로트만의 문화기호학에서 의미가 형성되는 과정에서 세 가지 주요한 대립 구조가 작용한다. 이러한 대립 구조는 의미를 구별하고 조직하는 데 도움을 주는데, 이 세 가지 대립은 다음과 같은 요소들로 구성된다.

① 내부와 외부의 대립 : 이는 문화 내부와 외부를 구분하는 경계로, 어떤 요소가 문화적으로 수용 가능한지 혹은 배제되는지를 결정.

② 자기와 타자의 대립 : 이는 주체와 객체, 혹은 자기 정체성과 외부의 타자를 구분하여 문화적 정체성을 형성하는 데 사용됨.

③ 정체성과 차이의 대립 : 이는 문화 내부에서 어떤 요소들이 서로 유

사한지, 혹은 차별화되는지를 구분하여 의미를 형성하는 대립.

이러한 대립 구조는 문화적 의미 체계를 조직하고, 의미가 어떻게 생성되고 변화하는지를 이해하는 데 중요한 틀을 제공한다. 로트만은 이러한 대립을 통해 문화가 어떻게 기호적으로 작동하는지를 설명하고자 했다. 로트만은 이 대립구조를 문화 연구에 활용하였다. 다양한 문화적 관습이나 텍스트를 분석하는 이 방법이 다음과 같이 적용될 수 있다.

① 문학작품 분석 : 소설이나 영화에서 주인공과 적대 세력의 대립을 통해 이야기가 전개되는 방식을 분석할 수 있다. 내부와 외부의 대립은 주인공의 세계와 외부의 위협 사이의 갈등으로 나타날 수 있다.
② 광고 분석 : 광고에서 상품을 사용하는 사람(자기)과 사용하지 않는 사람(타자)의 대립을 통해 소비자 정체성을 형성하는 방식을 연구할 수 있다. 정체성 대립은 특정 제품이 다른 제품과 어떻게 차별화되는지를 강조한다.
③ 문화적 정체성 연구 : 특정 사회의 문화적 관습이나 상징을 통해 내부와 외부의 대립을 분석하여, 그 사회의 정체성이 어떻게 형성되고 유지되는지를 연구할 수 있다.

로트만의 이론을 적용하여 다양한 문화현상을 설명할 수 있고, 문화적 의미가 어떻게 구성되고 전달되는지를 이해할 수 있다. 예를 들어 어느 문화에서 텍스트나 법률 규범 텍스트의 핵심에 들어 있는 불변체가 있을 텐데 그것을 텍스트 구성체라고 하고 로트만은 이를 문화 텍스트라고 하였다. 이 문화 텍스트는 해당 문화의 세계상이다. 이 세계상은 반드시 공간적 특성을 지닌다. "세계질서의 구성 자체가 모종의 공간적 구조를 기초로 인식되는 것이다."[8] 이 공간적 구조는 세계질서의 모든 차원을 조직화한다. 그래서 메타언어 구조와 대상의 구조 사이에 동질성이 생긴다. 이리하여 공간적 모델은 메타언어로 기능하고 세계상의 공간구조는 이 언어로 구성된 텍스트처럼 기능한다. 문화텍스트 차원에서 보면 표현의 차원에 속하는 모든 다양성은 사라진다. 그리고 공간적 특성은 모든 세계상에 필수적인 구성소이다. 그래서 그는 문화텍스트는 두 개의 하부텍스트를 가진다고 생각했다.[9]

첫째, 세계의 구조를 특징짓는 것 — 이 하부텍스트 집단의 근본 특징은 공간의 분절성이다.(연속성, 근접성, 경계성 등의 위상학적 개념을 통해 묘사된다) 그래서 어느 문화 텍스트의 공간 묘사를 할 때, '위' : '아래', '오른쪽' : '왼쪽', '구심적인' : '원심적인', '경계 안쪽' : '경계 바깥쪽', '똑바른' : '구부러진', '포함하는' : '제외하는' 등의 분절 개념으로 세계 구조를 도식화할 수 있다.

둘째, 주변 세계 안에서 인간의 위치, 상황, 활동을 특징짓는 것 — 이것은 공간 연속체의 내부에 있는 특정 주체의 움직임 등을 묘사한다. 이 그룹이 가지는 특성은 '슈제트(Sujet)'성이다. 이것은 플롯 성에 해당하는 것으로 세계상의 불변적 체계 안에서 일어나는 변화 즉 인물에 의한 움직임의 가능성을 말한다. 즉 무엇이 어떻게 일어났는가, 그가 무엇을 했는가 등을 답하는 것이다.

---

8 로트만, 「문화를 유형학적으로 기술하기 위한 메타언어에 관하여」, 『기호계』, 20쪽.
9 위의 글, 위의 책, 20쪽 이하 참조.

위에서 첫 번째 변화의 유형과 두 번째 변화와는 다르다. 첫 번째 것은 불변체적 세계상을 형성한다. 부동의 요소는 우주적, 지리학적, 사회학적 세계 구조를 특징짓고 주인공은 텍스트의 움직이는 요소이다. 인물들이 동화적 공간, 서사적 공간, 사회적 공간 등에서 활동하는 것과 무관하게 이 공간 연속체의 특정지점에 고착되어 있는 부동의 인물과 움직이는 인물로 나뉜다. 예를 들어 러시아 민담 「아버지와 형제들」에서 바바야가는 못 움직이고, 주인공은 이동한다. 『오디세우스』, 『돈키호테』, 오르페우스 신화 등에서 주인공은 움직임을 감행하고, 대립자들은 공간에 고착되어 있다. 첫 번째 유형은 낮은 차원에서 독립적으로 존재하는 텍스트에서 표현된다. 즉 신화나 전설, 서정시에서 슈제트가 없는 텍스트들이 그것이다.[10]

구조적 공간 면의 경계 내부의 공간을 갖는 인물들은 본질적으로 하나의 인물이다. 인물의 인격이 분열되는 경우에는 각종 장소에서 양립할 수 없는 공간적 특성을 부여받는다. 특정한 차원의 경계 내부에 해당하는 공간을 갖는 인물들은 더 높은 층위에 있는 불변체의 변이형이다. 즉 "문화의 슈제트는 실제의 텍스트적 슈제트를 상호 수렴될 수 없는 공간들을 갖는 불변체적 인물들의 차원까지 상승시킨 것이다."[11]

공간적 모델링, 즉 위상학적 모델링의 도움으로 구축된 문화텍스트의 기술을 '문화모델'이라고 한다. 문화모델을 특징짓는 기본적 속성은 다음이다.[12]

---

10 위의 글, 위의 책, 24쪽 이하 참조.
11 위의 글, 위의 책, 25쪽.
12 위의 글, 위의 책, 26쪽 이하 참조.

① 보편적 공간이 분활되는 유형은 어떤가

② 보편적 공간은 어떤가

③ 어떤 지향성을 보여주는가

그래서 로트만이 말하는 문화모델의 가장 일반적인 속성은 문화의 공간을 상이한 두 개로 나누는 경계선이다. 문화공간을 나누는 몇 가지 유형은 다음이다.

① 이차원적 공간이 존재한다. 경계는 그것을 두 부분으로 나눈다. 하나는 제한된 숫자의 지점이고 다른 하나는 무제한의 지점이다.

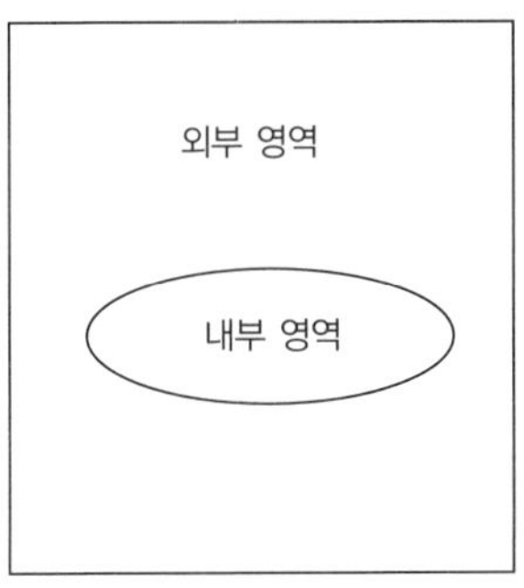

이 모델에서 의미론적 해석은 '우리 : 그들' 이다. 내적 공간은 폐쇄된 공간이고 외부공간은 열린 공간으로 서로 대립된다. 그래서 포함과 배제가 문화 일반에 공통된 보편적 원리라고 할 수 있다. 하지만 안과 밖을 나누는 특질은 문화유형에 따라 다를 것이다. 이는 다음과 같이 다양한 대립으로 나타날 수 있다.

$$내부 \longleftrightarrow 외부$$

$$성 \longleftrightarrow 속$$

$$문화 \longleftrightarrow 야만$$

$$지식인 \longleftrightarrow 민중$$

$$질서 \longleftrightarrow 혼돈$$

② 이러한 기본 모델은 다시 가치론적으로 다음과 같이 변형될 수 있다.

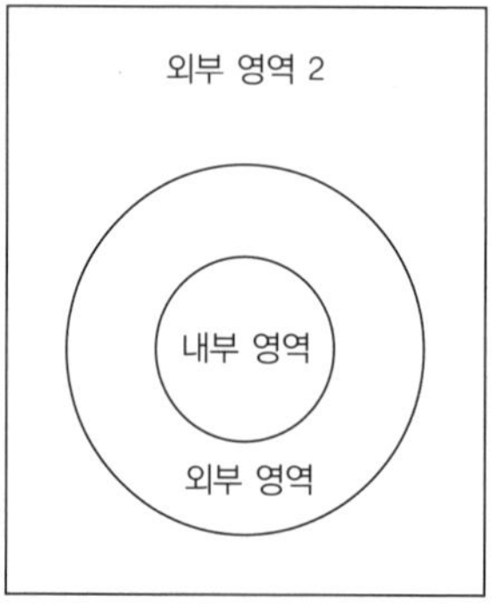

외부 영역은 인간에게 더 친화적인 '저기'가 아닌 '여기'의 외부 세계가 존재할 수 있다.

좋은 외부 영역	내부 영역	나쁜 외부 영역
↕	↕	↕
하늘	땅	지하세계

이처럼 경계를 통해 내부와 외부를 구분하는 것은 자아와 타자를 대립

적으로 구분하여 내부를 완결된 형식으로 하려는 기본 전략이다. 이는 타자를 배제함으로써 정체성을 확립하는 것이다. 이 두 번째 문화 모델의 특징은 차원이다. 공간의 차원에서 볼 때, 여기와 저기가 동일한 차원에 속하는 경우에는 외부의 세계가 나와 다르지 않다고 여겨지게 된다.

③ 문화 모델의 세 번째 속성은 지향성이다. 여기서 텍스트의 시점이 내적 공간과 결합되어 발생한 지향은 정방향성이라고 하고 외적 공간과 결합되어 발생한 경우는 역방향성이라고 한다. 정방향성은 내부 공간의 중심에서 외부를 향하며, 역방향성은 외부에서 중심으로 향한다. 정방향성 모델은 확장 과정이고 역방향성은 무질서의 과정이다.

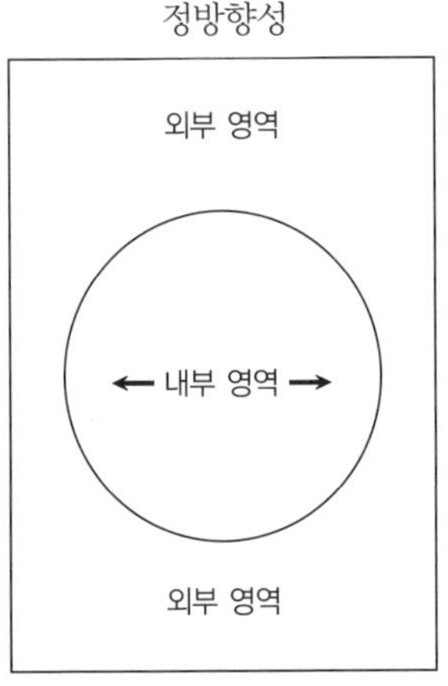

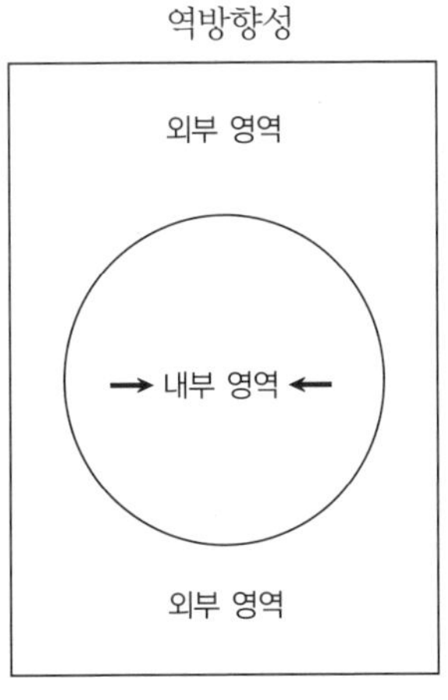

여기서 텍스트 수행 주체의 지향성은 내외적 공간의 경계를 횡단한다. 주어진 문화모델에서 횡단은 슈제트의 기본단위인 사건을 발생시킨다. 그래서 로트만의 문화모델은 횡단을 하며 텍스트의 수행 주체의 시점과 내부 외부가 정방향 역방향으로 진행하며 변이형을 도출해낼 수 있다.

정방향 모델의 전형적인 도식은 "우리는 N을 가지고 있다"인데 여기서 N은 현명함, 성스러움, 복 등이 될 수 있다. 그리고 역방향 모델에서 전형적인 도식은 "그들은 N을 가지고 있다"이다. 이 모델에서 방향 모델 이외에 지역적으로 '여기'와 '저기'가 구분될 수 있다. '저기'는 우리와 닮지 않은 존재들이 거주한다. 이는 비인간적이며 불가해한 신적 존재들, 적대 그룹을 인간들과 구분하는 체계이다. 그러나 여기와 저기가 동일한 차원을 지니는 경우가 있다. 예를 들어 『전쟁과 평화』에서 프랑스 포로들이 "그들도 인간이다"라고 말할 수 있을 때 그렇다. 많은 텍스트에서 여기를 현세, 저기를 저승으로 동일시하는 경향이 있다. 내부 영역에 두 개의 외부 영역이 존재할 수도 있다. 예를 들어 어떤 문화에 또 다른 정치적 혹은 종교적 영역이 있다면 이들은 내부에 존재하는 외부 영역이 된다. 또한 외부 세계가 좋은 외부 영역과 나쁜 외부 영역으로 구분될 수도 있다. 예를 들어 가치 평가를 할 때 '상부 : 하부', '오른쪽 : 왼쪽'으로 가치를 공간 지향성 속에서 나타낼 수 있다. 또한 하늘, 땅, 지하 세계 등으로 외부 세계를 상, 중, 하로 구분할 수 있다.[13]

모든 문화 모델의 구조는 경계 침투가 불가능하다. 슈제트의 전형적인 구성은 공간 경계를 뚫는 운동이다. 그래서 "슈제트의 도식은 세계 구조에 대항하는 투쟁으로 나타난다."[14] 사람들은 슈제트적 충돌과 그렇지 않은 충돌을 구분하여야 한다. 슈제트적 충돌은 외부공간을 허물고 내부 공간을 파괴하려고 한다. 그래서 단테의 주인공은 내부 공간 경계를 부수기 위해 외부공간이 침투하는 경우이다. 로미오와 줄리엣에서 주인공들은

---

13 위의 글, 위의 책, 30쪽 이하 참조.
14 위의 글, 위의 책, 41쪽.

서로에게 금지된 영역을 넘나들고 있으며, 혁명적 행동을 한다.

즉 우리가 문화를 이야기할 때, 그 문화 안에는 여러 가지 상징이나 기호가 담겨 있다. 예를 들어, 어떤 건물의 모양, 특정 색깔, 의식 등과 같은 것들이다. 이런 것들이 모두 어떤 의미를 가지고 있다. 문화를 정확하게 설명하려면, 이러한 상징들이 어떤 공간적인 관계 속에서 어떤 의미를 가지는지를 알아야 한다. 다시 말해, 어떤 하나의 공간(예 : 천국)에 있는 것이 다른 공간(예 : 지상)에 있는 것과 어떻게 연결되어 의미를 만들어 내는지 파악해야 한다. 중세 시대에는 신의 영역(영원하고 신성한 공간)과 인간의 영역(물질적인 공간)이 있었는데, 이 두 공간에 있는 것들은 서로 대비되면서도 연결되어 세상의 의미를 만들었다.

그리고 문화텍스트의 '시점' 문제는 문화모델의 지향성에 좌우된다. 문화는 정방향 혹은 역방향으로 실현될 수 있다. 그래서 텍스트는 다 방향적인 지향 체계가 나타난다. 이는 문화를 해석하는 '관점'이나 '방향성'이 중요하다는 점을 말하고 있다. 쉽게 말해서, 우리가 어떤 문화적인 내용을 이해할 때, 어떤 관점에서 보느냐에 따라 그 의미가 달라진다. 문화는 과거에서 현재로 이어지기도 하고(정방향), 때로는 현재의 관점에서 과거를 재해석하기도 하면서(역방향) 여러 가지 방식으로 나타날 수 있다. 그래서 하나의 문화적 내용(텍스트)이라 하더라도, 다양한 방향으로 해석될 수 있는 가능성을 가지고 있다.

위에서 언급한 문화공간을 내부와 외부로 분할할 때 다음과 같이 세 가지 유형으로 나타날 수 있다.

① 내부와 외부가 상이한 유형 : 민담텍스트
② 외부가 내부에 반영되어 있는 유형 : 중세의 상징주의

③ 내부가 외부에 포함되는 유형 : 현대의 과학적 세계관

예를 들어서 민담텍스트 중 하나인 동화적 문화텍스트는 내부와 외부 경계가 뚜렷하다. 주인공과 가까운 세계와 머나먼 왕국이 구분되어 있다. 중세적 문화텍스트에서는 세계를 외부와 내부로 나눈다. 중세에서 내부는 외부를 반영할 뿐, 본래적인 것은 외부에 있다. 계몽주의적 문화텍스트에서는 외부는 텅빈 부분집합이다. 그리고 '자연스런'과 '인위적인' 것의 대립을 통해서 내부 공간은 자연스럽고 도덕적이고 상부에 자리하는 것으로 받아들이고, 외부 공간은 부자연스럽고, 비도덕적이며 저열하게 취급된다.[15]

텍스트와 슈제트

텍스트에서 슈제트는 문화 모델과 세계 모델 간의 상호의존적 관계로 해석된다. 예를 들어서 바다를 사이에 둔 두 개의 나라를 배가 운항하며 소통할 때 배의 운항궤도를 그려본다면, 배는 텍스트의 유동적인 요소가 된다. 지도 위에 항해의 궤도를 그을 때 슈제트를 가진 텍스트의 특징적 세 가지 유형이 결정적이다.

① 방향 : 외부에서 내부로 혹은 내부에서 외부로 움직인다.
② 움직임의 실현 : 길의 유형이 궤도를 결정한다.
③ 길에서 벗어남 : 궤도의 노선을 이탈하는 경우에도 중요한 의미를

---

15 위의 글, 위의 책, 40~55쪽 참조.

갖는다.

이외에도 완강하게 금지된 텍스트도 가능하다. 이때는 그 텍스트의 궤도가 이탈이 문제인지 아닌지를 결정한다. 텍스트에서 슈제트 인물은 동적 혹은 부동적으로 나뉜다. 부동적 슈제트는 사건이 아니다. 복잡한 문화 모델은 구조들 간의 위계를 형성하고 복잡한 문화텍스트는 차원들의 위계를 형성한다. 모델링의 다양한 차원에서 관찰되는 동일한 실제 텍스트가 서로 다른 모습을 보여줄 수도 있다. 예를 들어 병사의 죽음은 봉건 시대 초기에 사건이 아니었다. 왜냐하면 남자가 전장에서 죽는다면 이상할 게 없기 때문이었다.[16]

로트만은 텍스트(넓은 의미에서의 기호뭉치)나 메시지를 언어적이고 비언어적인 의사소통 모두를 포함한 포괄적인 개념으로 나타낸다. 텍스트는 통합적인 기호이거나 기호들의 연쇄이다. 텍스트는 기호들로 분리되지 않는 하나의 전체이다.

로트만에 의하면 텍스트는 창조적인 기능을 가지고 있다. 예를 들어, 우리가 사용하는 말이나 글은 이미 약속된 의미를 가지고 있지만, 작가가 소설을 쓰거나 시인이 시를 창작할 때, 그들은 기존의 단어와 문장들을 조합하여 전혀 새로운 이야기, 감정, 또는 아이디어를 만들어낸다. 광고나 예술 작품 역시 마찬가지로, 친숙한 이미지나 소리들을 통해 이전에는 없던 새로운 감각이나 인식을 불러일으킬 수 있다.

또한 텍스트는 약호의 구축 기능이 있다. 우리가 어떤 메시지를 이해할 때, 우리는 메시지 내용 자체(무슨 말을 하는가?)에 집중하기도 하지만,

---

16 위의 글, 위의 책, 58쪽.

동시에 그 메시지가 어떤 방식으로 표현되었는지, 즉 언어 그 자체(어떻게 말하는가?)에도 관심을 기울이게 된다. 예를 들어, 시를 읽을 때 우리는 시의 내용뿐만 아니라, 사용된 단어의 선택, 운율, 비유 등 언어적인 형식에도 주목한다. 메시지를 통해 그 메시지를 만들어낸 언어(약호)의 특징이나 규칙을 파악하고 이해하는 것이 바로 이 기능의 핵심이다.

끝으로, 텍스트는 기억의 기능이 있어서 문화적 유산을 보존한다. '텍스트'는 단순히 책이나 문서를 넘어, 영화, 음악, 그림, 건축물 등 모든 문화적 산물을 포괄하는 개념이다. 이러한 텍스트들은 과거의 경험, 지식, 가치관, 역사 등을 기록하고 전달한다. 따라서 텍스트는 단순히 정보를 저장하는 저장고가 아니라, 한 문화의 정체성을 형성하고 유지하는 데 필수적인 '기억 장치' 역할을 한다. 이러한 텍스트들을 로트만은 1차와 2차로, 청자와 화자로, 연속성과 불연속성으로 분류하였다.

① 1차 텍스트 : 변별적인 자질로 나눌 수 있어도 기호들로 쪼갤 수는 없다. 이러한 텍스트들은 정태적이며 변형에 의해 제한된 변화를 겪으며 도상적, 공간적, 시각적 체계가 강조되는 텍스트이다. 이들의 하위유형은 1차 텍스트인데 이것은 연속적이며 상하, 좌우, 명암, 흑백의 양항대립의 구조를 지닌다.

② 2차 텍스트 : 세계의 구조를 특징지으며 본질적으로 분류적인 정태적 특성을 갖는다. 이들은 불연속적인데, 기호들로 나뉘고 새로운 요소 첨가로 역동적인 변화가 일어나고 플롯을 갖는 텍스트이며 도상적이지 않고 관습적이고 공간적이지 않고 시간적이며 시각적이지 않고 청각적이다.

로트만이 구별하는 또 다른 텍스트 분류법은 청자와 발신자가 갖는 관계이다. 예를 들어서 청자를 지향하는 텍스트는 연대기, 산문, 신문기사, 다큐영화, TV 등이다. 화자를 지향하는 문화에서는 폐쇄적이고 어려운 텍스트들을 가장 높은 가치로 취급한다. 이는 종교적인 텍스트라고 말할 수 있다. 이러한 텍스트는 더 나가서 하위유형으로 연속성과 비연속성에 따라서 구분지을 수 있는데 영화, 텔레비전, 조각, 플롯 없는 서정시, 음악연주 등은 연속성이 있고, 수학적인 논리의 기술, 조각, 메타수학, 형식화된 문법이론, 달력, 기차시간표, 전화번호부 등은 비연속적이다.

연속성을 가진 영화와 같은 예술 텍스트들은 불연속성 텍스트나 자연어와는 다르게 나타난다. 즉 예술 텍스트는 세계를 모형화하지만, 자연어는 단순하게 대상을 지시하거나 반영한다. 예술 언어는 자신의 자족적이고 유기적인 세계를 축조하고, 제2차 모형화를 시도한다. 영화도 역시 이러한 예술 텍스트 중 하나이다. 영화는 이중적인 성격을 지니며, 언어와 사진을 도구로 한다. 그래서 영화는 도상성과 서술성을 동시에 겸비하고 있다.[17]

영화기호학

로트만은 영화를 하나의 기호 체계로 보며, 영화는 조형적인 기호이다. 즉 조건적인 기호는 표현과 내용의 관계가 내적으로 동기 부여되지 않는 것들이다. 예를 들어 신호등(信號燈) 체계나 언어 체계가 그것이다. 조형적인 기호는 어떤 유일한 의미를 지니는 고유의 자연스런 표현을 가

---

17 로트만, 「두뇌 텍스트 문화 인공지능」, 위의 책, 252쪽 이하 참조.

진다. 예를 들어서 교통표지판이나 어떤 그림을 보고 유사한 생각을 보편적으로 하는 그런 그림을 말한다. 조건적 기호는 이야기, 즉 서술 텍스트의 구성에 사용될 수 있고 도상적인 기호의 기능은 이름을 붙이는 일에 한정된다. 이집트 상형문자로 쓰여진 문서는 도상적 기초 위에서 서술 텍스트를 구성한 시도이다. 그래서 시인은 조건적 기호를 소재로 하여 조형적 기호의 텍스트를 만들고, 화가는 그림을 가지고 이야기를 하려고 시도하기도 한다. 예를 들면, 꼬리를 물고 있는 뱀, 법전 뒤의 독수리, 하얀 제복, 적색 망토 등이 이들의 현상이다. 바르트는 영화 언어란 시점, 프레임, 숏, 클로즈업, 플롯, 소리 등이라고 하였다.[18]

그의 영화기호학은 영화를 단순한 예술 작품이 아닌, 특정한 규칙과 구조를 가진 의미 전달 체계, 즉 2차 모델링 시스템(secondary modeling system)으로 이해하려는 시도이다. 이는 언어와 같은 1차 모델링 시스템을 기반으로 구축된 복잡한 기호 체계라는 의미를 내포한다. 로트만은 영화 기호학을 다음과 같이 이해했다.

① 영화는 언어와 같은 1차 모델링 시스템과는 구별되는 독자적인 기호 체계이다. 언어가 추상적인 기호들을 통해 현실을 모델링하는 반면, 영화는 현실의 시각적, 청각적 이미지를 직접적으로 재현하는 도상적 기호와 현실의 특정 대상을 지시하는 지표적 기호를 주로 사용한다. 그러나 이러한 직접적인 재현은 결코 순수하지 않으며, 문화적 코드와 관습에 의해 해석되고 의미화되는 과정을 거치게 된다. 따라서 영화는 현실을 단순히 반영하는 것이 아니라, 특정한 방식으로 재구성하고 모델링하는 시스템이다.

---

18 로트만·유리치비얀, 『스크린과의 대화』, 이현숙 역, 2005, 101쪽 이하 참조.

② 영화는 도상성과 지표성을 가지고 있다. 그래서 영화 이미지는 현실의 대상과 유사성을 가지며(도상성), 동시에 촬영된 실제 대상을 가리킨다(지표성). 이러한 특징은 영화가 현실감을 부여하는 중요한 요소이다. 하지만 로트만은 이러한 유사성조차 문화적 약속과 관습에 의해 이해된다고 강조한다. 예를 들어, 특정 인물의 클로즈업은 감정의 강조라는 관습적인 의미를 내포할 수 있다.

③ 영화는 개별적인 숏들의 연결, 즉 통합체를 통해 이야기를 구성한다. 각 숏은 앞뒤 숏과의 관계 속에서 의미를 획득하며, 편집을 통해 시간과 공간의 흐름을 재구성한다. 각 숏의 내용은 유사한 의미를 가진 다른 숏들의 집합, 즉 계열체 내에서 선택됨으로써 특정한 의미를 강조하거나 암시한다. 예를 들어, 주인공의 감정을 표현하기 위해 밝은 표정, 어두운 표정, 혹은 눈물 흘리는 표정 등 다양한 계열체적 선택이 가능하다.

④ 영화의 내러티브는 일련의 기호들의 배열이다. 즉 이야기는 인물, 사건, 배경 등의 요소들이 특정한 순서와 방식으로 결합되어 의미를 생성하는 구조이다. 이러한 내러티브 구조는 문화 원형이나 신화와 유사한 패턴을 보이기도 하며, 관객은 이러한 패턴을 통해 영화의 메시지를 이해한다.

⑤ 개별 영화 작품은 하나의 완결된 텍스트이다. 이 텍스트는 고유한 내부 구조와 규칙을 가지며, 다양한 기호들이 상호작용하면서 전체적인 의미를 형성한다. 영화 텍스트는 단순히 시각적 이미지의 나열이 아니라, 감독의 의도, 촬영 기법, 편집, 음향 등 다양한 요소들이 복합적으로 작용하여 만들어지는 의미의 총체이다. 관객은 이러한 텍스트를 해석하는 과정에서 자신의 문화적 배경, 경험, 지식 등을 동원하여 의미를 구성

한다.

⑥ 영화는 '언어'를 넘어서 언어와 유사한 기호 체계이다. 영화는 고유한 문법(예 : 몽타주 규칙, 시점 변화 등)과 어휘(예 : 특정 상징을 나타내는 이미지)를 가지고 있으며, 이를 통해 의미를 전달한다. 하지만 영화 언어는 자연어와 달리 명확한 규칙이나 문법 체계가 확립되어 있지 않으며, 해석의 여지가 더 크다는 특징을 지닌다.[19]

위에 언급된 로트만의 영화 기호학을 종합적으로 고찰하여 볼 때 영화는 모델링시스템으로 구성되어 있으며, 기호의 배열이고, 하나의 완결된 텍스트이다.

그래서 로트만 이전에는 사실주의 영화론자들은 영화의 모사성을 강

---

[19] 일반적으로 위와 같이 영화의 내재적 구조를 분석할 수 있지만, 메츠는 영화가 지니는 서사구조에 대한 통합체적 분석을 위해 8가지 통합체를 코드화하여 대통합체의 구성 체계를 제시하고 있다 : ① 자율 숏 : 서사를 전개하기 위해 꼭 필수적이지 않은 숏. ② 평행적 통합체 : 두 개 이상의 모티브가 시, 공 관계는 명백하지 않은 상태로 하나의 몽타주 안에서 교차하면서 발생하는 통합체적 코드의 형태. ③ 일괄적 통합체 : 하나의 사실, 개념들로 묶여지는 짧은 쇼트들의 몽타주. 예, 전쟁의 재난을 표현하는 폭격, 슬픔, 파괴 등. ④ 묘사적 통합체 : 같은 시, 공간 내에 위치하는 현실적 모습의 이미지를 보여준다. 예, 나무 한 그루, 둔덕, 교회 등의 모습. ⑤ 교차적 통합체 : 하나의 몽타주가 두 개 이상의 사건들로 구성된다. 예, 추적자와 쫓기는 자의 교차 장면. ⑥ 씬(Scene) : 다음에 제시될 시퀀스의 개념과 함께 내러티브의 연속성을 구성해주는 선형적 서사 통합체를 구성한다. 예, 두 사람의 대화 장면. ⑦ 에피소드 시퀀스 : 일반적 시퀀스와 함께 시공간적 비연속성을 지닌 시퀀스의 한 형태. ⑧ 일반적 시퀀스 : 연대기적, 서사적, 선형적, 비연속적인 구조를 지니고 있지만 불필요한 국면을 생략하는 몽타주이다. 예, 등장인물의 장거리 이동이나 식사 장면에서 몇 가지 특징적인 장면이 연결로 행위 자체를 묘사하는 몽타주. 메츠, 『상징적 기표』, 이수진 역, 2009 참조.

화하였고, 표현주의 영화론은 현실을 수정하였고 변형하였으며, 바쟁은 영상 이미지는 주관적인 것이 아니고, 객관적 모사성이 중요하다고 하였다. 나중에 리얼리즘 영화론자들은 카메라가 영화화를 시작하는 순간에 이미 현실을 기록한 영상 이미지에 대한 변형과 수정작업이 발생한다고 보았다. 그래서 로트만의 영화기호학과 이들의 주장은 상당히 다르다는 것을 확인할 수 있다.

로트만의 영향

유리 로트만은 20세기 가장 독창적이고 중요한 문화 이론가 중 한 명으로서 다양한 학자들의 연구에 영감을 주었다. 움베르토 에코는 기호학 분야에서 로트만의 문화기호학 이론에 영향을 받았다. 줄리아 크리스테바(Julia Kristeva)는 페미니즘 비평과 기호학 분야에서 로트만의 연구를 활용했다. 폴 리쾨르(Paul Ricoeur)는 로트만의 기호학적 통찰력을 자신의 해석학 연구에 접목했다. 토머스 세벅(Thomas Sebeok)은 로트만과 교류하며 영향을 받았다. 츠베탕 토도로프(Tzvetan Todorov)는 문학이론을 연구하면서 로트만의 구조주의적 접근에 관심을 가졌다.

이 외에도 그의 이론은 문학, 문화 연구, 역사, 기호학 등 다양한 분야에서 중요한 토대가 되고 있다. 특히 그가 주도한 타르투학파는 기호학 발전에 큰 기여를 했다.

제8장

움베르토 에코

장미의 이름은 어디에 있는가

“지난날의 장미는 이제 그 이름일 뿐, 우리에게 남은 것은
　　덧없는 이름뿐.”(에코, 『장미의 이름』, 이윤기 역, 2005, 911쪽)

Umberto Eco

1932	이탈리아 알레산드리아 출생
1954	토리노대학에서 「성 토마스 미학적 문제」로 박사학위 취득
1955	이탈리아 방송협회 텔레비전 부서 근무
1961	잡지 『마르카드레』 창간
1962	토리노대학과 밀라노대학에서 미학 강사, 『열린 작품』 출간
1965	주간지 『레스프레소』에 기고 시작
1966	브라질 상파울루대학, 피렌체대학에서 시각 커뮤니케이션 강의
1969	뉴욕대학 강의, 파리 국제기호학연구협회 사무총장
1971	데달루스라는 필명으로 좌파 기관지 『일 마니페스토』에 기고
1973	밀라노에서 제1회 국제기호학회의 조직
1974	밀라노에서 국제기호학회 조직
1975	『일반기호학 이론』 출간, 볼로냐대학 기호학 교수
1980	『장미의 이름』 출간
1988	『푸코의 진자』 출간
2016	이탈리아 밀라노에서 사망

이력

움베르토 에코(Umberto Eco)는 1932년에 이탈리아 남부 피에몬테주의 수도인 알레산드리아(Alessandria)에서 태어났다. 그의 부친은 인쇄소를 경영하는 소시민이었다.

에코는 그가 태어난 곳에 대해 회상하듯 소설, 수필 등에서 언급하였는데, 특히 이탈리아 파시즘 정권(1930~1940년대)하에서의 일상, 사람들, 도시, 풍경 등에 대해 직간접적으로 묘사했다. 예를 들어 자서전격인『산바우돌리노의 기적』(이 책의 마지막에 「연어와 여행하는 방법」이 나온다), 편지들, 『푸코의 진자』(여기서 그는 1944~1945년 사이의 파르티잔 시대를 젊은 자신의 구체적인 상황으로부터 설명한다),『전날의 섬』,『바우돌리노』(이 소설의 주인공은 둘 다 알레산드리아 출신이다),『로아나』(여기서 에코의 어린 시절과 청소년 시절이 묘사된다) 등의 여러 곳에서 이탈리아 남부가 묘사되고 있다. 또한 그는 피에몬테 지방의 작은 도시에서 12세부터 13세까지 겪었던 경험을 특별히 기억하였다. 왜냐하면 1943년에 그의 가족이 폭격을 피해 그 지방으로 피신했고, 당시에 어린 에코는 파르티잔과 파시스트들 사이의 전투를 근거리에서 경험했기 때문이다.

그의 부친은 에코가 법학 공부를 하기를 원했으나, 그는 1948년에 튜린 대학에서 철학과 문학사를 공부했다. 그래서 1954년에 그는 아퀴나스의 미학에 대한 주제로 박사학위 논문을 제출하였다. 그 후에 그는 밀라노에 있는 새로 창설된 이탈리아 텔레비전방송국(RAI)에서 문화 프로그램을 구성하는 일을 시작하였다. 그는 1956년에 자신의 박사학위 논문을 확대해서 『성 토마스에서 미학적 문제』라는 제목으로 책을 출간했다. 그는 3년 후에 방송국을 떠나 봄피아니(Bompiani) 출판사의 실용도서 편집인으로 1975년까지 일했다. 그때 그는 신아방가르드 문학운동 중 하나인 '63그룹'에서도 활동했다. 1962년에 그는 『열린 작품』을 출간함으로써 문화이론가로 유명해졌다. 1963년에는 밀라노에서 미학과 시각 의사소통을 위한 교수로 강의를 시작했고, 나중에 플로렌츠를 거쳐 볼로냐 대학으로 옮겨서 강의하였고, 1975년에 드디어 기호학을 위한 정식 교수가 되었다. 1968년에 출간된 그의 기호학 관련 저서는 국제적으로 기호학의 표준으로 간주되었다.

에코는 1980년에 『장미의 이름』이라는 소설을 발표하는데 이 소설로 인해 그는 세계적인 작가이자 학자로 유명해졌다. 특히 이 소설을 통하여 그는 상호텍스트성, 인용과 파스티슈의 기술을 이용하였고, 포스트모던적 소설을 새로이 발전시켰다. 즉 『장미의 이름』의 주인공이자 서술자인 아드소는 이러한 사실을 예견하듯 다음과 같이 말했다.

> 그때까지 내가 안 바로, 서책이라고 하는 것은 인간이든 하느님이든, 책 바깥에 놓여 있는 것들만 다루는 물건이었다. 그러나 사부님 말씀에 따르면 서책이라는 것은 서책 자체의 내용도 다루고 있는 것이었다. 말하자면 서책끼리 대화를 주고 받는다는 것을 나는 사부님 말씀을 듣고 나서야 깨달은 것이었다. 그렇다면 장서관이란, 수세기에 걸쳐 서책끼리의 음울한 속삭임이 계속되는 곳, 인간의 정신에 의해서 정복되지 않

는, 살아 있는 막강한 권력자, 만든 자, 옮겨 쓴 자가 죽어도 고스란히
살아 남을 무한한 비밀의 보고인 셈이었다.[1]

에코의 이러한 포스트모던적 경향은 보르헤스(Jorge Luis Borges)와 조이스
(James Joyce)에게 영향을 받은 결과라고 생각된다.

그리고 그는 1994년, 2000년, 2004년, 2010년에 계속해서 소설을 발
표했는데 그때마다 그의 소설들은 주목받았다. 그는 이러한 업적으로 인
해 39개의 유명 대학에서 명예박사 학위를 받았으며, 1998년에는 베를린
공대에서 받았다. 또한 그는 2005년에는 영국 잡지 『프로스펙트(*Prospect*)』
에 의해 노엄 촘스키(Noam Chomsky) 그리고 리처드 도킨스(Richard Dawkins)
와 함께 세계에서 가장 중요한 지성인으로 뽑혔다.

위와 같이 에코는 기호학과 소설 창작 분야에서 위대한 업적을 보였으
며, 정치에도 지대한 관심을 가졌는데, 이는 그의 어린 시절과 성년 시
절의 정치사회적 상황이 혼돈의 시기였기 때문이었다. 그는 특히 정치
가 벨루스코니(Silvio Berlusconi)를 반대했다. 수많은 신문, 잡지 등에 에코는
그의 정치를 비판했다. 2006년 4월 벨루스코니가 선거에서 패하기 얼마
전에 에코는 자신의 정치적 글들을 책의 형태로 출간했다(『게걸음으로(*Im
Krebsgang*)』. 1995년 이후부터 그는 규칙적으로 『레스프레소(*L'Espresso*)』라는
주간지에 「성냥갑 편지(Streichholzbriefe)」라는 제목으로 정치사회적인 성격
의 칼럼을 썼다. 이것을 모아서 에코는 『새로운 성냥갑 편지(*Neue Streichhol-
zbriefe*)』라는 제목으로 출간했다.

에코는 프랑크푸르트에서 출생한 예술 교사인 레나테(Renate Ramge)와

---

1 에코, 『장미의 이름』, 이윤기 역, 2005, 528~529쪽.

결혼하여 죽을 때까지 해로했으며, 아들 하나 딸 하나를 낳았다. 그는 2016년 2월 19일에 이탈리아 밀라노에서 췌장암으로 죽었다.

그의 사설 도서관은 2021년 초에 이탈리아 문화부서에 기증되었다. 그곳에는 3만 권 이상의 책이 소장되어 있다. 볼로냐시는 그곳을 에코 도서관으로 만들었다.

에코의 기호학

에코는 「토마스 아퀴나스의 미학」이라는 박사학위 논문을 쓰면서 미적 현상은 또 다른 예술적 의사소통이라고 보았다. 그래서 그는 예술적 형식은 관습이나 약호를 토대로 한 의사소통 형태로 보았다. 그래서 그가 기호학에 관심을 갖게 되는 계기가 되었다.

에코의 기호학은 유럽의 구조주의를 토대로 하지만, 퍼스의 철학적 기호학을 더 존중하고 있으며 구조주의의 약호를 백과사전이라는 개념으로 발전시킨다. 그는 기호학, 약호 이론, 기호 생산 이론 등을 『기호』, 『기호학 이론』과 『기호학과 언어철학』이라는 저서들에서 설명하고 있다.

에코의 기호학은 모든 문화적 과정들을 의사소통 과정으로 연구하는 것이다. 그에 의하면 심지어 미학적인 의사소통 과정도 문화현상 중 하나로 보고 일반적인 모델을 제시하고자 했다. 이러한 맥락에서 그의 기호학은 문화에서의 모든 의사소통 과정을 다루고 있으며 기호학은 바로 문화학이었다. 그래서 그의 기호학 연구 분야는 기존의 기호학자들의 관심 분야보다 훨씬 더 광범위하였다. 즉 음악의 약호, 형식화된 언어, 수학과 화학의 부호와 기호, 문자, 알파벳, 암호, 자연어, 언어학, 논리학,

언어철학, 문화인류학, 심리학, 시각적 의사소통, 텍스트이론, 사물의 체계, 이야기 구조, 미학적 텍스트, 몸짓언어, 후각기호, 수사학, 맛의 약호, 동물기호, 예의범절, 사회계급, 자연적 기호, 신화와 전설, 문화유형, 가족 체계, 문화적 약호, 일기예보, 예감, 소변검사, 상처 자국 등이 그의 기호학 연구 대상이다.

위와 같은 모든 것이 에코에게 기호가 되고 있다. 그래서 인간 주변에서 일어나는 소통체계는 물론 자연현상도 기호학의 관심이 되며, 인간이 만들어놓은 문화적 사태와 사건들은 물론 인간이 해석하고 이해하는 모든 것이 에코의 기호학의 범주에 들어갈 수 있다. 이처럼 넓은 영역을 다루는 기호학에서 기호라고 하는 것을 그는 어떻게 규정하고 있는가가 매우 궁금할 수 있다. 그는 일단 의사소통을 전제로 한 의사표시가 내재되어 있는 모든 것을 기호라고 했다. 그래서 교통신호, 해군 수신호, 게시판, 상표, 문자, 구어적 요소 등을 넘어서 에코는 기호를 다음과 같이 제시한다.[2]

> A 그룹 1. 증상, 표시, 공식적인 지시
>   2. 육체적인 불규칙성 : 반점, 상처
>   3. 모든 가시적인 흔적
>   4. 제스처, 의도적인 행동

A그룹 안에는 비의도적으로 방사된 소위 어떤 것을 인식하거나 그것의 존재를 추론하기 위해서 사용하는 자연적 사건을 나타내는 기호들이

---

2 에코, 『기호』, 김광현 역, 2000, 24~26쪽 참조.

모아져 있다. 예를 들어서 우리는 언덕 위의 연기나 깃발로부터 불의 존재를 추론한다.

B 그룹   5. 인쇄물, 표지판

6. 단순한 그래프 형태, 복합적 그래프 형태

7. 구체적인 사물을 가리키는 물리적 표현들

8. 청각이미지로 대상 내지는 개념을 표현하는 방법

9. 모든 시각적인 가공품의 모든 요소, 활자, 구도표, 음악부호, 점자 등

10. 조형적인 실체와 비조형적 실체로서의 상징, 십자가, 해골기호, 해양신호 등

11. 하나의 사건을 가리키는 막연하고 부정확한 실체로서의 상징

B 그룹 안에는 인간에 의해 다른 사람과 의사소통을 목적으로 설정된 인위적인 기호들이 모아져 있다.

C 그룹   12. 군기

13. 천문학적 기호, 별자리

14. −의 이름으로, −의 표지로, −의 깃발 아래

15. 서명

16. 점쟁이에게 건네주는 돈

17. 자연현상, 신이나 신비한 힘을 반영한다고 간주되는 사건, 징조, 혹은 기적

C 그룹 안에는 깃발, 무기와 같은 조형적 기호, 천체와 별자리 같은 자연현상 같은 기호체들이 모여 있다. 이러한 것들은 발신자가 발신하는 기호로서 수신자가 이 기호를 이해하고 해석해야 한다. 즉 탐정이 여러 가지 단서나 흔적을 통해서 범인을 찾아내고, 과학자가 어떤 현상을 보고 새로운 진리를 발견하고, 의사가 징후를 보고 병을 진단하고, 점쟁이가 관상을 보고 예언하고, 고고학자가 유물을 보고 과거의 생활상을 제시하고, 기상통보관이 구름의 형태를 보고 날씨를 예보하고 하는 것들이 이런 일에 속한다.

에코는 이처럼 프랑스 사전들(『로메르 대사전』, 『라루스 프랑스어 대사전』, 『렉시』, 『리트레』)에서 추출한 것들로부터 기호들을 분류하였을 뿐 아니라, 여러 시대에 이르는 이론가들의 연구 결과물들로부터 기호의 분류기준 9개를 제시하였다.[3]

① 생물기호와 무생물기호 : 토머스 세벅은 기호의 근원을 무생물기호와 생물기호를 나누어 분류하였고, 생물기호 중에서 유기체가 만드는 기호를 육생동물기호와 외계존재 기호로 나누었고 육생동물기호는 인간 기호와 동물 기호로 나누어서 동물기호학의 기초를 세웠다.

② 의미작용과 추론 : 여기서는 인공기호와 자연기호로 나뉘는데, 인공기호는 발신자가 있고 전달이 되지만 자연기호는 발신자가 없고 전달 유무는 불확실하다. 예를 들어 징후, 먹구름 같은 것들이 그것이다. 그래서 자연기호는 추론으로 인간들이 해석해낼 수 있지만,

---

3 위의 책, 55~98쪽 참조.

꼭 의사소통 과정인 것은 아니다.

③ 시니피앙이 기호학적 사용에서 벗어나는 기호들 : 여기서는 사회와 문화를 기호학에 포함시키려는 경향에서 나타나는 것들이다. 보드리야르(1968)는 소비사회의 사물들을 기호학에 편입시켰고 에코(1968)는 건축을 커뮤니케이션 체계 안에서 연구하기 시작했다.

④ 발신자의 의도와 의식의 강도 : 이 기호는 대다수 사람들은 신호를 별 의도 없이 발신하지만 대개 이것들은 누군가에 의해 해석된다. 예를 들어 군 복무를 면제받으려는 젊은이나 의학적 증세같이 왜곡될 수 있는 것을 포함하여 기호로 간주될 수 있는 모든 형상들을 여기에 포함시킨다(예 : 성급함의 손짓, 귀찮다는 마음의 표시).

⑤ 물리적 경로와 수신자의 감각 체계 : 세벅은 기호를 물리적 경로로 구분했다. 그 경로가 재료나 에너지냐에 따라 우선 구분되고 에너지 기호는 다시 화학적이냐 물리적 에너지냐로 구분되고 화학적 에너지는 열, 빛, 접촉, 음향, 전기 등으로 분류된다. 기호 수신기관인 감각 경로를 기준으로 촉각기호, 미각기호, 후각기호, 시각기호, 청각기호로 분류될 수 있다.

⑥ 시니피에와의 관계 : 기호의 시니피에가 일의적 혹은 다의적이라고 고대인들은 분류했다. 그래서 일의적 기호, 동음이의어 기호, 다의적 기호, 모호한 기호로 나뉠 수 있다.

⑦ 시니피앙의 재생 가능성 : 퍼스의 성질기호, 개별기호, 법칙기호라는 구분에 따른 기호들을 생각할 수 있다. 금화는 규약에 근거하는 개별기호지만 성질기호 가치를 가진다. 지폐는 개별기호이며 이것의 합법기호는 금양의 가치를 설정한다.

⑧ 지시 대상과의 관계 : 퍼스는 기호가 대상과 인과, 물리 관계에 있

으면 지시기호, 유사관계에 있으면 도상기호, 자의적이고 비자연적이면 상징기호라고 나누었다.

⑨ 기호가 수신자에게 미치는 영향 : 모리스(Morris)는 기호를 행동주의적 관점에서 나누었다. 즉 A라는 미리 준비된 자극이 어떤 생명체에게 그런 형태 집합의 연쇄반응으로 반응하게 만든다면 A는 기호이다. 이 조건을 만족시키는 모든 것이 기호다. 여기서는 기호는 복합기호와 단순기호로 분류된다. 그리고 식별기호(표시-손가락같은 비언어적 식별기호, 서술-언어적 식별기호, 지칭-여타 언어기호와 대체가능한 언어기호), 지시기호(상황의 특징을 가리키는 기호), 평가기호(대상의 가치를 평가), 명령기호(제안과 강요를 나타낸다), 양식기호(한정사, 연결사, 양태사들은 품사, 어순, 결합사, 억양, 문법 등을 포함)로 하위분류된다.

에코는 이처럼 기호의 미시적 분류와 규정을 넘어서 보다 거시적인 사유를 시작하는데, 그것은 바로 『열린 작품』에서이다. 그는 이 저서에서 구조적 사유를 비판하고 열린 구조를 옹호한다.[4] 일반적으로 구조주의적 사고는 보편적인 분절 체계를 발견하지만 에코는 이와 반대로 시공간적으로 다른 문화는 서로 다른 법칙을 가고 있고 어떤 음조 체계 법칙은 특정 시기의 문화적 관습일 뿐이라고 주장한다. 구조주의 방법론은 언어적 보편자를 찾고 공시적 인간 정신의 구조를 발견하려 하였다. 즉 에코는 구조를 전적으로 부인하는 것이 아니고 구조가 일시적이라고 단정한다. 사물 속에 있는 구조는 가설적이고 일시적이다. 기호학에서 구조가 있지

---

4 레비스트로스는 『날것과 익힌 것』의 서문에서 구조적 사유가 인간 공동의 정신 구조를 인식하고 있으며 음악과 신화는 그것을 듣는 사람에게 공통적인 정신 구조를 환기시키는 문화 형태라고 한다.

만 그것은 가설로 생각되어야 한다. 그래서 에코는 구조 개념을 대신하여 퍼스의 가설처럼 '무한기호 작용(Unlimited Semiosis)' 개념을 고안해낸다. 이를 위해 에코는 구조주의적 약호 개념 대신에 백과사전을 제안한다.(이 백과사전은 단순한 개념을 넘어서 '프레임', '스크립트', '토픽' 등을 포함하고 있다)[5] 즉 약호는 의사소통에서 1 : 1 관계이다. 예를 들어 교통신호에서 빨강은 금지를 나타낸다. 하지만 빨강은 다른 맥락에서 금지가 아니라 '전진'으로 혹은 '열정'으로도 의미된다. 약호의 1 : 1 개념은 정보이론가들의 생각이고 에코의 생각은 어느 약호가 다양한 항목에 일치할 수 있다는 것이다. 이렇게 된다면 의사소통은 복잡하고 가변적이고 무한하게 다양하게 발전되는 의미 단위로 집적되는 미로라고 할 수 있다. 그래서 진정한 약호는 어떤 표현을 일련의 문맥에 관련시킴으로써 추리적 과정을 일으킨다. 이것이 바로 퍼스가 말한 '가추적 과정(Abduction)'이다. 에코는 퍼스의 가추법처럼 모든 기호 작용을 추리 작용으로 본다. 그래서 어떤 낱말이나 문장의 해석은 추리이다.

데카르트는 모든 것을 의심하고, 더 이상 의심이 없는 무전제 출발점을 발견할 때까지 의심하고, 이 의심 테스트를 견뎌낸 단순한 신념은 그 자체가 진리 지식이라고 한다.[6] 하지만 퍼스는 진정한 의심은 단순히 생길 수 없다고 하고, 완전한 무전제 출발은 없다고 주장한다. 그리고 데카르트가 "나는 생각한다. 고로 존재한다"고 하지만 자기의식은 스스로 생기는 것이 아니고 다른 사람이 주입시켜 추리되어 생기는 습관적인 것이라고 생각한다. 퍼스에 의하면, 우리는 어떤 것을 알려면 분류하고 다른 것

---

5 에코, 『구조의 부재』, 김광현 역, 2009, 149~153쪽 참조.
6 데카르트, 『방법서설』, 이현복 역, 2022, 54~55쪽 참조.

과 관련지어야 하며, 다른 종류의 기호나 상징을 사용해야 어떤 것을 알 수 있다. 모든 지식은 논리적으로 이전에 알았던 것에 좌우된다. 그래서 퍼스는 기호, 의미 대상, 해석체라는 삼원적 기호 안에서 사고를 생각하는데, 사고는 기호로서 다른 것을 대신하며 다음 사고에 의해 해석되거나 번역된다. 이때, 어떤 사고도 해석체 역할을 하는 사고를 가지며, 또 다른 어떤 사고의 해석체이다.[7]

이러한 해석의 과정은 추론으로 성사되는데 퍼스는 이를 가추법이라고 했다. 에코는 이 추론 법칙을 문화이론을 연구하기 위해 정교하게 다듬었다. 즉 에코는 퍼스의 가추법을 『기호학 이론』과 『기호학과 언어철학』에서 보다 자세하게 설명하였다. 에코가 구별한 가추법을 보면 다음과 같다.[8]

① 상위약호화 가추법 : 법칙이 자동적으로 주어질 때 상위 약호화된 가추법. 즉 '안녕하세요'와 같은 구어적 표현은 문체론적이고 수사적인 규칙들이 상위 약호화되어 있다.

② 하위약호화 가추법 : 동등한 자격을 가진 대안들 중에서 규칙을 정해야 하는 경우. 예를 들어서 'this is a man'이라고 했을 때 이 사람이 이성적인지, 남성적인지, 남자인지, 하인인지 중 어느 의미인지 확인해 보아야 한다. 이를 결정하는 것이 하위약호 가추법이다.

③ 창조적 가추법 : 설명할 규칙이 새로이 발명되어야 하는 가추법. 코페르니쿠스의 태양 중심설에 대한 직관, 시적 텍스트나 탐정의 범

---

7 CP 2, p.693, CP 5, p.594, CP 5, p.284 참조.
8 에코, 『해석의 한계』, 김광현 역, 2009, 298~339쪽 참조.

죄 해결이 이러한 창조적 가추법에 해당한다.

퍼스의 기호관에 의하면, 기호는 반드시 해석체를 가지고 있어야 한다. 기호는 심리적으로 번역되든 언어적으로 번역되든 기호로서 번역되든 다른 해석체에 의해 번역될 수 있다. 이 다른 해석체는 모든 다른 기호에 의해 무한한 해석이 될 수 있으며 이들 해석체는 각각 동일한 대상에 대한 기호이기도 하다. 이것이 퍼스의 '무한 기호 작용'이다. 에코는 이러한 퍼스의 해석체 개념이 문화현상에 대한 과학을 가능하게 해준다고 보았다. 그래서 이를 다음과 같이 이해했다.[9]

① 해석체는 다른 기호 체계에서 등가의 기호 전달체일 수 있다.
② 해석체는 하나의 대상을 가리키는 지표일 수 있다.
③ 해석체는 과학적 정의일 수 있다.
④ 해석체는 정서적 연상일 수 있다.
⑤ 해석체는 다른 언어로 번역되거나 동의어로 대체될 수 있다.

이러한 무한 기호 작용에서의 해석체는 무한한 해석을 추리하며 확대된다. 이것은 마치 미로처럼 추리라는 줄기가 백과사전적 그물망에서 작동된다. 이 모델을 에코는 'Q모델'이라고 했다. 이 모델에서는 '프레임', '스크립트', '토픽' 개념이 나타난다.[10]

에코는 이 백과사전 모델을 설명하기 위해서 아리스토텔레스의 『분석

---

9 에코, 『일반기호학이론』, 김운찬 역, 2009, 115쪽.
10 위의 책, 203~209쪽 참조.

론 후서』에 나오는 어떤 것을 정의할 때 사용하는 속성이론을 활용했다. 즉 유, 특질, 고유속성, 본질, 우연이 그것이다. 그러나 아리스토텔레스와는 다르게 포르피리우스는 유, 종, 차이, 특질, 우연을 제안했다. 포르피리우스는 아리스토텔레스의 제안을 유와 종의 수형도로 바꾸어 번역했다. 하지만 에코는 유와 종으로만 수형도를 만들 때는 인간, 신, 말, 고양이 등이 서로 구별될 수 없다고 보았다. 그래서 에코는 제안하기를 우연, 차이, 특질을 주의 깊게 구별해야 한다고 주장했다. 그래서 그는 인간과 신의 차이를 보여주는 다른 수형도를 만들어 제시하였다.[11]

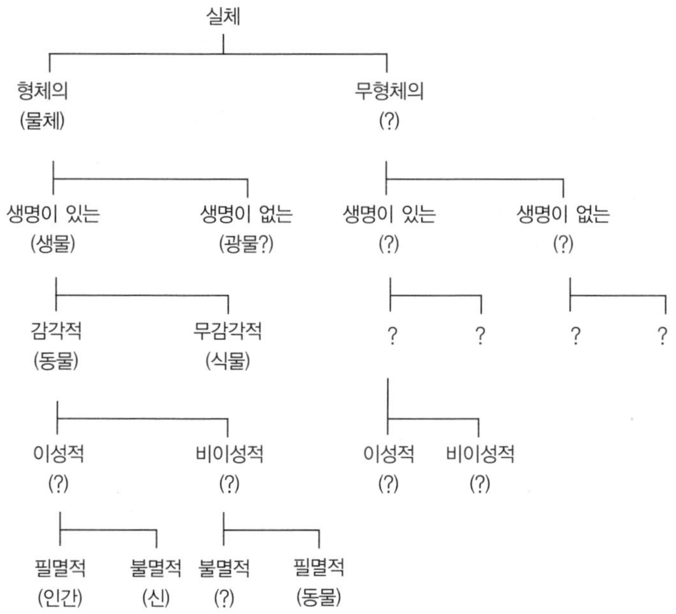

11 에코, 『예술과 광고』, 김효정 역, 2009, 645쪽.

에코는 이러한 수형도를 통해 차이들이 우연이며, 이것들은 한정 지을 수 없음을 알 수 있었다. 그래서 유와 종들의 수형도는 차이로 인해 무한한 우연으로 들어가고 사전보다는 백과사전이 어울린다. 이러한 맥락에서 어떤 어휘를 표현하는 방법은 백과사전밖에 없다. 보편개념들은 백과사전적으로 드러나는데, 이는 무한기호 작용의 과정인 해석체를 통해서 내용을 표현하게 된다. 이런 과정을 표시하기 위 해 에코는 'Q모델'을 제안한다. 이 모델은 크빌리안(M. Ross Quillian)이 제안한 모형인데, 에코는 이것을 무한 기호현상의 모델로 제시한다.[12]

구조의미론은 어떤 어휘를 규정하기 위해 그에 해당하는 밭 개념을 도입해서 규정하려 시도했다. 하지만 이 시도는 의미의 불변적 구조를 밝힐 수 없었다. 그래서 에코는 'Q모델'을 대안으로 생각했다. 'Q모델'에 의하면 모든 기호는 다른 기호에 의해 정의되고 다시 다른 기호들은 다른 해석체에 의해 정의된다. 이 모델은 해석체로 기능하는 모든 기호들의 상호 연관 때문에 모든 기호의 정의를 예상한다. 이 모델은 무한 기호 작용의 과정이다. 중심부 기호부터 외곽 기호까지 뚫고 나갈 수 있으며, 다시 역행할 수도 있다. 그래서 이 모델에서는 하나의 해석체가 다른 기호가 되고 그 기호가 또 다른 해석체가 되는 무한 기호작용을 할 수 있다.

더 나가서 에코의 백과사전 체계에서는 의미소가 문맥, 프레임, 토픽에 의해 결정된다. 즉 어떤 어휘는 문맥적이고 상황적으로 분석된다. 그리고 이것은 다시 상황에 따라서 문맥에 따라서 정교화된다. 그리고 어떤 주어진 텍스트의 암묵적 의도를 추출하면, 텍스트의 토픽이 드러난다.

---

12 에코, 『일반기호학이론』, 207쪽 이하 참조 : 에코, 『구조의 부재』, 149쪽 이하 참조.

그러나 문맥과 토픽이 다는 아니다. 예를 들어 "존은 자다가 깼다. 그런데 누가 베개를 찢고 있었다"라는 문장에서 존과 베개의 관계 확립은 어렵다.[13] 이때 문맥과 토픽을 보충하는 것이 프레임이라고 한다. 어떤 특별한 재현을 통일시키는 일반화가 프레임 이론이다. 예를 들어 방을 생각할 때 여러 종류의 방, 방에 공유된 가구들, 방의 내부구조 등의 정보가 떠오른다. 이 정보들이 방과 함께 프레임으로 형성되어 있다. 이러한 프레임으로 존이 침실에서 베개를 벤다는 사실을 연결지을 수 있다. 그리고 어떤 상황에서 어떻게 행동하고 반응하는가를 알게 해주는 지식의 형태와 조직이 스크립트이다. 이 프레임과 스크립트를 통해서 우리는 어휘를 이해하고 사용하고 반응한다. 에코는 이러한 백과사전적 능력이 의사소통에서 수많은 해석체를 해석하고 이해하는 미로를 찾아가게 해준다고 한다.

에코의 기호학에서 중요한 것은 첫 번째로 기호범위의 확장이고 두 번째는 기호의미의 백과사전적 접근이다. 그리고 세 번째로 에코의 기호학에서 중요한 것은 기호학의 의무 혹은 기호학자의 윤리라고 하는 기호에 있는 이데올로기의 폭로이다.

이데올로기 벗겨내기

에코는 기호학의 의무는 사회적 실천이라고 주장했으며, 이데올로기의 폭로라고 말했다. 수많은 문화현상, 광고, 영화, 매스컴 등에 이데올로기가 은폐되어 있다. 이들을 폭로하고 밝혀서 시민들을 올바른 길로

---

13 연희원, 『에코의 기호학』, 2011, 150쪽.

가게 하는 것이 기호학의 의무라고 그는 말했다.[14]

원래 이데올로기 연구는 1960년대부터 문화 연구에서 알튀세부터 시작하였다.[15] 이데올로기는 교육, 대중매체, 정치와 같은 공식적인 국가기구를 통해 구현된다. 그래서 그람시는 대중문화를 이데올로기가 나타나는 정치투쟁의 장으로 본다.[16] 즉 문화란 권력을 가진 자와 아닌 자들의 끊임없는 투쟁의 장이다.

이런 맥락에서 에코의 이데올로기 연구도 광고와 같은 매체를 통한 문화연구로서의 이데올로기 연구이다. 이를 위해 그는 『구조의 부재』[17]와 『일반기호학 이론』[18]에서 광고의 약호들을 분석하여 수사학이 이데올로기와 어떻게 결합되어 나타나는가를 밝히고 있다. 그래서 에코는 어떤 것이 이데올로기로 약호화되는지 그 조건과 수사학적 특징을 연구하였다.

에코는 이데올로기가 기호학적인 어떤 메시지인가를 묻는다. 예를 들어서 "그녀는 순종적이지 못하고 고집이 세다"란 문장은 분명히 이데올로기적 내포를 지니고 있다. 이 문장을 만들고 이해하는 데는 예비 지식이 필요하고 문화적인 환경과 세계관이 필요하다. 이에 대한 이해는 즉

---

14 에코, 『일반기호학이론』, 446~447쪽 참조.

15 루이 알튀세르(Louis Althusser), 「이데올로기와 이데올로기적 국가 장치들(Idéologie et appareils idéologiques d'État)」, In: *Sur la reproduction*, 1995, Presses universitaires de France. 한국어 번역판, 『재생산에 대하여』, 김동수 역, 2011.

16 안토니오 그람시(Antonio Gramsci), *Quaderni del carcere*, Giulio Einaudi editore, 1975. 한국어 번역판, 『그람시의 옥중수고 1 : 정치 편』, 이상훈 역, 1999 ; 『그람시의 옥중수고 2 : 철학 · 역사 · 문화』, 이상훈 역, 2006.

17 에코, 『구조의 부재』, 201~214쪽 참조(구 제목, 기호와 현대 예술).

18 에코, 『일반기호학이론』, 445쪽 이하.

하나의 세계관으로서 현실 세계에 대한 부분적인 해석이다. 이처럼 거의 모든 문장과 텍스트는 이데올로기에서 자유롭지 못하다. 에코는 이러한 현상을 기호학이 해명해야 한다고 보았으며, 수사학이 어떻게 이데올로기를 은폐하는지를 예로 제시한다.

에코가 수사학적 공식과 이데올로기 관계를 검토하게 된 것은 바르트의 『신화학』(1957)의 영향이 크다. 수사학은 섬세한 속임수의 과정이 아니라 많은 논리 외적 조건들에 대한 공개적인 주제가 되는 그럴듯한 인간 상호작용의 기술이다. 에코에 의하면 수사학은 이처럼 인간 상호작용의 기술인 한 기호학의 대상이다.

수사학의 은폐술

수사학의 다섯 단계는 논거 발견술, 논거 배열술, 표현술, 암기술, 발표술이다. 이 다섯 개 과정 중에서 암기술과 발표술은 단지 현장적 특징이므로 제외하고 앞의 세 가지 과정에서 이데올로기가 조작된다고 에코는 보고 있다.[19]

① 논거 발견술(Inventio) : 논거 발견은 논리적인 측면과 정감적인 측면으로 되어 있는데 여기서는 정감적인 부분이 중요한데 청중의 관심을 끌고 신뢰를 획득하기 때문이다. 이 정감적 부분에서 변론가의 인품이 에토스와 청중의 심리적 상태인 파토스가 중요하다. '에토스'란 변론가와 청중이 공통으로 유지하는 관습, 가치관, 습성을 말

---

19 위의 책, 441~461쪽 참조.

한다. 이것을 근거로 변론가는 설득에서 중요한 논거를 대고 논증
한다. 에코는 그래서 한 사회 안에 사람들끼리 공유한 믿음이나 가
치체계와 신념이 있는데 이러한 것들에 기초한 일련의 기호학적 언
명을 이데올로기적 논거 발상법이라고 본다.

② 논거 배열술(Dispositio) : 배열은 정감에 호소하는 감동 주기와 이성
에 호소하는 알려주기로 나뉘는데 예를 들어 강조하는 부분은 공
개적으로 하고 모순된 전제나 보완적인 전제가 있음은 흐리게 함
으로써 모순적인 성격은 감추는 것을 이데올로기적 배열술이라고
한다.

예를 들어 난방을 나타내는 방법에서 a : '기압', b : '난방', c : '생
산성'의 조합으로 난방이 좋고 나쁘고가 결정되는데, 이 세 가지
요소의 배열은 여러 가지 방식이 있을 수 있다. 예를 들어 a-b-
c, a-c-b, b-c-a, c-b-a 등, 그리고 이 중 하나를 빼고 a-b, a
-c, b-c, c-a 등과 같이 다양하게 그 조합이 나올 수 있다. 광고
주는 소비자들에게 보다 효율성 좋은 난방을 강조하기 위해 안전
에 위협을 주고 가장 위험한 기압 항목은 빼고 b와 c만 배열할 수
있다. 난방 최대량과 생산성 최대량은 겉으로 보기에는 매우 긍
정적으로 보이지만, 결국 극단적인 위험으로 치닫게 될 수 있다.
하지만 소비자들은 이렇게 은폐된 이데올로기는 눈치채지 못 한
다. 에코는 이러한 난방 광고나 난방 체계가 나쁘다는 것을 폭로
하기보다는 어떤 광고나 어떤 주장도 은폐된 것을 모두 다 밝혀
야 한다는 생각이다.

③ 표현술(Elocutio) : 표현술은 앞의 ①,②에다가 문체와 표현 수단인 은
유와 환유와 같은 문체를 포함시킨다.

이와 같은 예를 우리는 광고에서 볼 수 있는데, 미국에서 1969년 전후에 다이어트 식품이 유행이었다. 당시에 설탕은 비만으로 이어지고, 비만은 심장병, 당뇨병을 유발한다고 알려졌다. 그래서 다이어트 식품 광고에 인공감미료인 사이클라마이트를 첨가하였다. 하지만 이것은 1969년 11월에 의학연구팀이 암을 불러일으킨다는 사실을 밝혔다. 그래서 다이어트

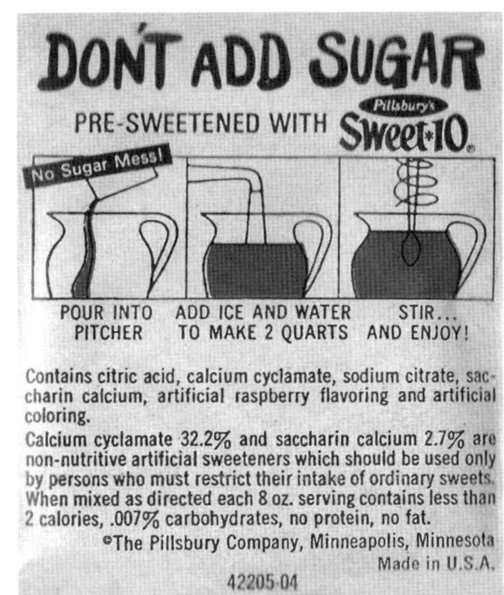

'설탕을 넣지 말라'는 1960년대 미국 광고

식품에 사이클라마이트라는 인공감미료는 사라졌다. 다이어트 식품 광고주들은 이를 강조하기 위해 설탕 첨가라는 말을 추가하였다.

1969년 이전의 미국 사회의 잠재적 약호

설탕	비만	심장질환 (+)	죽음	(−)
사이클라마이트	마름	심장질환 (−)	삶	(+)

이 표에 의하면 비만, 심장질환, 죽음은 설탕이 들어 있을 때이고 마름, 건강, 삶은 사이클라마이트가 들어 있을 때이다. 그래서 설탕은 나쁘고, 사이클라마이트는 좋다이다.

1969년 이후의 미국 사회의 잠재적 약호

설탕	암 (−)	생명	(+)
사이클라마이트	암 (+)	죽음	(−)

그래서 다이어트 식품에서 설탕은 비만을 유발한다고 생각하지 않았다. 소비자들은 이때부터 설탕에 대한 새로운 약호를 수용하여 설탕에 대한 수사학적 약호 교환이 발생하였다.

사람들은 위의 논거를 수용하고 두 개 중 하나를 선택한다. 즉 죽음보다는 비만을 선택할 것이다. 이런 의미에서 다시금 수사학은 설득의 기술로 확인되었다. 여기서 이데올로기적 작용은 약호 교환에 의해 이루어진다.

광고, 선전, 선동, 설득과 같은 하나의 메시지는 한 사회 내에서 사람들이 공유하는 믿음 가치체계 등 공론에 기초하며(발견술), 그 메시지의 주요 전제 중 가능한 여러 상황들 중 어느 하나를 가장 최선의 선택임을 설득시키며(배열술), 이를 은유나 과장 등의 미사여구를 통해 설득하려는 목적을 가지고 의도적으로 구성된다.

에코의 기호학은 이런 맥락에서 이데올로기적 담론에 대한 비판적 고찰 학문이 된다. 구축된 이데올로기를 폭로함으로써 기호학은 주어진 문화 체계 내의 은폐된 상호 연관성을 보여주고 그 결과 세계와 현실을 변화시킬 수 있는 사회 비판이자 사회적 실천일 수 있다.

예시들

에코의 기호학은 '이데올로기'를 '폭로(Ideological Denunciation)'할 수 있다. 이것은 기호 체계 속에 은폐되고 자연스러운 것처럼 위장된 이데올로기적 메시지를 분석하고 밝혀내는 것을 말한다.

에코는 이데올로기가 수사학적 기법을 사용하여 기호의 외시(denotation), 즉 표면적이고 명백한 의미를 넘어 공시(connotation), 즉 사회·문화적으로 형성된 부가적 의미를 통해 스며든다고 보았다. 이데올로기 폭로는 이러한 '자연화된' 기호의 조작과 은폐 과정을 해체하고 숨겨진 특정 계층의 이해관계나 권력 구조를 드러내는 것을 목표로 한다.

에코의 기호학 폭로 이론에 의거하여 오늘날 광고, 신문 기사, 영화 등에서 발견할 수 있는 이데올로기적 은폐와 조작을 다음과 같이 분석할 수 있다.

일반적으로 광고는 '풍요와 행복은 소비에서 온다'는 이데올로기로 은폐되어 있다. 그래서 오늘날 대부분의 광고는 단순히 제품 정보를 전달하는 것을 넘어, 특정 생활 방식과 가치를 상품과 결부시켜 제시한다.

첫째로 예를 들어 고급 자동차 광고는 성공, 권력, 사회적 지위는 물질적 소유이고 이 고급자동차를 통해 얻어진다고 한다. 하지만 이것은 외시에 "값비싼 자동차, 세련된 사람, 웅장한 배경"등이 들어 있고 공시적으로는 '성공=이 차를 소유함'이라는 연결 고리를 반복적으로 제시하여 소비 행위가 개인의 가치와 존재 이유가 되는 것처럼 자연화한다. 하지만 실제로는 계층 간의 경제적 불평등을 은폐하고, 끊임없는 소비를 통해 자본주의적 생산 체계를 유지시키는 이데올로기적 조작이다. 행복이 마음에서 오는 것이 아니라, 소비나 특정한 사회 경제적 위치를 획득해야 행복을 누릴 수 있다는 환상을 심어준다. 그리고 또 다른 광고로 청량음료 광고를 보면, 젊음과 자유는 이 제품의 소비로 획득 가능하며, 누구나 즐길 수 있는 보편적 가치로 여겨지게 만든다. 그래서 외적으로는 젊은이들의 활기찬 활동, 역동적인 음악, 제품을 마시는 장면이 나오고, 공시적으로 '자유롭고 활력 넘치는 삶=이 음료를 마심'이라는 등식을 확립하게 한다. 하지만, 자유와 젊음과 같은 추상적이고 보편적인 인간의 욕망을 상품에 환유함으로써, 이데올로기는 인간의 본질적 욕구를 시장 메커니즘의 틀 안에 가두고 상품을 통해 해소되도록 조종한다.

두 번째로, 신문 기사는 중립성 속에 숨겨진 프레임으로 나타나는데, 에코는 신문이 사용하는 언어적 선택, 헤드라인, 사진 배열 등의 수사학적 배치를 통해 이데올로기를 은폐한다고 지적한다. 특히 기사의 프레이밍(Framing)은 이데올로기 폭로의 핵심 대상이다. 예를 들어서 경제 위기 보도에서 위기는 개인의 무능 또는 단순한 기술적 문제 때문이라고 하지, 구조적 문제 때문은 아니라고 한다. 그래서 비용 절감, 효율성 증대, 건전 재정 등의 용어가 외시적으로 사용되고, 그에 대한 공시의미로는 대기업의 구조조정이나 정부의 긴축 정책을 불가피한 선택 또는 효율성 제고라는 긍정적인 맥락으로 포장되어 있음을 알 수 있다. 이러한 위기는 개인이나 노조의 책임에 있으며 거시적 자본의 움직임을 간과하게 만든다. 여기서 폭로해야 할 것은 중립적인 경제 용어를 사용하여 계급 간의 갈등이나 권력의 불균형에서 비롯된 문제를 자연 법칙적인 현상인 것처럼 은폐하고, 자본의 이익에 봉사하는 이데올로기를 조작한다는 것이다. 또한 이민자 관련 뉴스는 우리에게 이민자는 '사회 문제'와 '경제적 부담'의 원천으로 다가온다. 그래서 외시적으로 이민자들은 범죄율 증가, 복지 비용 상승 등의 통계 인용에 사용된다. 여기서 우리에게 공시적으로 느끼게 하는 기사의 방향은 특정 사건을 부각시키거나 불법 이민자와 같은 부정적 함의를 가진 단어를 반복 사용하며 이민자를 외부자이자 위협으로 설정한다. 여기서 폭로되는 것은 사회의 복잡한 경제적·정치적 문제를 특정 집단에게 전가하여 대중의 불안을 조장하고, 국가주의나 배타주의와 같은 이데올로기를 강화하는 것이다.

셋째로, 영화 및 드라마는 서사적 구조를 통해 가치를 주입한다. 그래서 드라마나 영화는 강력한 서사와 이미지를 통해 이데올로기를 가장 은밀하게 자연화하는 매체 중 하나이다. 할리우드 액션 영화는 미국(또는 서구)의 가치는 보편적 정의이며, 폭력은 정의 실현을 위한 정당한 수단이다. 이것은 영웅적인 주인공(대개 서구인), 명확하게 악한 악당(대개 비서구인이나 특정 이념 집단), 화려한 무력 사용이 외적으로 나타난다. 그리고, 공시적으로는 주인공의 폭력은 선이며, 국가나 자유라는 이름 아래 윤리적 문제를 비껴가게 만들고, 복잡한 국제 정세나 타 문화권에 대한 이해를 단순한 선악 구도로 치환한다. 이러한 서사는 특정 국가의 헤게모니와 문화적 우월성을 무의식중에 주입하는 제국주의적 또는 자민족 중심적 이데올로기를 은폐하고 있다. 폭력의 정당화 역시 비판적인 성찰을 어렵게 만든다.

이러한 기호학적 이데올로기 폭로는 현대 미디어가 사용하는 '자연화된' 기호를 '문화적' 기호로 되돌려놓아, 그 뒤에 숨겨진 권력의 의도와 조작을 의식적으로 드러내는 비판적 도구로 기능한다. 여기서 우리는 종종 기호들이 '단지 사실'이 아니고 "특정한 이유로 조작된 것"임을 알아야 한다.

기호학의 윤리

특이하게도 에코는 기호학의 윤리라는 의무를 기호학에 부가하였다. 기호학은 현대사회의 문화와 대중매체를 다양하게 분석하고 접근해야 하지만 윤리적인 측면에서도 이러한 기호학이 사회에 기여를 해야 한다고 그는 주장했다. 예를 들면 그에 의하면 정치 사건, 범죄, 만화, 스포츠, 영화, 광고, TV 등의 의미가 발생하는 것은 모두 다 분석하여 그 기호의 표층구조와 심층구조를 구분하여 포스트모더니즘의 속 뜻과 겉 뜻을 파악하여야 한다는 것이다. 그래서 대중을 유혹하는 신비주의와 그러한 조작 메커니즘을 폭로하여 우리 인류를 기만하는 모든 것을 밝히는 것이 기호학의 윤리라고 그는 주장하였다.

에코에게 있어 기호학은 단순히 기호와 의미 작용을 연구하는 학문이 아니라, 의사소통 과정과 그 사회적·문화적 맥락을 이해하는 비판적 도구이다. 그에 있어서 텍스트와 모든 기호 체계는 열린 구조를 가지고 있어 다양한 해석이 가능하다. 그래서 독자 또는 해석자는 텍스트와 상호 작용하며 의미를 구성하는 적극적인 역할을 수행할 수 있다. 하지만 이러한 해석의 자유에는 책임이 따르기에 자의적인 해석은 의사소통을 왜곡하고 오해를 낳을 수 있다고 경고하였다. 더 나가서 어느 사회에서건 통용되는 코드는 종종 특정한 이데올로기나 권력 관계를 반영할 수 있다. 기호학은 분석을 통해 이러한 코드의 작동 방식과 그 안에 내재된 편견이나 전제를 비판적으로 인식해야 한다. 그래서 억압적이거나 불평등한 의사소통 구조를 개선하는 데 기여해야 한다. 기호학자는 기호가 허위 정보나 선전을 전달하는 도구로 사용될 수 있으므로, 대중매체의 영향력을 분석하며, 기호가 어떻게 현실을 왜곡하고 여론을 조작하는지 비판적으로 고찰해야 한다.[20]

결론적으로 말하자면, 에코가 말하는 기호학의 윤리는 해석의 자유와

---

20 에코, 『해석의 한계』, 439~459쪽 참조.

책임의 균형, 코드와 관습에 대한 비판적 인식, 다의성과 오해 가능성에 대한 경계, 그리고 허위와 조작에 대한 저항을 포괄하는 개념이라고 할 수 있다. 그의 기호학은 단순히 의미를 분석하는 것을 넘어, 보다 성숙하고 책임감 있는 의사소통 문화를 구축하는 데 기여하는 윤리적 지향성을 지니고 있다.

에코의 영향

에코의 영향은 단순히 학술적인 것에 그치지 않고, 대중문화와 사회 비평에까지 확장되었다. 그래서 에코가 미친 영향을 분야별로 나누어 살펴보면 다음과 같다.

첫째, 에코는 기호학을 학문적으로 심화시키고, 이를 소설이나 다양한 매체를 통해 대중에게 널리 알리는 데 크게 기여했다.

둘째, 에코는 텍스트의 열린 작품(Open Work) 개념을 통해 독자의 해석적 자유와 역할의 중요성을 강조했다. 그래서 그의 이론은 문학 비평뿐 아니라 다양한 예술 분야에 영향을 미쳤으며, 텍스트의 의미가 고정된 것이 아니라 독자와의 상호작용 속에서 생성됨을 보여주었다.

셋째, 에코는 인문학의 다양한 분야를 통합하고 넘나들며 연구했기에, 기호학을 중심으로 철학, 문학, 역사학, 언어학, 미학 등 여러 학문 분야가 서로 연결될 수 있었다.

『장미의 이름』에 숨어 있는 기호의 흔적들[21]

에코가 『장미의 이름』을 저술하게 된 동기는 우연이었다. 1970년대 후반에 에코는 우연히 어느 출판사의 친한 편집장으로부터 소설을 한번 써 보라는 권유를 받게 된다. 그래서 탐정소설을 쓰기로 마음먹고 쓰기 시작했다. 그래서 그는 모든 지식, 사상과 철학을 쓸어 담아 『장미의 이름』이라는 소설을 저술하였다.

이 소설은 중세의 역사이고 철학이며 신학이고 기호학이라고 할 수 있다. 이 소설이 갑자기 유명해지고 40개국 언어로 번역되고 5,000만 부 이상이 팔리면서, 1990년대 이후에 르네상스라는 거대한 변혁을 이룬 이탈리아가 20세기에 들어와 주목을 받았다. 1987년에 프랑스 감독인 장 자크 아노[22]가 이 소설을 영화로 만들었다.

이 소설은 1327년 11월 이탈리아와 프랑스 경계에 있는 아페닌산 중턱의 베네딕트회 수도원에서 7일간에 일어났던 일을 시간별로 기록한 소설이다. 그 안에 중세 역사, 기독교, 이단, 수도원의 일과와 수도사들의 일상, 많은 기호와 상징 등이 이탈리아어, 라틴어, 영어, 불어, 독일어 등으로 기호화 되어 있다.

이 소설의 시대 배경은 중세 말기에 해당하는 14세기이다. 이때는 유럽에서 십자군전쟁의 패배와 과학의 발달로 인해 교황의 권위가 실추되었고, 그에 대한 반작용으로 로마교회 불복종운동, 교황과 황제의 분쟁,

---

21 안정오, 「장미의 이름에 대한 기호학적 이해」, 『기호학연구』 62집, 2020, 199~230쪽 참조.

22 그는 난해한 『장미의 이름』을 영화로 각색하여 제작 발표함으로 국제적인 성공을 거둔 뒤에 영화 〈베어〉, 〈연인〉, 〈티벳에서의 7년〉 등을 제작하였다.

이교도 난립, 종교재판소 등의 주제가 부각
되었으며, 스콜라철학이 몰락하는 시대였
다.

소설의 주인공 아드소는 스승인 윌리엄
수도사와 함께 7일 동안 경험한 일을 회상
한다. 에코가 이 소설을 쓰면서 모델로 삼
은 것은 『파우스트 박사』(토마스 만)에 나오
는 두 명의 주인공 레버 퀸과 차이트 블룸
이었다. 이와 유사한 형식이 코난 도일의
추리소설 시리즈에 나오는 셜록 홈즈와 왓

『장미의 이름』(1980)

슨 박사이고, 세르반테스의 소설 『돈키호
테』에 나오는 주인공 돈키호테와 산초일 것이다.

이 소설은 추리소설 형식으로 진행되는데, 윌리엄 수도사는 두 가지 문
제를 풀어야 한다. 소설의 시대 배경인 14세기는 교황과 황제가 권력다
툼과 이권을 위해 강하게 충돌하는 시대였다. 그래서 소설의 정치적 배경
도 이 두 세력의 갈등이 원인이었고, 이를 해결하기 위해 윌리엄 수도사
가 베네딕트회 소속 수도원에 파견된다. 이 두 세력 간의 갈등을 중재하
는 것이 윌리엄 수도사의 롱텀 과제였는데, 공교롭게도 그가 수도원에 도
착하자마자 첫날 살인사건이 일어나고, 수도원장은 그에게 숏텀 과제로
살인사건 규명을 부여한다. 윌리엄 수도사는 일단 살인사건 규명에 집중
한다.

에코는 소설을 쓰기 전까지 그리고 지속적으로 전력투구했던 분야는
기호학 이론이었다. 그래서 그는 소설에서 윌리엄의 입을 빌려 다음과
같이 말한다.

"나는 기호를 의심한 적이 없다. 이 세상에서 인간이 나아갈 길을 알려주는 것은 기호밖에 없다. 내가 이해하지 못한 것은 기호와 기호와의 관계이다. 호르헤에게는 처음부터 구상이 있었다. 호르헤는 이 구상으로부터 일련의 인과관계와 상호작용하는 복합적 인과관계, 특정 조건 아래서는 도저히 기능이 불가능한 상호관계도 창출했다. 내 지혜라는 것은 어디로 갔느냐? 나는 가상의 질서만 좇으며 죽자고 그것만 고집했다. 우주에 질서가 없다는 것을 깨닫지 못한 나…. 이것이 어리석은 것이다."[23]

윌리엄은 우주에 질서가 없다는 것을 말했지만 실은 900쪽에서 하느님과 혼돈 사이의 차이가 있음을 아드소를 통해서 인정하고 결국 진리의 기준이 있어야 전달가능한 학문도 있을 수 있다는 것을 언급한다. 그리고 책의 의미와 책의 구성에 대해서도 소설에서 다음과 같이 언급한다.

"서책의 선은 읽혀지는 데 있다. 서책은 하나의 기호를 밝히는 또 하나의 기호로 되어 있다. 기호는 이렇게 모여서 한 사상의 모습을 증언하는 게다. 이를 읽는 눈이 없으면 서책은 아무런 개념도 낳지 못하는 기호를 담고 있을 뿐이다. 따라서 그런 서책은 벙어리나 다를 바가 없다."[24]

그래서 그는 소설을 쓸 때 이 기호학적 방법론을 많이 사용하였다. 즉 추리소설에서 중요한 것은 추리와 추론인데, 기호학에서 추리라는 것은 매우 중요한 삼단논법 중 하나이다. 우리가 알고 있는 대표적인 삼단논법이 연역법과 귀납법인데, 연역법은 법칙을 가지고 추론하는 것인데 법

---

23 에코, 『장미의 이름』 하권, 이윤기 역, 2005, 898쪽.
24 위의 책, 736쪽.

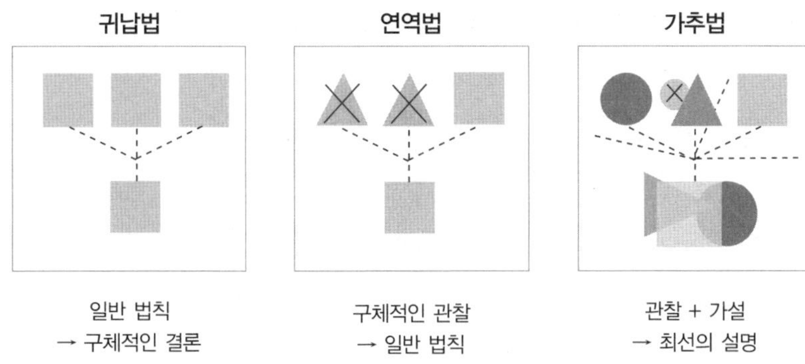

칙 이외의 일은 알지 못하는 단점이 있고 귀납법은 경험을 중심으로 규칙을 추론하는 것인데 경험 이외의 것은 알지 못하는 단점이 있다. 그러나 기호학에서 말하는 가추법은 현상을 관찰하여 가설을 만들고 새로운 진리나 지식을 추론해내는 법을 말한다. 이런 가추능력은 주로 탐정들이나 발명가들에게 많이 나타난다. 그래서 윌리엄 수도사를 통해 에코는 자신의 기호학적 지식과 방법을 교묘하게 사용하여 탐정처럼 살인사건을 풀어나가고 있다. 즉 그는 소설을 통해서 이론을 실제로 풀어나가고 있는 것이다. 그는 이 소설의 제목에서부터 의미를 다양하게 해석하도록 하고 있으며, 저술 방식은 파스티슈라고 하는 포스트모던적 방식을 사용하고 있고, 소설의 진행은 탐정의 추론 방식인 가추법을 사용하고 있다.

제목에 대하여

많은 사람들이 이 소설을 읽고 나서 소설 제목이 왜 『장미의 이름』일까 하고 의아해 한다. 소설의 내용이 수도원, 청빈 문제, 탐정소설 등에 관한 것이고 '장미'는 거의 나오지 않기 때문이다. 에코는 원래 소설 제목을 '수도원의 살인사건'이라고 할까 혹은 '아드송의 수기'라고 할까 고민

했었다고 한다. 하지만 그는 제목을 이상하게도 '장미의 이름'이라고 했다. 이에 대한 이유를 우리는 다음과 같이 설명할 수 있다.

① 열린 해석을 위해서 : 에코에 의하면 작가는 스스로 작품을 해석하면 안 되고 제목이 소설 내용을 간섭하면 안 된다고 한다. 그래서『장미의 이름 창작 노트』와『작가와 텍스트 사이』에서 "작품이 끝나면 작가는 죽어야 하고 작품의 해석을 방해하지 말아야 한다"라고 했다. 이를 보다 구체적으로 말하자면, 소설의 제목이 내용을 압축하여 나타내면 소설을 읽는 데 방해가 된다고 그는 생각했다.

② 감성이나 이성보다 기호에 중심을 두기 위해서 : 기호학에서 이름과 기호는 추상체이고 소리이고 표시일 뿐이라고 한다. 기호들은 생생한 과거를 시체처럼 보존하고 지나간 것을 나타내고, 유한한 것을 지시하고, 부재를 증명하여 보여주는 것이다. 존재하는 것은 주인공 아드소의 말처럼 "숯덩이로 변한 조각 같은 것"이다. 그래서 '장미'는 여러 가지 명명될 수 없는 이름들의 총합이다. '장미'는 유럽에서 정신, 계시, 비밀, 약속, 순진, 유혹, 영원, 수난, 순교자의 피 등으로 다양하게 해석된다. 그래서 이런 맥락에서 기호의 실현이 소설임을 보여주기 위해 제목을『장미의 이름』으로 했다고 볼 수 있다.

③ 사랑의 우의적인 해석을 위해서 : 주인공 아드소의 일회적인 사랑의 대상이 '장미'라고 소설에서는 말하고 있다. 이름 모를 소녀를 사모하고 회상하며 아드소는 '장미'를 생각한다. 아드소는 스승인 윌리엄을 따라 수도원에 들어가서 살인사건을 수사할 때 조수 역할을 한다. 아드소는 어느 날 야심한 밤에 수도원 식당으로 우연히 들어갔다가, 그곳에 음식 부산물을 훔치러 온 어떤 소녀를 만나고 그녀와 사랑을 하였다. 하지만 헤어질 때 그 소녀는 자신의 이름을 알려주지 않았다. 그렇지만 계속

그 소녀의 환상이 아드소의 정신을 잃게 하였고 그 소녀를 아드소는 '장
미'라고 생각했다. 이런 맥락에서 아드소는 그 소녀의 이름은 무엇일까
라는 자문에서 '장미의 이름'이라고 제목이 썩 잘 어울린다. 사랑이란 것
도 어떻게 보면 이름만 남는 것이기 때문이다. 아드소는 소설의 마지막
에서 다음과 같이 독백을 한다. "지난날의 장미는 이제 그 이름일 뿐, 우
리에게 남은 것은 덧없는 이름뿐."[25]

저술 방식

에코는 『장미의 이름』을 저술하고 『장미의 이름 창작노트 후기』를 저
술한다. 이는 한편으로는 자신의 작품을 보다 자세히 설명하고 싶어 했
기 때문이고, 소설에 대한 수많은 논쟁을 설명하기 위해서였다. 이 소설
의 핵심적 논쟁은 '파스티슈'라는 단어였다. 그래서 에코의 『장미의 이
름』은 다음과 같이 시작한다.

> 나는 아드소의 회고담을 읽으면서, […] 아무리 또라지게 꼬집어내
> 어 보려고 해도, 14세기 말 독일 수도사가 라틴어로 쓴 17세기 라틴어
> 판의 신고딕 불어 번역판을 다시 이탈리아어판으로 출판하려는 이유
> 로 내세울 만한 건 별로 없다. 이것을 출판하려고 보니 먼저 문체부터
> 가 걱정거리였다. 당대의 이탈리아 문체를 따르고 싶다는 유혹은, 부당
> 하다는 이유에서 억눌러야 했다. 아드소가 라틴어로 쓰고 있을 뿐 아니
> 라 원서에서 이야기가 전개되는 것으로 보아 그의 교양이 그 이전 시대
> 에 속하는 것으로 보이기 때문이었다. 그의 교양 수준으로 말하면 중세
> 말의 문화적 전통과 무관하지 않은, 수세기에 걸친 학문과 문체상의 일
> 대 궤변론적 총화이다. 아드소는 그 시대 속어의 혁명적인 풍조나 사고

---

25 에코, 『장미의 이름』, 이윤기 역, 2005, 911쪽.

에 물들지 않은 채, 자신이 언급하고 있는 도서관 장서의 수준에 밀착하고 있으며 자신을 신학과 스콜라철학 교본에 길든 수도사로 생각하고 있고 또 그렇게 쓰고 있다. 따라서 이 이야기는 그가 구사하는 언어나 무불통달한 인용문까지 싸잡아 본다면 12세기나 13세기에 쓰여졌다고 해도 토를 달 사람은 없을 것이다. 그러나 아드소의 라틴어를 자기 모국어인 신고딕 불어로 번역하면서 발레 수도사는 몇 가지 자유를 누리고 있는 듯하다. 문체상의 자유뿐만이 아니다. 가령 작중인물은 종종 알베르투스 마그누스 아류의 비전임을 분명하게 언급하면서 갖가지 약초 이름을 들먹거린다. 이 비밀 전수는 수세기에 걸쳐 갖가지 판본으로 중간된 책이다. 결론적으로 아드소는 이런 책을 알고 있었다는 이야기가 된다. 그러나 문제는 그가 인용하는 구절이 파라켈수스식 처방이나 튜더 왕조 시대의 판본임에 분명한 알베르투스 마그누스 저서의 증보판 냄새를 풍기고 있다는 점이다. 나는 뒷날 발레 수도사가 아드소의 필사본 수기를 베껴 쓸 당시 파리에는 구제 불능인 상태에 이를 정도로 엉터리인 18세기판 그랑 알베르, 프티 알베르가 나돌고 있었다는 사실을 알아낸 바 있다. 물론 이런 판본을 지금은 찾아볼 수 없다. 어쨌든 아드소나 아드소가 묘사하고 있는 수도사들의 회화에 후대의 해설이나 난외 주석의 부록이 될 만한, 말하자면 금후의 학문을 살찌웠음직한 요소가 들어 있지 않았다고 어떻게 단언할 수 있으랴?[26]

이 소설의 방식은 탐정소설, 실화소설, 역사소설, 공포소설, 시대소설 등을 다 포함하고 있으며, 인용, 표절, 모방, 위조, 복사, 합성 등으로 구성되어 있다. 더욱이 볼테르, 라블레, 조이스, 보르헤스, 니체, 바흐친, 푸코, 비트겐슈타인 등의 내용들이 교묘하게 소설 속에 인용 또는 위조 그리고 합성되어 있다. 그리고 솔로몬의 아가서, 요한계시록, 아리스토

---

26 에코, 『장미의 이름』, 이윤기 역, 1992년판 19~22쪽 / 2005년판 18~21쪽.

텔레스의 저서, 아퀴나스의 책, 요한네스 22세의 연대기 내용, 세비야의 어원론, 오컴의 사상, 하위징어의 『중세의 가을』 등이 소설 재료로 사용되고 있다.

에코는 1980년 10월 『라 레 푸블리카』 신문과의 인터뷰에서 "어떤 것도 스스로 쓰지 않았고 이미 쓰여진 텍스트로 소설을 구성되어 있다"고 했다. 그래서 이 소설은 크리스테바의 말처럼 상호텍스트적이다. 에코는 이처럼 작가의 역할을 사망시키기 위해 '파스티슈'란 용어를 사용하였다. '파스티슈'란 이탈리아어 Pasticcio에서 유래하였는데, 여러 가지가 섞인 것을 의미한다. 오늘날 문학과 예술 분야에서 이런 현상은 형식의 복제, 내용의 재창조 등을 통하여 혼성모방, 패러디, 원전 없는 번역본, 상호텍스트성 등의 변이형으로 나타나고 있다. 이는 다음과 같은 장점이 있다.

① 진리를 나타내고 익명성을 보장 : 그는 픽션으로는 도달 불가한 진리의 모습을 문학에 부여하기 위해 이 파스티슈를 사용한다. 즉 이러한 파스티슈를 통해서 그는 가톨릭의 민낯을 보여주고 싶어 했다. 가톨릭에서의 엄숙함, 그리고 경건함 등을 웃음으로 풀고 싶어 했으며, 이단 정죄, 마녀사냥 등 중세에 행해졌던 종교라는 이름의 행위들의 부도덕하고 폭력적이며 반인간적인 행위들을 고발하고 싶어 했다.

② 기호학적 특성을 나타내려는 의도 부각 : 기호학에서 모든 기호가 원초적 저작성이 없는 것처럼 그는 텍스트는 잠재적 텍스트의 순환임을 이 파스티슈라는 용어로 강조하려고 했다. 기호란 상호적 혼합, 중복을 통해 실현되는 존재이기 때문이다. 기호는 스스로 의의를 부여하지 않는다. 기호는 일종의 기능이기 때문이다. 그래서 장미의 이름이라는 제목도 모든 이름의 대표이고 상징의 상징이고 기호의 기호이다.

③ 문학적 공격으로부터의 방어 : '파스티슈'라는 용어를 통하여 그는 수많은 자료를 사용하고 모방하고 표절한 것에 대한 면죄부를 부여하고 싶어 했다. 소설 초반부에서 에코는 프라하에서 발견한 발레 신부의 멜크 수도원 출신의 수도사 아드송의 수기를 발견한다. 이 소설은 14세기 말 아드송이 라틴어로 쓴 수기를 프랑스 수도사 발레가 17세기에 신고딕 프랑스어로 번역하였고 그것을 19세기에 마비용이란 수도사가 불어로 정리한 것을 20세기에 에코가 다시 이탈리아 말로 번역한 것이다. 네 가지 언어가 시대를 달리해서 이 소설에 관여한 것이다. 하지만 그 원본을 동행하던 친구가 이유 없이 가져가버렸다. 그래서 '파스티슈'가 이 소설의 원본이 된 것이다. 에코가 번역한 "아드송의 수기"는 '파스티슈'를 통하여 여러 가지 문학적 공격으로부터 방어가 가능하게 되었다.

에코에 의하면 소설 혹은 텍스트란 모델 독자에게 재미를 누리는 방법을 주는 것이라 했다. 즉 아리스토텔레스처럼 풍부한 지식을 경험한 작가가 모델 독자에게 전수하고 경험하도록 하는 것이 소설이고 텍스트라는 것이다. 그에 의하면 저자는 모델 독자와의 대화이다. 그의 저서 『이야기 속의 독자』와 『열린 작품』에서 이런 생각이 나와 있는데 저자는 책을 쓸 때 어떤 경험적인 독자를 상정하고 글을 쓴다는 것이다. 제임스 조이스 같은 작가도 이미 불면증에 시달리는 이상적인 독자를 상상하면서 『피네간의 경야』라는 소설을 썼고 프란츠 카프카도 『심판』이라는 소설을 모델 독자를 생각하면 썼다고 한다. 『장미의 이름』을 통하여 에코는 모델 독자들이 자신의 기호학, 미학, 형이상학을 이해했으면 했다.

『장미의 이름』에서 활용되는 가추법

에코가 자신의 기호학적 가추법을 소설 초반에 소개하는 대목이 나온

다. 그는 장미의 이름에다가 지뢰처럼 수많은 기호학적 흔적을 노정시켜
놓았다. 예를 들어 추리 방법, 길 찾기, 알아맞히기 등이다. 소설 초반 부
분을 보면 확실하다.

　　사부님과 나를 태운 두 마리 노새가 산 위로 올라가 마지막 모퉁이를
돌았다. 모퉁이에서 길은 세 갈래로 갈라졌는데, 그중 둘은 곁가지 오
솔길이었다. 사부님은 이따금씩 노새를 세우고 주위를 둘러보고는 했
다. 길 옆, 그리고 길 위로 늘 푸른 소나무가 흰 눈을 뒤집어쓴 채 천연
의 차양처럼 길을 덮고 있었다. "기름진 수도원이로구나……. 그런데
원장이 공공연히 대중의 기를 죽이고 있으니 안 될 일이지……." 사부
님 말씀이었다. 워낙 깜짝 놀랄 만한 말씀을 자주 하시는 분의 말씀이
라, 나는 그렇거니 여겼을 뿐 따로 질문은 하지 않았다. 아니, 질문할
여유도 없었다. 노새가 두어 걸음 더 떼어놓았을까? 웅성거리는 소리
가 들리면서 길 모퉁이에서 잔뜩 흥분한 수도사와 수도원 불목하니 떼
거리가 나타났다. 우리를 발견하자 수도사 가운데 하나가 다가와 공손
하게 인사했다. "어서 오십시오. 손님이 누구신지 알고 있더라도 너무
놀라지 마십시오. 오신다는 기별을 앞질러 접한 참이기 때문입니다. 저
는 수도원의 식료(食料)와 요사(寮舍)를 담당하는 식료계(食料係) 수도사,
바라지네 사람 레미지오라고 합니다. 원장님께서 말씀하시던 바스커
빌의 윌리엄 수도사이실 테지요?" 수도사는 이렇게 말하고는 무리에게
명했다. "먼저 올라가서, 손님께서 곧 수도원으로 드신다고 이르게!"
수도사의 말이 끝나자 윌리엄 수도사가 정중하게 대답했다. "고맙소,
레미지오 수도사. 친절하게 맞아주시니 고맙기 한량없소. 더구나 급하
게 무얼 찾아 다니시는 모양인데 그 일까지 이렇게 작파하고 말이오.
허나 걱정은 마시오. 말은 이 길로 와서 왼쪽 오솔길로 접어들었소. 모
르기는 하지만 그리 멀리는 못 갔을 것이오. 거름더미에 이르러 걸음을
멈추었기가 쉬울 겝니다. 그놈 역시 머리가 있으니까 저 가파른 비탈길
로 굴러 떨어지지는 않았을 것이오." "언제 그 말을 보셨습니까?" 식료

계 수도사가 눈을 동그랗게 뜨고 물었다. 윌리엄 수도사는 짓궂은 표정을 하고 나를 돌아다보면서, "본 것은 아니오, 그렇지 아드소?" 이렇게 묻고는 천천히 말을 이었다. "……하지만 현제들이 찾는 말이 브루넬로가 분명하다면 이놈은 내가 방금 말한 곳에 있을 것이오." 식료계 수도사 레미지오는 머뭇거리다가 윌리엄 수도사를 일별한 뒤 오른편 길 쪽으로 시선을 잠깐 던지고는 물었다. "브루넬로라고 하셨는데……. 말 이름이 브루넬로라고 하는 것은 어찌 아셨습니까?" 윌리엄 수도사가 기다렸다는 듯이 대답했다. "허허, 이것 보세요. 형제들은 분명히 원장이 가장 아끼는 말 브루넬로를 찾고 있을 게요. 키는 열다섯 장(掌), 털은 검은색. 꼬리는 탐스럽고 발목은 잘쑥할 것이오. 수도원 외양간에 있는 말 중에서 걸음이 가장 빠른 말일 것이오. 머리는 작고 귀는 뾰족하고 눈은 클 테지요. 조금 전에 말했다시피 그놈은 오른쪽 길로 들어갔어요. 하지만 조금 서둘러야 할 게요."[27]

여기서 우리는 탐정으로서의 윌리엄의 추리력을 확인할 수 있다. 기호학은 세상의 문화현상을 설명하는 학문이다. 그 바탕이 언어적인 논리인데 세상이 모든 기호로 되어 있다고 가정하고 그런 기호를 풀어가는 방식을 가추법이라고 할 수 있다. 다시 말하자면 가추법은 일단 현상을 관찰하고 그 관찰 결과를 통해 가설을 만들고 그 가설을 통해서 새로운 사실을 추론해낸다. 예를 들어 어느 주머니에서 하얀 콩이 몇 개 나온 것을 관찰했다고 하자, 그러면 우리는 그 콩은 하얀색이라는 것을 알아서 가설을 세우게 된다. 그런데 우연히 그 주변에서 하얀 콩이 발견되면 그 콩은 아까 그 주머니에서 나왔을 것이라고 가설적으로 추론할 수 있다. 이 가추 능력으로 윌리엄 신부는 말발굽 자국, 꺾인 나뭇가지 그리고 뽑혀

---

27 에코, 『장미의 이름』, 이윤기 역, 1992년판 46~48쪽 / 2005년판 51~53쪽.

서 떨어진 잔털 등으로 말의 이름, 크기, 상태 등을 알아맞힌다. 이런 방식이 바로 기호학에서 말하는 가추법이고 기호가 이해되고 설명되며 해석되는 메커니즘이다. 이러한 가추법이 가장 많이 사용되는 소설 장르는 추리소설이나 탐정소설이다. 그래서 에코는 『장미의 이름』에서 탐정소설 방식으로 줄거리를 전개해 나갔다. 그에 의하면 사람들이 스릴러를 좋아하는 것은 괴기스러움이나, 피 흘리는 것 등이 좋아서가 아니고 지성, 도덕, 합법이 악마의 혼돈을 극복하고 승리하기 때문이다. 탐정소설은 순수하고 단순한 추리의 사고 체계를 표현한다. 누가 범인인가는 사건이 논리적 구조 안에 있다는 추리에서 출발해야 한다. 이 추리의 모델이 미궁인데. 대표적인 것이 그리스 신화 테세우스의 미궁이고 아리아드네의 실타래를 통해 빠져나올 수 있다. 그리고 시행착오의 미궁이 있는데 에코는 소설에서 도서관 장서궁의 미궁을 만들어 논리와 추리로 주인공 윌리엄이 빠져나오도록 한다. 이런 미궁은 시행착오를 거쳐 해결된다. 마지막으로 그물망 미궁이 있는데 이 미궁은 중심도 주변도 출구도 없는 그런 미궁이다. 그에 의하면 미궁은 지리적이지도 공간적이지도 않고 형이상학적이라고 주장한다. 그래서 그는 소설에서 도서관을 미궁으로 설정하는데 도서관은 그에게 신 자체이다. 하지만 그의 신앙관은 불가지론이다. 아우구스티누스의 『고백론』, 안젤무스의 『독백론』, 아퀴나스의 『신학대전』, 스피노자의 『에티카』 등은 신의 존재를 증명하는 책들인데 에코는 신의 존재는 합리적인 방법으로 증명될 수 없다고 했다.[28] 그래서 그에게 신은 말씀, 즉 로고스가 아니고 기억과 진리이다.

---

28 에코, 『장미의 이름』 하권, 2005, 900쪽,

인식을 어떻게 하는가? : 『칸트와 오리너구리』[29]

마르코 폴로는 코뿔소를 처음 보고 나서 그것을 일각수라고 했다. 그는 우주에서 새로운 생명체를 새로이 추가하기보다는 기존의 묘사를 활용하여 수정하였다. 말하자면 그는 외연(Denotation)은 놔두고 내포(Konnotation)만 바꾸었다. 그러나 만약에 마르코 폴로가 오리너구리를 보았다면 아마도 기절했을 것이다. 왜냐하면 오리너구리는 과학적으로든 비과학적으로든 그가 분류할 수 있는 어떤 접근법을 좌절시킨 특이한 창조물이었기 때문이다.

오리너구리는 길이는 50cm, 무게는 2kg, 외모는 모피로 뒤덮여 있고, 오리와 비슷한 부리가 있고, 물갈퀴가 있다. 물고기나 양서류처럼 물에 오래 있을 수 있고 알을 낳고, 새끼에게 젖을 먹인다. 그래서 이 동물을 마르코 폴로가 보았다면, 물고기, 오리, 새, 바다짐승, 육상동물 등 중 어떤 동물로 분류할까에 대해 심각한 고심을 했을 것이다.

'세미오시스' 과정이란 감관 데이터를 의미론, 개념적 모델과 관련 짓는 것이다. 그래서 세미오시스 과정이 이미 알려진 현상을 인식하는 데 개입한다면, 미지의 현상을 이해하는 데 어떤 세미오시스 과정이 어떻게 개입하는지 밝히는 것이 중요하다.

퍼스는 데카르트의 직관주의를 비판하고, 모든 인식은 외부의 사실들과 이전의 인식들로부터의 가설적 추론으로 생성된다고 주장하였다. 마르코 폴로도 코뿔소를 보았을 때 기존의 개념들을 합성하고 알고 있는 관념에서 출발하여 새로운 실재를 만들어내었다. 이것은 가추법적인 추

---

29 에코, 『칸트와 오리너구리』, 박여성 역, 2006, 92~180쪽 참조.

론의 연쇄체로 보인다. 마르코 폴로의 지각
은 한편으로 관념에서 달성되고, 다른 한편
으로 일각수라는 관념을 도출하여 자신의
관념을 완성시켰다. 하지만 일각수가 검은
색은 아니기에 자신의 가설을 수정해야 했
을 것이다. 퍼스는 이러한 상황을 다르게 설
명한다. 즉 재현체를 통하여 동적 대상과
직접 대상이 형성되는 경우, 퍼스는 토대
(Ground)를 인식 과정의 출발점을 형성하는
근본으로 생각한다.

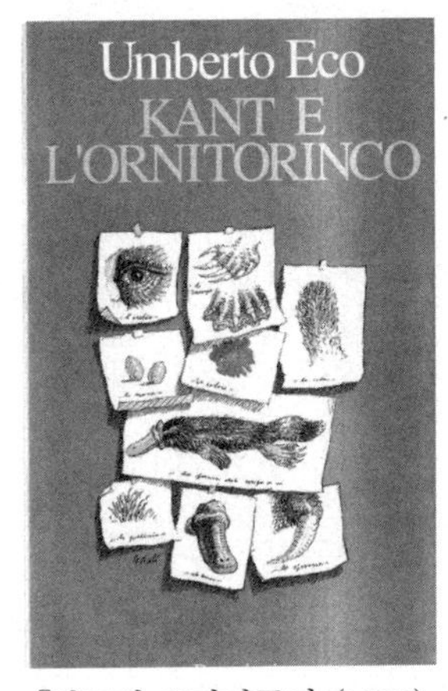

『칸트와 오리너구리』(1997)

토대는 이것이 성질(Quality)이라고 하면 술어이다. 토대는 대상의 속성
이다. "잉크가 검은색이다"라고 한다면, '검다'라는 성질은 추상화 과정
으로부터 나온다. 그러나 논리적으로 보면 토대는 개념의 내포를 구성하
는 표지들의 총합은 아니다. 토대에서는 대상이 어떤 특별한 시각에서만
관찰된다.

퍼스는 우리의 개념들이 감관 체험의 다양성을 결합하는 데 어떻게 기
여하는지 해명하려고 했다. 그래서 그는 이런 개념화 과정은 가설적 추
론을 거쳐서 진행된다고 했다. 그리고 이것은 개념화 과정뿐 아니라 감
관 인상의 인식에서도 발생한다고 그는 주장하였다. 퍼스는 칸트처럼 지
각판단과 경험판단을 구분하고 있다. 우리가 '검다'라는 성질을 명명한
다고 해서 감관인상의 순간을 지칭하지 않기 때문이다. 그래서 퍼스는
'검다'라는 속성은 추상화라고 주장한다. 퍼스는 토대에 부여된 명칭을
명제나 논항이 아니라 개념으로 이해한다. 그래서 그는 무엇을 가리키기
전까지는 추론을 통하여 확인한다. 토대는 대상을 특정한 시각에서 관찰

하게 해주는 출발 양식이다. 토대는 일종의 '이데아'이다. 퍼스는 지각판단이 보편적 요소를 포함한다고 한다. 지각판단은 개개인의 직관이다. 지각할 때 가추적 순간이 존재한다면 해석도 있고 비판도 가능하다. 직접 대상에서는 토대의 측면과 지각판단의 모든 측면이 수렴된다. 직접 대상이 고정되는 순간, 퍼스는 칸트의 도식 개념을 도출하지 않고 새로이 공식화하려 한다. 퍼스는 칸트의 인지도식을 '도표(Diagramm)'라고 했다.

칸트가 기호학에 무관심했었지만, 에코는 칸트의 제3비판서에 나오는 기호학적 단서를 주목하려고 한다. 칸트는 경험적인 개념들로부터 모든 특징을 인식할 수는 없다고 한다. 그래서 경험적인 것을 함축하는 어떤 개념도 등장해서는 안 된다.

만일 "태양이 바위를 데운다"라는 명제가 있다고 하자. 태양을 A, 돌을 B, 온도를 C라고 하자. A는 B를 C의 상태로 만드는 원인이다. 내가 종합판단을 선험적으로 증명하는 것이 선험적으로 옳다고 전제한다면 칸트의 이론적 도구는 A는 필연적으로 B가 C가 되도록 야기했다고 단언할 수 있는지 설명해준다. 그렇지만 칸트가 그 변수들을 어떻게 확정할 수 있는지 말해주지 않는다. 왜 나는 A를 태양으로 B를 돌로 지각하는가? 내가 어떤 것을 돌더미에 쌓인 다른 돌과 구별하여 돌 자체로 파악하고, 돌을 데우는 태양광선과 우주의 나머지와 구별할 수 있도록 순수 오성 개념이 어떻게 작용하는가? 이 범주인 순수 오성 개념(양, 질, 양태, 관계)이 돌, 태양, 온도를 인식시키지는 못한다. 순수 오성 개념은 대상들의 개념이 아니라 논리적 기능이다.

로크의 말대로 관념들로부터 개념을 만들려면 비교, 성찰, 추상화할 수 있어야 한다. 예를 들어 소나무, 버드나무, 보리수가 있다면 일단 이 대상들을 비교해야만 각기 다르다는 점을 파악하고 줄기, 가지, 잎 모양을 추상화해서 공통점을 성찰하고 나무라는 개념에 도달한다고 그는 주장한다. 하지만 칸트에 의하면 감관 직관에서 이런 나무다운 속성을 발견하지 못한다. 감관 직관은 오성에 의해 가공되고 일반적인 한정에 의해 규명되어야 한다.

칸트가 이해하는 지각판단은 개인의 의식이라는 주관적 세계를 만드는 낮은 활동이다. 예를 들어 "태양이 돌 위를 비추면 돌은 데워진다"와 같은 판단이다. 이와 달리 경험판단은 필연적 관계를 확정한다. 예를 들면 "태양이 돌을 데운다"라고 주장한다. 그래서 범주적 속성은 경험판단에서만 작동한다. 칸트에 의하면 의식 속의 관념들을 결속시키는 것 자체가 이미 사고이자 판단이기에 판단하는 것은 선험적 규칙이다. 지각판단은 이미 오성 개념에 영향받은 것이다. 돌 자체를 인식하는 것은 이미 지각판단이며 오성의 영역에서 진행된다. 누가 어떤 돌을 보고 그것을 돌이라고 했을 때 퍼스는 해석의 영역에 들어섰다고 하고, 칸트는 유개념을 구축했다고 할 것이다. 그러나 누군가 돌의 속은 단단하냐고 물을 때, 아마도 나는 대체로 돌이 그러니 그렇다고 상상한다고 대답해야 한다. 그렇다고 이런 상상을 유개념의 범주에 둘 수는 없다. 돌이 단단하다고 할 때 나는 호두를 깨기 위해 돌맹이를 찾으려는 상상을 한다. 돌을 볼 때, 돌이 희다, 돌이다, 광물이다 등은 경험 심리학적 감각과 관련이 있다. 그러나 돌을 호두 까는 것으로 이용하는 것은 돌이 단단하다고 상상하기 때문이다. 이해하기 위한 형상화와 형상화를 위한 이해하기가 칸트에서 중요하다. 이것은 경험개념을 선험적으로 입증하거나 '돌' 같은 지각 판단을 하는 데 본질적이다.

도식으로 인식

칸트에서는 추상적 범주들이 감관 직관의 구체성에 어떻게 응용되는 방법을 보여주어야 한다. 즉 어떤 대상을 어떤 개념으로 환원시키려면 제3의 요소가 필요하다. 그래서 선험적 도식이 필요하다. 이 선험적 도식은 상상력의 산물이다. 상상력이란 오성의 능력으로서 감각에 미치는 오성의 영향이다. 상상력은 어떤 대상이 눈앞에 안 보여도 직관 속에서 그것을 표상하는 능력이다. 상상력은 무엇을 표상하는 능력으로서 특수한 종합이다. 그래서 원이라는 순수 기하학적 개념을 매개로 접시라는 경험적 개념을 생각하게 한다. 이러한 사례에도 불구하고 도식은 이미지가 아니다. 수의 도식은 '5'라는 숫자를 연속하는 다섯 개의 점으로 상상하는 그런 계량적 이미지가 아니다. 왜냐하면 감관 개념들의 도식은 순수한 선험적 상상력의 산물이지만 이미지는 재생산적 상상력의 산물이기 때문이다. 그래서 칸트의 도식은 심상이 아니라, 비트겐슈타인의 문장 형태인 그림에 가깝다. 이것은 대수 공식에서 거론하는 도상적 관계를 말한다. 도식은 어떤 상황에서도 삼각형의 일반적 속성을 가지는 도형을 구출하는 규칙으로 제시된다. 칸트는 어떤 원을 사고 속에서 묘사하지 못하면 원을 생각할 수 없다고 말한다. 사고란 선행하는 언어화에서 배태되는 순수개념의 적용이고, 순서도로 그려진 표상을 수반하는 작업이기 때문이다.

도식은 처리 절차이고 구성 행위이다. 그러나 이 도식의 작동 방식에 대해 모른다. 개를 본 적이 없는 사람은 개에 대한 심상을 얻지 못한다. 그래서 우리는 여기에서 범주와 직관 사이의 괴리를 경험한다. 도식은 이미지 속에 있지 않고 시공간적 관계 속에 있다. 그래서 칸트의 도식 개념은 3차원 모델의 개념과 흡사하다. 지각판단에서는 3차원 모델이 경험의 다양성에 적용되며 어떤 X가 개가 아니라 사람으로 인식된다. 그래서 지각판단이 무조건 언어적 확정으로 소급될 필요가 없다. 이 3차원 모델을 동원해도 인간을 유인원과 혼동할 수 있지만 뱀과 혼동할 확률은 없다. 여기서 우리는 경험적 개념의 도식이 대상의 개념과 합치한다고 말할 수 있다. 이 도식을 중심으로 개념과 의미가 함께 삼위일체를 구축한다.

접시 개념에 원이라는 형태가 조응하고 개의 도식에 네 개의 다리라는 사실이 속한다. 이것은 도식이다. 도식은 오성의 조건으로부터 추출될 수 있었지만 개의 도식은 그렇지 않다. 개의 도식을 경험 데이터로부터 추상화할 수 없다. 개의 도식에서도 오성의 조건이 추출될 수 있어야 한다면, 우리는 선천적 표상이나 관념은 몰라도 선천적 도식들의 목록, 즉 개의 속성과 말의 속성에 대한 도식 및 우주의 전체 목록에 대한 관념도 가져야 한다. 그래서 우리는 처음 보았지만 오리너구리에 대한 선천적 도식을 동원할 수 있어야 한다. 우리는 도식을 추상화하는 것이 아니라 도식을 구성하는 것이다. 도식주의가 일종의 구성주의를 함축한다는 사실이 현대 인지과학에서 드러난다. 그렇다면 미지의 대상에 대한 도식을 구성해야 할 경우에 무슨 일이 일어나는 것일까?

오리너구리를 만나면

오리너구리를 처음 보았을 때 사람들은 일단 감관 인상으로부터 출발하여 오리너구리의 도식을 상상해보았을 것이다. 그런데 이 감관 인상이 기존의 어떤 도식과 부합하지 않는다. 오리너구리는 비버라는 관념과 난생동물에 안 어울리고, 네 발 달린 짐승처럼 보이는 데 새처럼 보이고, 새는 아닌데 알을 낳고 등의 특징이 감관자에게 난감하게 드러난다.

칸트가 만일에 오리너구리를 보았다면 어땠을까? 퍼스가 생각한 것처럼 칸트는 도식화를 체계의 첫 번째 구상에 도입했을 것이다. 그러나 도식으로부터 반성적 판단력에 도달하면 규정적 판단력이 위기에 처한다. 규정적 판단력은 객체의 개념을 확립하는 원리를 가지고 있지 않다. 그래서 선험적 판단력은 그 자신만으로는 법칙 정립적인 것이 아니라 오성의 법칙으로서의 주어진 개념에 실재성을 부여하기 위한 조건들을 지시하는 것일 뿐이다. 그래서 객체에 대한 모든 개념은 아직 존재하지 않는 법칙으로 귀속되어야 하는 반성적 판단력에 의해 제시되어야 한다.

칸트에 의하면 자연의 대상들은 어떤 특정한 방식으로 작동된다. 그것이 어떤 법칙인지 알 수 없다. 예지계에 대해 현상들이 아무것도 말해주지 않기 때문이다. 그러나 다양성 속에서 단일성을 추구하는 이 원리가 필요하다. 이런 자연의 대상들이 개, 돌, 말, 오리너구리 등이다. 우리는 이 대상들이 어떤 종과 유로 조직되는지 말할 수 있어야 한다. 자연에는 우리가 포착할 수 있는 종과 유의 종속관계가 있다. 유는 각각 다시 하나의 공통적 원리에 따라서 상호 접근하며 하나의 유에서 다른 유로의 이동이 가능하고 그로 인해 보다 높은 유로의 이동이 가능하다. 그래서 우리는 개별성으로부터 아직 알려지지 않은 규칙을 추론해야 한다. 그리고 어디에선가 규칙을 찾으려면 이 결과가 앞으로 구출할 규칙의 한 경우라고 가정해야 한다. 이 반성적 판단력은 바로 가추법과 같은 것이다.

반성적 판단력은 목적론적이기에 도식적인 구성에서부터 살아 있는 존재의 특징을 하나씩 규정해야 한다. 그래서 칸트가 오리너구리를 보았다면 그 동물 특징들의 다양성에 대한 직관을 가졌을 것이고, 외부의 힘이 아니라 자발적 존재의 도식, 생물학적이고 기능적 연관성을 가진 존재의 도식을 보았을 것이다. 그는 그 대상의 생명성을 추상적 수식어가 아니라, 지각 도식의 근본 요소로 생각했을 것이다. 그는 오리너구리를 포유류이지만 강에서 살고 성공적 적응의 본보기로 생각했을 것이다.(모피, 앞다리, 뒷다리, 며느리발톱 등) 오리너구리는 자신이 충족해야 하는 목적에 완벽하게 조율된 유일한 신체 구조를 가지고 있다. 칸트에 의하면 모든 유기체는 목적인 동시에 수단인 산물이며, 자신 안에 형성하는 힘을 가지고 있으므로 오리너구리는 목적론적으로 존재한다.

반성적 판단력은 나중에 도식을 생성하기 위해 먼저 관찰하는 것이 아니라, 추후에 지각하고 검증할 수 있도록 먼저 도식을 만든다. 그래서 오성은 가능한 대상의 단순한 한정을 구성하는 것이 아니고 그 대상을 생성하고 구성한다. 이러한 칸트의 이론에 힘입어, 퍼스는 지각 과정 전체를 자극의 해석으로서의 감관 인상이 생성되는 가설적 추론의 기호, 즉 감관 인상의 해석으로서의 지각, 지각의 해석으로서의 지각판단, 지각판단의 해석으로서의 개별 명제와 보편명제, 명제 연쇄체의 해석으로서의 과학이론 아래에 배치했다.

토대와 일차적 도상성

퍼스는 토대, 지각판단, 직접 대상 사이에서 인식을 추론할 때, 도식주의가 어떻게 작동하는지를 해결하려고 했다. 하지만 결정적인 답을 그는 제시하지는 못했다.

퍼스는 연구를 거듭하면서 논리학에서 인식론으로 나아간다. 퍼스에 의하면 토대는 일차성이고 배경, 기초, 근본이다. 토대는 "-는 붉다"와 같이 기능 술어이다. 이것이 이차성으로 돌입하는 특정한 지점이 있는데, 퍼스는 이것을 도상이나 유사성이라고 하며, 이것이 관념의 속성을 가진다고 했다.

　토대는 경험에 대한 어떤 지각 없이, 색채에 대한 느낌 외엔 다른 것에 대한 어떤 의식도 없이 안주하게 되는 '느낌의 성질'이다. 토대는 대상이 아니기에 인식될 수 있는 어떤 대상에도 내재하지 않으며 보편성도 갖지 않는다. 토대는 우리가 이차성으로 진출하게 종용한다. 토대는 모든 개념화에 앞서는 단순한 가능성이자 술어이다. 예를 들어 '희다'는 인상이 그 대상을 인식하기도 전에 존재하는 순수한 '흰색'일 수 있는가를 묻는 것이다. 퍼스는 지각판단보다는 의식의 단순한 색조를 언급한다. 예를 들어 어떤 주부가 침대보의 흰색을 의식의 순수한 색조로 인식하고서(일차성), 자신의 침대에 있는 침대보라는 대상을 인식(이차성)하고서는 추론을 통해서 세제로 깨끗해진 이웃집 침대보를 추론을 통해 비교하면(삼차성), 그 주부는 두 번째 것의 흰색과 세 번째 것의 흰색이 첫 번째 것보다 더 희다고 해도 순수한 속성으로서 현존했던 이전의 인상은 말소되지 않는다. 이러한 경우, 모든 지각의 직접적인 출발점인 순수한 성질(일차성)이 어떻게 술어로 기능할 수 있는가? 기호적 성질은 삼차성에서야 발현됨에도 어떻게 미리 명명될 수 있는가? 그리고 모든 인식은 추론임에도 불구하고 추론과는 아무 관계 없는 출발점을 가질 수 있는가?

　토대는 관념이자 도표의 뼈대이지만 일단 토대가 존재하면 이미 직접 대상이며 삼차성의 완전한 실현이다. 토대는 다른 한편으로 내가 느끼는 인상이 동적 대상에서 유래한다는 사실만을 알려줄 뿐이다. 예를 들어 나는 어느 날 화덕에 올려진 주전자를 들다가 손가락을 데었다. 다음 날 나는 동일한 실수를 했다. 그럴 경우 나는 손가락을 데었다는 동일한 인상을 받았다고 확신한다. 지극과 반응 사이의 일치가 일어난 것이다. 즉 일치란 동일한 자극을 받았을 때 우리 신경계에서 작동하는 과정을 X라고 하고 항상 X와 조합을 이룬다고 가정하면, X가 그 자극과 정합적으로 일치하면 X가 그 자극의 도상이라고 말할 것이다. 즉 도상기호가 자극과 유사성을 나타낸다고 말할 수 있다. 감관인상의 강도는 자극강도의 도상일 것이다.

퍼스가 말하는 일차적 도상이란 하나의 자극이 이러한 감관 인상을 통해 정합적으로 표상되는 일치에 좌우되는 것이다. 도상은 유사성의 매개변수가 된다. 더 복잡한 유사관계나 유추관계를 언급하려고 도상의 일차적 유사성을 참고하여 "어떤 것과 유추적이라는 속성"이 무슨 뜻인지 확정하려 한다.

지각판단

일차적 도상성이 어떻게 토대에서 직접 대상으로 넘어가는 과정에서 더 높은 인지적 층위에서 가공되고 변형되는지를 퍼스는 어떻게 설명할까? 퍼스는 직관을 거부하며, 모든 인식은 이전의 인식으로부터 생성된다고 주장한다. 그래서 추론 과정이 개입하지 않으면 다른 것과 관련되지 않은 열, 촉각 혹은 시각적 인상은 인식될 수 없다.

퍼스에 의하면 일차성은 어떤 무엇이 가능하면 존재한다는 사실을 거론 한다. 그런데 그 무엇이 존재하고 나와 대면하고 있다는 사실을 말하려면 우리는 이차성으로 진입해야 한다. 비로소 이차성 속에서 진정으로 무엇과 만나는 것이다. 일반화 단계인 삼차성으로 나아가면 직접 대상에 도달한다. 퍼스는 지각판단에 대해, 순수한 일차성인 느낌은 절대적 무시간적 단일성의 순간에 존재하는 의식이다. 그 첫 순간부터 우리는 이차성으로 진입하고 하나의 대상에 최초의 도상을 할당한다. 그러면 일차성과 이차성, 즉 도상과 지표 사이의 중간 단계인 감관 인상에 도달한다. 지각판단으로 통합하기 위해 내가 가공하는 그 최초의 자극은 지각되어

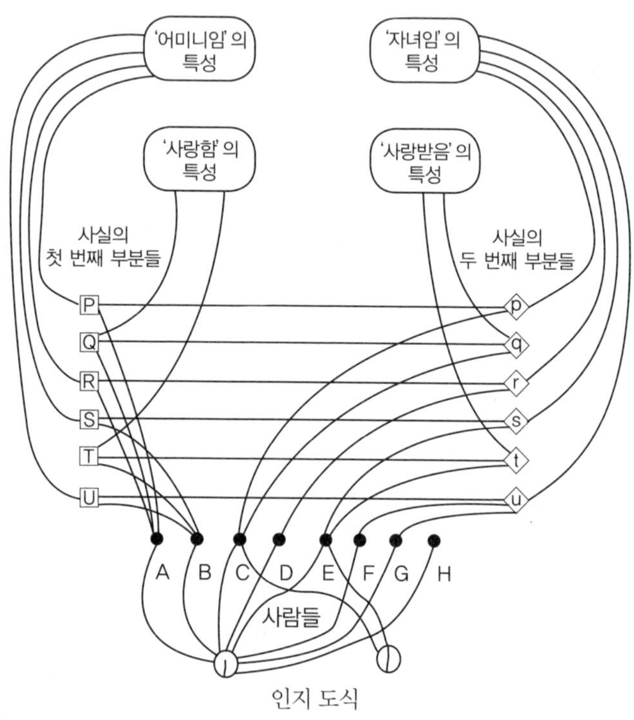

야 할 무엇이 존재한다는 사실에 대한 지표이다. 예를 들어 내가 푸른색 쿠션의 노란 의자를 본다면, 일단 감관 지각이 작동하여 (이미지라고도 하는) 어떤 것을 다른 무엇을 지시하는 기호를 연상시킬 것이다. 그리고 지각 판단이 작동하여 삼차성으로 진입한다. 내가 "이것은 노란 의자이다"라고 말하면 나는 지각된 것에 대한 판단을 위해 하나의 가설을 이용하는 것이다. 그리고 감관 지각은 지각판단을 통해 보장된다. 그리고 지각판단은 감관지각에 없는 추론을 통하여 "그것을 참이다"라고 하고, 감관지각을 확정한다. 지각판단은 이미 일차적 도상성의 흔적을 가진다.

이미 지각판단에서 이 '노랗다'라는 사실에 이차적 도상성이 드러난다. 우리가 '노랗다'라는 술어가 감관 인상과 유사하다고 말할 수 있다면 이것은 새로운 판단이 동일한 감관 지각의 동일한 술어를 견지하기 때문이다. 우리는 새로이 직접 대상이 구성되는 미지의 경우와 이미 알려진 것을 재인식하는 경우를 구별해야 한다. 즉 미지의 것인 경우, 직접 대상은 완료되지 않았고 최초의 가설적 지각판단과 일치할 것이다. 재인식의 경우, 지각판단의 형성을 하면서 형성된 도식으로서 이미 기억에 저장된 직접 대상으로 소급한다.

퍼스는 범주와 감관 데이터를 중개하는 명제를 통해 인지도식을 상정한다. 수많은 상징적 요소들이 실현되는 공간인 어떤 지각 경험도 설명하려 하지 않는 이 도식이 바로 대상 상황을 이해시키는 직접 대상이다. 이것은 그 상황의 기의의 도식이기도 하다. 따라서 우리는 일차적 도상성에서 출발하여 추론에 의해 이미 실현된 지각과정을 매개로 지각 판단과 직접 대상 사이의 동일성에 도달한다. 그런데 완결된 이것은 기의, 정의, 해석소를 포괄하는 총체로서의 의미라고 하기에는 애매하다.[30]

직접 대상은 도식 이상의 무엇이다. 이것은 개념과 직관을 중개하는 것이 아니라 그 자체만으로 최초의 개념 핵이다. 그리고 직접 대상은 자신이 출발한 감관 이상으로부터 받은 어떤 것을 포착하여 새롭게 가공하고 기억한다.

결론적으로 말하자면, 인지 도식은 칸트에 의하면 직관이라는 것에서 출발하고, 퍼스에 의하면 일차적 도상에서 출발하는 가정법이다. 이것이 바로 오리너구리를 비버나 메추라기로 규정하지 못하게 하는 의미 있는 도식이다.

---

30 위의 책, 177쪽.

포스트모더니즘과 기호

인공지능에서 기호학이 살아남기

앤디 워홀의 〈마릴린 딥티크(*Marilyn Diptych*)〉

"포스트모던 시대의 의미 상실에 대한 탄식은
지식이 더 이상 원칙적으로 서사가 아니라는 사실에 대한
애도로 요약된다."(리오타르, 『포스트모던의 조건』, 유정완 역, 2018, 103쪽)

포스트모던 시대의 등장

　포스트모던 시대에는 포스트모더니즘(postmodernism)이 이념으로 등장하는데 이 용어는 'modernism'과 'post'가 결합해서 생긴 합성어이다. 'post'는 라틴어 'post('뒤', '후')'에서 유래했고, 'modernism'은 '근대'를 의미하는 'moderne'이라는 낱말에서 나온 것이다. 그래서 포스트모더니즘이란 일반적인 의미에서 현재까지 이어지고 있는 '모던(moderne, 근대)' 이후의 서구 사회, 문화, 예술의 상태를 의미한다. 즉 포스트모더니즘은 모더니즘의 특정 제도, 방법, 개념, 기본 가정에 반대하고 이를 해체하고 극복하려는 논란의 여지가 있는 정치, 학문, 예술적 경향이다. 포스트모더니즘의 주창자들은 모더니즘의 혁신 추구를 단지 습관적이고 자동화된 것(사회 구성주의)으로 비판한다. 이들은 모더니즘이 사회적 차원에서 전제정치의 특성을 지니고 싸워야 할 불법적인 전체주의적 원칙을 지배하고 있다고 평가한다.

용어의 사용

　대략 1870년에 처음 사용된 포스트모던이라는 용어를 통해 다양한 학자들이 당시의 식견으로 보아 이질적인 사회적, 문화적 발전을 포착하고 평가하려고 시도했다.[1] 예를 들어 1870년경에 존 왓킨스 채프먼(John Watkins Chapman)은 프랑스 인상파보다 더 모던해야 할 포스트모던 회화 스타일(postmodern style of painting)을 개발할 것을 제안했다.[2] 1917년에는 루돌프 판비츠(Rudolf Pannwitz)가 이 용어를 이미 철학적 색채를 띤 '문화 개념'으로 사용했다.[3] 1926년, 미국 신학자 버너드 이딩스 벨(Bernard Iddings Bell)은 기독교 신앙의 틀 내에서 새로운 연구 결과에 개방되어야 할 새로운 종교적 영성을 '포스트모더니즘'으로 묘사했다.[4] 1934년, 에스파냐 문학 연구가 페데리코 데 오니스(Federico de Onís)는 이 용어를 오직 문학적으로 사용했다. 1947년, 아놀드 J. 토인비(Arnold J. Toynbee)는 문화의 한 단계를 '포스트모던(post-modern)'으로 묘사한다.[5] 1959년에 미국 문학 연구가 어빙 하우(Irving Howe)는 포스트모던의 현대 문학을 혁신 의지 부족으로 특징지어지는 모던의 쇠퇴 현상으로 묘사하는데, '포스트모던'을 그가 오늘날의 의미로 처음 사용했다.[6]

---

1 Welsch, Wolfgang, Unsere postmoderne Moderne. Weinheim 1987, p.12 이하 참조, Hassan, Ihab, The Postmodern Turn, Essays in Postmodern Theory and Culture. Ohio University Press, 1987 참조.

2 Higgins, Dick, A dialectic of centuries. Notes towards a theory of New Arts. New York 1978.

3 Pannwitz, Rudolf, Die Krisis der europäischen Kultur. Nürnberg 1917, 64쪽 참조.

4 Bell, B.I., Postmodernism and Other Essays. Milwaukee 1926 참조. In: The Journal of Religion. Vol. 6, No. 6 (Nov., 1926), p.629.

5 포스트모던 시대는 아놀드 토인비(Arnold Joseph Toynbee, 1889~1975)가 『역사의 연구』에서 서구의 역사를 ① 암흑기 ② 중세기 ③ 모던기 ④ 포스트모던기로 나눈 데서 유래한다. 토인비는 이 포스트모던 시대에는 합리주의가 붕괴되고 무정부주의 시대가 대두되며, 중산층은 몰락하고 노동자가 등장한다고 했다.

6 Howe, Irving, "Mass Society and Postmodern Fiction", *Partisan Review*, 1959,

그 후에 후기 포스트모던 주창자들의 이론 구축 및 방법론 발견에서는 미셸 푸코, 자크 데리다, 롤랑 바르트와 같은 프랑스 철학자들이 중요하며, 이들은 해체주의, 후기구조주의, 담론 분석과 같은 새로운 분석 방법을 개발했다.

이러한 포스트모더니즘 개념의 형성 과정에서 중요한 학자는 장 프랑수아 리오타르(Jean-François Lyotard, 1924~1998)이다. 그는 1979년에 『포스트모던의 조건(Das postmoderne Wissen)』을 통하여 모더니즘의 철학적 시스템이 실패했다고 선언했다. 이 책을 통해 '거대 서사의 종말(Ende der großen Erzählungen)'이라는 용어가 유명해졌는데, 이는 그의 진단의 핵심을 표현한다. 리오타르는 철학적 시스템 대신 '서사(Erzählungen)'라는 용어를 사용했다. 그에 의하면, 개별적인 모던의 '서사'는 세계 설명에 각각 하나의 중심 원칙(예 : 신 또는 주체)을 두어 이를 바탕으로 일반적인 진술에 도달했다. 이로 인해 이질적인 것을 배제하거나 개별적인 것과 특수성을 평준화하는 일반적인 것 아래 강요하게 된다. 그는 보편적이고 절대적인 설명 원칙(신, 주체, 이성, 체계 이론, 마르크스주의 사회 이론 등) 대신에, 다양한 '서사', 즉 설명 모델을 제시한다. 그래서 포스트모던 시대에서는 서로 화해할 수 없는 다수의 진실 및 정의 개념으로 해체되고, 동시에 차이, 이질성, 다원주의에 대한 관용적인 감수성이 증가한다.

포스트모더니즘에서 특별히 예술적 관심의 중심에서는 혁신이 아니라, 기존 아이디어의 재조합 또는 새로운 적용이 활발했다. 세계는 진보의 목표를 향하기보다는, 다원적이고, 우연적이며, 혼돈적이고, 덧없는 순간들로 간주되었다. 마찬가지로 인간의 정체성은 불안정하고, 때로

---

pp.420~436 참조.

는 이질적인 많은 문화적 요인에 의해 형성된다고 여겨진다. 대중 매체와 기술은 문화의 전달자 및 중개자로서 중요한 역할을 한다. 즉 포스트모던 예술은 무엇보다도 확장된 예술 개념과 과거 스타일에 대한 인용적 언급, 때로는 아이러니하게 연출되는 것으로 특징지어진다. 그래서 포스트모던 사유와 판단의 요소는 다음과 같다.

- 계몽주의 이래 강조된 이성의 우위와 목적 합리성에 대한 거부.
- 합리적으로 행동하는 자율적 주체로서의 개념의 상실.
- 인간의 정서적 측면에 대한 새로운 관심.
- 철학적 및 종교적 견해와 체계 영역에서 보편적인 진리 주장에 대한 거부 또는 비판적 검토.
- 연대, 전통적 유대 및 일반적인 공동체 의식의 상실.
- 서로 모순되는 사고방식과 행동 양식을 가진 다양한 그룹과 개인으로 사회 생활이 분할, 집단적 정체성의 파편화.
- 모던에서 분화된 사회 하위 시스템의 자율성 상실 및 비분화.
- 지식인 아방가르드의 해체 및 정치적 아방가르드의 정당성 상실.
- 민족 중심적 및 남성 중심적 개념에서 벗어나려는 시도.
- 사회, 예술, 문화에서의 관용, 자유, 급진적 다원성.
- 해체, 코드 혼합을 문화 기술로 사용.
- 단어 대신 이미지 사용, 담론적 문화 대신 형상적 문화.
- 세계의 기호성 증가(기호학적 삼각 관계 및 장 보드리야르 참조) : 현실에 대한 문제 제기 및 이탈, 그리고 현실을 은폐하고 현실보다 사회적으로 더 중요해지는 표상으로의 향함.[7]

포스트모더니즘은 현실 자체를 문제 삼고 불안정하게 만들며, 현실의 대상들은 사회적 의미의 담지자 및 창시자로서의 역할이 없어진다. 포스트모던 예술은 예술작품, 작가, 관찰자 사이, 고급 문화와 대중 문화 사이, 그리고 장르 사이의 장벽을 허물어버린다. 그리고 이런 예술은 퍼포먼스 형태로 나타나며 광고와 예술 사이의 장벽까지도 허물어지게 된다.[7] 모던이 특정 문화적 대상의 소비를 통해 모든 사람에게 사회 문화(계층) 내의 위치를 부여하여 사회적 구별 기능을 가졌다면 포스트모던은 비계층적인 차이와 파편화된 정체성을 다양하게 표현하며 이에 대해 관용적인 태도를 취한다.

그래서 문학에서 인용, 콜라주, 패러디와 유희가 유행하게 되었다. 즉 이야기는 파편적으로, 아이러니한 거리감과 변화하는 관점으로 전개되며, 이로 인해 서사의 구성적 특성이 전면에 드러나고, 이야기의 중심에는 영웅이 아니라 종종 아웃사이더나 하위문화의 구성원이 있다. 이 시대에는 문학작품에서 저자가 성격을 서술했던 모더니즘과는 달리 독자가 스스로 성격을 상상하고 주인공이 하나가 아니라 다수가 되며 그 주제도 금기시되는 것들이 서술되므로 문학작품이라기보다는 글쓰기로 전락한다.

음악에서는 콜라주, 크로스오버, 몽타주, 파스티슈와 같은 기법이 유행하였다. 조너선 D. 크레이머(Jonathan D. Kramer)에 따르면 포스트모던 음악에는 16가지의 다른 특징이 있는데, 예를 들면 전통과의 단절, 아이러니화, 경계 초월, 음악적 독단에 대한 경멸, 파편화, 음악 인용, 절충주

---

7 Lash, Scott, *Sociology of Postmodernism*, Routledge: London, New York, 2. Aufl. 2011, p.14 이하 참조.

의, 불연속성, 전통과의 유희적인 다루기, 모호성 등이 그것이다.[8]

이 시대에는 다시 말하자면 인간은 중심이 아니고, 이성도 신격화에서 벗어나고, 통일성은 거부되고, 주체는 없어지고, 사실과 허구가 구분이 사라지고, 언어는 한계를 드러내고, 기원이 부정되고, 시작과 종말이 붕괴된다.[9]

위와 같이 여러 분야에서 다양한 변화가 나타나므로 인해 포스트모더니즘 시대에는 지식과 주체 개념이 변하게 된다. 즉 인공두뇌학, 정보이론, 영화, TV 라디오, 만화, 신문 등의 대중매체가 선도하는 새로운 정보 형태들이 지식 개념을 변화시켜 버린다. 그래서 지식의 습득이 정신이나 교양의 획득과 밀접하게 관련이 없게 된다. 그리고 데카르트의 코기토 개념이나 칸트, 후설(Edmund Husserl, 1859~1938)의 선험적인 주체 등은 세계를 합리적으로 이해하는 의식 주체를 강조했지만 포스트모던 시대에는 담론의 세계가 분열되고 있으므로 코기토나 주체가 붕괴된다.

그래서 포스트모더니스트들은 표상주의자의 견고하고 고전적인 기호를 다음과 같이 비판한다.

첫째, 표상주의자들이 믿는 외부 세계는 존재하지 않는다.

둘째, 모든 표상성의 매체인 언어는 현실을 언어적으로만 반영할 뿐 현실에 직접 연결시키지 않는다.

셋째, 표상성은 표상하는 것과 표상된 것의 차이를 거부하고 비슷함이

---

8 Kramer, J. D., "The Nature and Origins of Musical Postmodernism", In: *Postmodern Music/Postmodern Thought*, Routledge, New York, 2002, pp.16~17.

9 예를 들어 영국의 물리학자 호킹(Stephen Hawking, 1942~2018)은 종전에는 시작과 끝이 있었지만 이제는 시작과 종말을 물리학에서 논할 수 없다고 주장했다. 스티븐 호킹, 『시간의 역사』, 김동광 역, 2018, 180~181쪽 참조.

나 공통성만을 강조한다.

넷째, 표상성의 관행을 주도하는 주체는 그의 텍스트에 표상행위 자체를 표상시키는 것이 불가능하다.

표상주의자들에 의하면 기호들은 어느 정도 고정된 의미를 가진다고 주장한다. 그래서 그들은 논리와 이성을 중시한다. 하지만 포스트모더니스트들은 기호가 다중의미를 가진다고 주장하기에, 이들은 이성과 논리를 부정하고 직관성과 주관성만을 중시한다.

포스트모던 시대의 기호

포스트모던 시대에는 기호가 위상이 변화하게 된다. 모더니즘 시대와 비교하여 포스트모던 시대에는 기호가 다음과 같이 변화한다.

① 기호의 의미

모더니즘 시대	포스트모던 시대
기호가 고정되고 안정적인 의미를 전달하였다. 소쉬르의 구조주의 기호학처럼 기호는 기표(signifier, Signifiant)와 기의(signified, Signifié)의 짝으로 구성되며, 이 관계는 비교적 안정적이고 객관적인 것으로 간주되었다. 언어는 현실을 반영하는 도구로서, 기호는 현실 세계의 객관적인 의미를 전달하는 역할을 했다.	기호의 고정된 의미에 대한 믿음을 거부하고, 데리다의 해체주의는 기표와 기의의 관계가 불안정하며, 의미는 끊임없이 변화하고 유동적이라고 주장한다. 기호는 그 자체로 고정된 의미를 가지는 것이 아니라, 다른 기호와의 관계 속에서 끊임없이 의미를 만들어내므로 기호의 의미는 맥락, 해석, 문화적 배경 등에 따라 다르게 해석될 수 있으며, 단 하나의 '진정한' 의미는 존재하지 않게 된다.

② 기호의 객관성과 보편성

모더니즘 시대	포스트모던 시대
객관적이고 보편적인 진리를 추구했으며, 기호 해석 역시 객관적이고 합리적인 기준에 따라 이루어져야 한다고 보았다. 텍스트의 의미는 저자의 의도나 텍스트 자체의 구조에 내재되어 있다고 생각했다.	기호의 객관성과 보편성에 대한 회의를 제기한다. 해석 주체의 주관성을 강조하며, 텍스트의 의미는 독자나 해석자의 맥락 속에서 구성된다고 본다. 따라서 동일한 기호라도 다양한 해석이 가능하며, 다원주의적 해석을 옹호하고, 기호는 해석 주체의 경험, 지식, 사회적 위치 등에 따라 다르게 받아들여질 수 있으며, 획일적인 해석을 강요하지 않는다.

③ 기호의 재현 및 시뮬라크르

모더니즘 시대	포스트모던 시대
기호가 현실을 정확하게 재현할 수 있다고 믿었다. 언어는 현실을 반영하는 거울과 같다고 생각했으며, 기호는 현실 세계의 사물이나 개념을 충실히 나타낼 수 있다고 보았다.	기호가 현실을 있는 그대로 재현하는 것이 불가능하다고 주장한다. 오히려 기호는 현실을 구성하고 만들어내는 역할을 한다고 본다. 프랑스 사회학자 보드리야르는 시뮬라크르(Simulacra) 개념을 통해 현실보다 더 현실 같은 가상현실이 현실을 대체하는 현상을 설명하고 있다. 기호는 현실을 반영하는 것이 아니라, 현실 자체를 시뮬레이션하는 역할을 하며, 현실과 가상의 경계가 모호해질 것이다.

④ 미시 서사의 부상

모더니즘 시대	포스트모던 시대
거대 서사(meta-narrative), 즉 보편적이고 총체적인 진리 체계를 추구했고, 역사, 과학, 이성 등을 통해 인류의 보편적인 진보를 설명하려는 시도가 대표적이다.	거대 서사를 해체하고 미시 서사를 강조한다. 보편적인 진리 대신, 개별적이고 특수한 경험, 다양성과 차이를 존중하고, 기호 해석 역시 보편적인 원칙이나 기준보다는, 특정한 맥락과 상황 속에서 의미를 파악하는 것을 중요하게 생각한다.

⑤ 상호텍스트성의 부각

모더니즘 시대	포스트모던 시대
텍스트를 독립적이고 완결된 단위로 보았다. 텍스트의 의미는 텍스트 내부의 구조나 저자의 의도에서 찾으려고 했다.	상호텍스트성 개념을 통해 텍스트가 다른 텍스트들과 끊임없이 관계를 맺으며 의미를 생성한다고 본다. 모든 텍스트는 기존의 텍스트들에 기반하며, 다른 텍스트들과의 관계 속에서만 의미를 가질 수 있다. 텍스트의 개념을 언어 텍스트뿐만 아니라, 이미지, 건축, 패션, 문화현상 등 다양한 기호 체계로 확장한다.

이처럼 포스트모던 시대의 기호 위상 변화는 우리 사회와 문화에 다양한 영향을 미치게 된다. 미디어와 광고는 기호의 유동성과 다의성을 적극적으로 활용하여 다양한 의미를 만들어내고 소비자를 유혹하며 이미지, 영상, 음악 등 다양한 기호들을 조합하여 특정한 메시지를 전달하고, 소비자의 감성이나 욕망에 호소한다. 문화에서는 다양한 문화적 배경과 가치관을 존중하고, 획일적인 문화 규범을 거부하는 문화적 다원주의가 강화되고, 각 문화는 고유한 기호 체계를 가지고 있으며, 이러한 다양성을 인정하고 존중하는 태도가 중요하게 된다. 예술과 문학 분야에서는 기호의 유동성과 다의성을 활용한 다양한 실험들이 나타난다. 그래서 의미의 모호성, 파편화, 패러디, 혼성모방 등의 기법을 통해 기존의 예술적 관습을 벗어나고 새로운 표현 방식이 드러난다.

포스트모던 시대에 기호는 더 이상 고정되고 안정적인 의미 전달 도구가 아니라, 유동적이고 다의적인 의미 생성의 장으로서의 위상을 갖게 된다. 이는 의미의 탈중심화, 주체성의 강조, 재현의 위기, 거대 서사의 해체, 상호텍스트성 등의 특징으로 나타나며, 우리 사회와 문화, 그리고 예술, 철학 등 다양한 영역에 걸쳐 깊은 영향을 미치고 있다. 포스트모던 시대의 기호에 대한 이해는 현대사회와 문화를 비판적으로 성찰하고, 다원주의적 가치를 존중하는 데 중요한 토대가 된다.

‘나’라는 의식적 주체가 더 이상 이 세상에 대하여 사고하고 판단하는 독립적 주체가 되지 못하고 단지 커다란 구조 속에서 특정 효과를 만들어내는 기능으로 된다. 즉 나는 초월이나 종합을 상정하지 않고 구조에 입각하여 임의적으로 사고한다. 그래서 데카르트의 “나는 사고한다. 고로 존재한다”가 무너진다. 즉 문학에서 ‘나’라는 주체가 독립적이고 의식적으로 언어를 만들어내는 것이 아니라 구조라는 어떤 총체적 법칙하에서 생성된 것으로 이해된다. 작가라는 직업군이 사라지고 작품이라는 생각 대신에 텍스트가 등장하고 문학작품은 수많은 텍스트 중 하나일 뿐이다.[10] 그래서 기호의 의미가 고정되어 있지 않고, 해석에 따라 달라질 수 있다는 점을 인식함으로써, 미디어나 사회적 메시지에 대한 비판적 사고 능력이 중요해진다. 기호를 이해하거나 해석하는 사람들은 기호가 만들어내는 의미를 비판적으로 분석하고, 숨겨진 의도나 권력관계를 파악하는 능력이 필요하다.

포스트모던 시대의 기호학자 역할

포스트모던 시대의 기호학자는 이전 시대와는 매우 다른 역할을 수행해야 한다. 더 이상 고정된 의미를 찾거나 보편적인 구조를 탐색하는 데

---

10 포스트모던 시대의 글쓰기는 끊임없는 언어기호의 해체이다. 그래서 글쓰기는 대항 담론으로 규정된다. 기존의 언어 체계 논리는 무시되면서 다양한 언어들로 서로를 반영하는 관계로 무한히 전환될 수 있다. 금기시되는 여러 가지 주제가 언어로 나타나고 기존 인습과 규범이 파괴된다.

집중하는 것이 아니라, 의미의 유동성, 다원성, 맥락성을 이해하고 분석하는 데 주력해야 한다. 포스트모던 시대의 기호학자가 수행해야 하는 주요 역할은 다음과 같다.

의미 생산과 해체의 분석

더 이상 기호가 고정된 의미를 가진다고 믿지 않고, 오히려 의미가 어떻게 사회적, 문화적 맥락 속에서 끊임없이 생산되고 변화하는지를 분석해야 한다. 그리고 기호들이 어떻게 조합되고 상호작용하여 특정한 의미를 만들어내는지, 이 과정에서 작용하는 문화적 코드, 사회적 규범, 권력 관계 등을 탐구해야 한다. 또한 하나의 기호 또는 텍스트에 대해 다양한 해석이 가능하다는 점을 인정하고, 각 해석이 어떤 맥락과 주체적 위치에서 발생하는지를 분석해야 한다.

주체성과 맥락의 중요성 강조

기호학자는 기호 해석은 객관적인 과정이 아니라, 해석 주체의 경험, 지식, 문화적 배경, 가치관 등에 따라 달라진다는 점을 강조하고, 이러한 주관성이 해석에 미치는 영향을 분석해야 한다. 그래서 기호의 의미는 항상 특정한 맥락 속에서 파악되어야 함을 강조하고, 사회적, 문화적, 역사적 맥락이 의미 형성에 미치는 영향을 분석하는 것이 중요하다. 그리고 거대 서사나 보편적인 구조를 찾기보다, 특정 문화, 특정 사회 집단, 특정 상황 속에서 나타나는 미시적인 의미 체계를 분석하고, 그 특수성과 다양성을 탐구한다.

시뮬라크르와 가상현실 분석

기호학자는 시뮬라크르(Simulacra) 개념을 통해 가상 이미지가 현실을 대체하거나 모방하는 현상을 분석하고, 가상현실(Hyperreality), 미디어 환경 등이 현실 인식에 미치는 영향을 탐구해야 한다. 또한 기호가 현실을 정확하게 재현할 수 없다는 '재현의 위기'를 인식하고, 기호가 현실을 구성하고 만들어내는 방식, 그리고 그 한계를 분석하고, 미디어 환경, 디지털 기술, 가상 공간 등이 기호 체계와 의미 생산 방식에 미치는 심대한 영향을 분석하는 것이 필요하다.

비판적 기호학

기호학자의 중요한 의무 중 하나는 기호의 권력과 이데올로기의 분석이다. 기호 체계가 권력관계를 반영하고 강화하는 방식, 즉 특정 이데올로기를 자연스럽게 보이도록 만드는 기호의 작동 방식을 비판적으로 분석해야 한다. 성차별이나 소비지상주의 등의 담론으로 사회를 지배하는 흐름이 기호를 통해 어떻게 구성되고 유지되는지 분석하고, 이러한 담론을 해체하는 비판적 역할을 수행해야 한다. 또한 사회적 소외, 문화적 억압 등이 기호 체계를 통해 어떻게 작동하는지 분석하고, 소외된 집단이나 억압받는 주체의 목소리를 기호학적으로 분석하여 드러내는 역할을 해야 한다.

상호텍스트성과 텍스트 확장 분석

모든 텍스트는 다른 텍스트들과 관계 속에서 의미를 생성한다는 상호텍스트성을 분석하고, 텍스트들이 서로 인용, 참조, 변형하는 방식을 탐구하는 것도 중요하다. 그리고 기호학자는 언어 텍스트뿐만 아니라, 이미지, 영상, 건축, 패션, 음악, 문화현상, 사회적 실천 등 다양한 기호 체계를 텍스트로 간주하고 분석해야 한다.

　이러한 생각들을 종합하여, 대중문화, 광고, 영화, 드라마, 뉴스, 소셜미디어 등 다양한 문화 텍스트를 기호학적으로 분석하고 비평하며, 사회 문화적 의미와 영향을 해설하고 비판하는 것이 기호학자의 중요한 역할 중 하나이다. 그리고 기호학자는 학생들에게 기호학적 분석 능력을 길러주고, 미디어 리터러시, 비판적 사고능력을 함양시키는 교육 역할을 수행하며 포스트모던 시대의 복잡한 기호 환경 속에서 주체적으로 의미를 해석하고 비판적으로 사고할 수 있도록 도와야 한다. 또한 예술 창작자들도 기존의 작품활동을 벗어나, 기호학적 지식을 바탕으로 새로운 예술 작품을 창작하거나, 기존 예술 작품을 새로운 기호학적 관점에서 해석하고 재창조하는 활동을 해야 한다.

　포스트모던 시대에 기호학자는 의미를 그대로 답습하고 의미에 고정되어 있는 의미의 고고학자가 아니라, 의미를 다양하게 해석하고 의미를 비평하는 입장을 견지해야 한다. 그래서 기호학자는 기호의 의미가 끊임없이 생성되고 변화하는 과정, 기호의 다양한 해석의 가능성, 기호의 맥락의 중요성, 기호의 권력과 이데올로기의 작용, 기호의 가상과 현실의 관계 등을 분석하고 비판적으로 성찰해야 한다. 그래서 기호학자는 현대 사회의 복잡한 기호 환경을 이해한 후에, 비판적 사고 능력을 통해서 사회 문화적 실천에 기여하는 역할을 창의적으로 수행해야 한다.

　즉 기호의 본질을 고찰하고 그것을 토대로 하는 텍스트의 구조를 분석하는 것이 기호학의 이차적 연구라고 할 수 있다. 그리고 그것들을 전제로 해당 텍스트 안에 내재된 구조, 서사성, 주체, 감성의 문제들도 분석하는 것이 기호학의 작업이다. 그리고 공간성, 양상화, 인지과정, 감각의 문제 등도 기호학은 다루었지만 포스트모던적 시기에 기호학은 연구의 방향과 대상이 수정되고 보완되어야 한다. 기호학은 항상 발전하고 변화하는 학문이지 절대 완결된 학문은 아니다. 기호학은 언어학적 전환처럼 전환이 필요하다. 의미화란 단순한 기호들의 총합이 아니고 여러 가지 직물처럼 짜여져 있어 변화무쌍하게 모습을 드러내는 담론에서 실제적 모습을 드러내기 때문이다. 그래서 텍스트의 의미형성은 그 적절성을 위해 항상 기준들이 재구성되어야 한다. 예를 들어서 언어 이외의 다른 기호 체계들에 대하여 새로운 고찰과 분석이 필요하다. 언어가 모든 기호 체계들 중에서 핵심적이고 문화의 다른 것들을 설명할 때 언어에 의존적인 것은 사실이다.

바르트는 모드의 체계에서 언어 도움 없이 패션의미 체계 분석은 불가능하다고 했다. 하지만 언어모델을 무리하게 적용할 때 해당 기호 체계를 제대로 조명하지 못할 가능성이 있다. 그래서 각 기호 체계들의 고유한 양상들을 독자적으로 규명해야 한다. 예를 들어 음악기호, 그림기호, 영화기호는 서로 다른 기호 체계를 가지고 있다. 그리고 각 기호 체계들 간의 이동에 대한 고찰이다. 이것을 전문가들은 번역이라고 하는데, 예를 들어 호메로스의 『오디세이아』를 만화로 옮기거나 미술품을 음악으로 형상화하는 것을 말한다. 여기서 번역은 텍스트 대 텍스트로 이루어진다. 그럴 경우 각 체계의 고유한 특징의 고찰을 확실히 해야 한다. 언어와 그림의 의미화 방식은 확연히 다르기 때문이다. 그러나 이들 사이의 공동 토대를 설정하는 것은 가능하다. 문화콘텐츠의 'On Source Multi Use' 측면에서도 이런 기호학적 작업은 매우 유용하리라고 생각한다. 예를 들어 단테의 『신곡』이 귀스타프 도레에 의해 판화 시리즈로 옮겨진

것을 보면 번역이라고 생각할 수 있고 이질적인 기호 체계가 공통적인
것을 지향하고 있음을 알 수 있다.

기호학과 인공지능(AI)

인공지능(AI)은 포스트모던 현상 중 하나이다. 이 인공지능은 인조인간
처럼 생각하고 소통하고 사회성이 있고, 공감능력은 물론 윤리의식까지
갖추고 있다. 이러한 다재다능한 인공지능 앞에서 기호들의 전반적인 것
을 연구하는 기호학은 과연 존재할 수 있을까?

그렇다!! 기호학은 존재할 수 있고, 기호학과 인공지능은 공존이 가능
하다. 오히려 인공지능 시대에 기호학의 역할이 더욱 중요해지고 있다.

즉 인공지능은 기호 사용과 해석의 결과를 설명할 수 있지만 기호들이
사회적이고 문화적인 맥락에서 어떤 의미가 있는지, 인간의 경험에서 어

떻게 작동하는지 어떤 이데올로
기적 함의를 갖는지는 기호학이
해결해주어야 한다.

인공지능은 데이터를 처리는
하지만 인간의 경험을 바탕으로
해석하고 가치를 부여하지는 못
한다. 그러나 기호학은 인간을 기
호 해석의 주체로 인정하고 기표
와 기의 사이의 자의성을 탐구하
고 인간의 능동적인 역할을 중요
시한다. 그래서 기호학은 기호 체

AI가 그린 포스트모더니즘

계 뒤에 있는 이데올로기나 편견을 비판적으로 분석하는 도구가 될 수 있다, 말하자면 기호학은 인공지능이 딥페이크나 알고리즘을 통해 편향적으로 만들어낸 기호를 비판하고 대안을 제시할 수 있다. 우리가 흔히 만나는 딥러닝은 결과 도출을 정확히 설명하지 못한다. 기호학적인 접근은 인공지능이 사용하는 기호와 규칙을 분석하여 신뢰할 수 있는 인공지능을 구축하는 데 필수적인 통찰을 제공할 수 있다.

그래서 인공지능 시대에 기호학은 다음과 같은 새로운 연구 영역을 발전시킬 수 있다.

첫 번째로 대규모 언어 모델(LLM)이 텍스트, 이미지, 코드를 생성할 때, 이 결과물이 인간의 기호 체계를 어떻게 모방하고 재구성하는지, 그리고 그 과정에서 발생하는 새로운 '인공적 기호'를 분석한다.

두 번째로 인공지능은 문맥에 맞는 텍스트를 생성하더라도, 그것이 인간이 이해하는 '진정한 의미' 또는 '현실 세계의 경험'과 어떻게 다른지를 구분하지 못할 수 있지만 기호학은 이를 구분해서 인공지능의 기호작용(Semiosis)의 본질에 대해 연구할 수 있다.

세 번째로 이데올로기와 관련지어서 기호학은 대중 매체에서 인공지능을 인간처럼 묘사하는 방식(로봇의 외형, 목소리 등)을 분석하여, 이것이 인간과 인공지능의 관계 및 사회적 수용에 미치는 이데올로기적 영향을 연구할 수 있다. 즉 가장 중요한 윤리 측면이나 신뢰성 측면에서 인공지능의 결정이나 나온 결과물이 편향되거나 거짓일 때, 그 오류가 기호 체계 내에서 어떤 방식으로 드러나고 사회적 신뢰를 어떻게 훼손하는지를 비판적으로 연구할 수 있다.

네 번째로 기호학적 접근(규칙과 논리)은 딥러닝(패턴 학습)과 결합하는 하이브리드 인공지능(AI) 모델 연구에 참여할 수 있다. 이는 AI가 통계적 정확도를 넘어 상식, 추론, 윤리적 판단을 포함한 인간과 유사한 지능을 갖도록 돕는 핵심 분야이다.

결론적으로, 인공지능이 기호를 '처리'하고 '모방'하는 능력이 탁월할수록, 기호학은 기호의 근원적 의미, 문화적 맥락, 윤리적 함의, 그리고 인공지능이 만들어내는 '인공적 의미'의 본질을 탐구하는 비판적 학문으로서 존재하게 될 것이다.

제1장

Arnauld, Antoine & Claude Lancelot, The Port-Royal Grammar: General and Rational Grammar, translated by Jacques Rieux and Bernard E. Rollin, The Hague: Mouton, 1970.

Aristoteles, Peri hermeneias, in: Werke, hsg. v. H. Flashar, Bd. 1, Berlin Lizenzausgabe der Wissenschaftlichen Buchgesellschaft, 1994.

Bühler, Karl, Sprachtheorie. Die Darstellungsfunktion der Sprache, Verlag von Gustav Fischer, Jena, 1982(1934).

Cassirer, Ernst, Versuch über den Menschen. Einführung in eine Philosophie der Kultur, Frankfurt/M. Fischer. 2. Aufl. 1990.

Derrida, Jacques, Randgänge der Philosophie, Wien(Passagen) 2. überarb. Auflage 1999.

Derrida, Jacques, Grammatologie, Frankfurt/M Suhrkamp 1974,

Eco, Umberto, Einführung in die Semiotik, München Fink 1972.

Eco, Umberto, Semiotik. Entwurf einer Theorie der Zeichen, München Fink 1987.

Foucault, Michel, Die Ordnung der Dinge, Frankfurt/M Suhrkamp 1971.

Frege, Gottlob, Funktion, Begriff, Bedeutung, Göttingen Vandenhoek 1962.

Frege, Gottlob, Begriffsschrift und andere Aufsätze, Darmstadt Wissenschaftliche Buchgesellschaft 1977.

Heidegger, Martin, Unterwegs zur Sprache, Pfullingen Neske, 5. Aufl. 1975.

Hobbes, Thomas, Leviathan, Frankfurt/M Berlin Wien Ullstein 1966.

Locke, John, Versuch über den menschlichen Verstand 2. Bde, Hamburg Meiner 1988.

Mersch, Dieter, "Semiotik und Grundlagen der Wissenschaft", in: Theo Hug (Hrsg.), Einführung in die Wissenschaftstheorie und Wissenschaftsforschung, Bd. 4, Hohengehren, pp.323~338, 2001.

Morris, Charles William, Zeichen, Sprache und Verhalten, Düsseldorf Schwan, 1972.

Morris, Charles William, Pragmatische Semiotik und Handlungstheorie, Frankfurt/M Suhrkamp 1977.

Ockham, Wilhelm von, Summe der Logik. Über die Termini, Hamburg Meiner, 1984.

Peirce, Charles Sanders, Schriften I, Frankfurt/M Suhrkamp, 1967.

Peirce, Charles Sanders, Schriften II, Frankfurt/M Suhrkamp, 1970.

Peirce, Charles Sanders, Phänomen und Logik der Zeichen, hsg. v. H. Pape, Frankfurt/M Suhrkamp, 1983.

Peirce, Charles Sanders, Naturordnung und Zeichenprozess, Schriften über Semiotik und Naturphilosophie, hsg. v. H. Pape, Frankfurt/M Suhrkamp, 1991.

Platon, Kratylos, in, Sämtliche Dialoge, Bd. II, Hamburg Meiner 1998.

Saussure, Ferdinand de, Grundfragen der allgemeinen Sprachwissenschaft, Berlin De Gruyter 2. Aufl. 1967.

Saussure, Ferdinand de, Linguistik und Semiologie. Notizen aus dem Nachlass, Frankfurt/M Suhrkamp, 1997.

Simon, Josef, Philosophie des Zeichens, Berlin New York De Gruyter, 1989.

Waswo, Richard, Language and Meaning in the Renaissance, Princeton University Press. N.J., 1987.

Wittgenstein, Ludwig, Tractatus logico-philosophicus, Kritische Edition. Hsg. von Brian McGuinness und Joachim Schulte, Frankfurt/M, 1989.

르네 데카르트, 『방법서설』, 을유문화사, 1960.
안정오, 「기호의 언어철학적 고찰」, 『한국어와 세계관』, 한국어내용학회, 1999,

279~307쪽.

제2장

Apel, K-O.(Hg.), Schriften zum Pragmatismus und Pragmatizismus. Frankfurt:
      Suhrkamp, 1991.

Bühler, K., Sprachtheorie, Stuttgart Fischer, 1934.

Hardwick, Charles(ed.), Semiotic and Significs: The Correspondence between
      Charles S. Peirce and Victoria Lady Welby, Indiana press, 1977,
      pp.85~86.

Nagl, L., Charles Sanders Peirce. Frankfurt Campus Verlag, 1992.

Nöth, W., Handbuch der Semiotik, Stuttgart: Metzler, 2000.

Peirce, C., Collected Papers I-VI. ed. C. Hartshorn/P. Weiss. Cambridge Harvard
      Uni. Press, 1931-35.

Peirce, C., Collected Papers VII-VIII. ed. A. W. Burks. Cambridge Harvard Uni.
      Press, 1958.

Peirce, C., Writing of Charles Sanders Peirce, ed. Max H. Fisch et al, Indiana Uni.
      Press, 1982.

Trabant, J., Elemente der Semiotik, Francke. Tübingen, 1996.

기호학연대, 『기호학으로 세상읽기』, 소명, 2002.

김성도, 『퍼스의 기호 사상 : 찰스 샌더스 퍼스의 기호론과 현상론 선집』, 민음사,
      2006.

안정오, 『기호의 언어철학적 고찰』, 한국어내용학회, 1999.

안정오, 「기호의 사고, 사고의 기호 – 퍼스기호학」, 기호학연대, 『기호학으로 세
      상읽기』, 소명, 2002, 301~328쪽.

움베르토 에코, 『장미의 이름 1 · 2』, 이윤기 역, 열린책들, 1986.

움베르토 에코 · 토머스 세벅 편, 『셜록 홈즈, 기호학자를 만나다』, 김주환 · 한은
      정 역, 이마, 2016.

유르겐 트라반트, 『기호학의 전통과 경향』, 안정오 역, 인간사랑, 2001.

정해창, 『퍼스의 미완성 체계』, 청계, 2005.

제임스 리스츠카, 『퍼스기호학의 이해』, 이윤희 역, 한국외국어대학교 출판부, 2010.

찰스 샌더스 퍼스, 『퍼스의 기호학』, 김동식 · 이유선 역, 나남, 2008.

제3장

Körner, E. F. Konrad, Ferdinand de Saussure. Origin and development of his linguistic thought in western studies of language. A contribution to the history and theory of linguistics(Schriften zur Linguistik; Bd. 7). Vieweg, Braunschweig, 1973.

Lacan, Jacques, Le 23 février 1957, la Société française de Philosophie recevait Jacques Lacan, pour une communication sur 《La psychanalyse et son enseignement》(publiée dans les Écrits), pp.444~445, 1957.

Saussure, Ferdinand, de, Grundfragen der allgemeinen Sprachwissenschaft. De Gruyter, Berlin, 1967(1916).

Scheerer, Thomas M., Ferdinand de Saussure. Rezeption und Kritik (Erträge der Forschung; Bd. 133). WBG, Darmstadt, 1980.

Wörter unter Wörtern. Die Anagramme von Ferdinand de Saussure. Hrsg. und kommentiert von Jean Starobinski. Übers. Henriette Beese. Ullstein, Frankfurt am Main / Berlin / Wien, 1980. (Original: Les Mots sous les mots. Les anagrammes de Ferdinand de Saussure. Gallimard, Paris, 1971.)

강영안, 「자크 라캉 언어와 욕망」, 김욱동, 『포스트모더니즘과 후기구조주의』. 현암사, 1994, 182~215쪽.

김욱동, 『포스트모더니즘과 후기구조주의』, 현암사, 1994.

미셸 아리베, 『언어학과 정신분석학 : 프로이드, 소쉬르, 옐름슬레우, 라깡을 중심으로』, 최용호 역, 인간사랑, 1992.

바이스 벤베누토 · 로저 케네디, 『라깡의 정신분석 입문』, 김종주 역, 하나의학사,

1999.

안느 에노, 『기호학사』, 박인철 역, 한길크세주, 2000.

자끄 라깡, 『에크리』, 조형준 외 역, 새물결, 2019.

장 보드리야르, 『소비의 사회』, 임문영 역주, 계명대학교출판부, 1998.

조엘 도르, 『라깡 세미나 · 에크리 독해』, 홍준기 · 강응섭 역, 아난케, 2009.

페르디낭 드 소쉬르, 『일반언어학강의』, 김현권 역, 지만지, 2012.

페르디낭 드 소쉬르, 『소쉬르의 마지막 강의 : 제3차 일반언어학강의 (1910~1911) : 에밀 콩스탕탱의 노트』, 김성도 역, 민음사, 2017.

페르디낭 드 소쉬르, 『소쉬르의 1차 일반언어학강의 : 1907 : 알베르 리들링제의 노트』, 김현권 역, 그린비, 2021.

페르디낭 드 소쉬르, 『소쉬르의 2차 일반언어학강의 : 1908~09 : 알베르 리들링 제 & 샤를 파투아의 노트』, 김현권 역, 그린비, 2021.

프랑수아즈 가데(Francoise Gadet), 『소쉬르와 언어과학』, 김용숙 · 임정혜 공역, 동 문선, 2001.

제4장

클로드 레비스트로스, 『슬픈 열대』, 박옥줄 역, 한길사, 1998.

클로드 레비스트로스, 『야생의 사고』, 안정남 역, 한길사, 2003.

클로드 레비스트로스, 『꿀에서 재까지』, 임봉길 역, 한길사, 2008.

클로드 레비스트로스, 『식사예절의 기원』, 임봉길 역, 한길사, 2021.

클로드 레비스트로스, 『날것과 익힌 것』, 임봉길 역, 한길사, 2005.

클로드 레비스트로스, 『구조인류학』, 김진욱 역, 종로서적, 1983.

테렌스 호옥스, 『구조주의와 기호학』, 오원교 역, 신아사, 1982.

제5장

Barthe, Roland, Das Rauschen der Sprache (Kritische Essays IV), Aus dem Französischen von Dieter Hornig, Suhrkamp, Frankfurt am Main, 2006.

Barthe, Roland, Der Tod des Autors. In: Fotis Jannidis (Hrsg.): Texte zur Theorie der Autorschaft. Stuttgart, 2000.

Barthe, Roland, Die Sprache der Mode. Aus dem Französischen von Horst Brühmann. Suhrkamp, Frankfurt am Main, 1985.

Barthe, Roland, Die Vorbereitung des Romans. Aus dem Französischen von Horst Brühmann. Suhrkamp, Frankfurt am Main, 2008.

Barthe, Roland, Elemente der Semiologie. Übersetzt von Eva Moldenhauer. Syndikat, Frankfurt am Main, 1979.

Barthes, Roland, Introduction to the structural Analysis of Narratives, in: Communication No.3. 1966.

김운찬, 『현대기호학과 문화분석』, 열린책들, 2005.

롤랑 바르트, 『이미지와 글쓰기』, 김인식 편역, 세계사, 1993.

롤랑 바르트, 『기호의 제국』, 김주환 · 한은경 역, 민음사, 1997.

롤랑 바르트, 『텍스트의 즐거움』, 김희영 역, 동문선, 1997.

롤랑 바르트, 『현대의 신화』, 이화여자대학교 기호학연구소 역, 동문선, 1997.

롤랑 바르트, 『모드의 체계』, 이화여자대학교 기호학연구소 역, 동문선, 1998.

롤랑 바르트, 『S/Z』, 김웅권 역, 동문선, 2006.

롤랑 바르트, 『글쓰기의 영도』, 김웅권 역, 동문선, 2007.

롤랑 바르트, 『밝은 방』, 박상우 역, 커뮤니케이션북스, 2018.

롤랑 바르트, 『영도의 에끄리뛰르, 기호학의 원리』, 조종권 역, 동인, 1994.

테렌스 호옥스, 『구조주의와 기호학』, 오원교 역, 신아사, 1982.

제6장

Greimas, Algirdas Julien, Strukturale Semantik, Übersetzt von Jens Ihwe, Friedr. Vieweg + Sohn, 1971.

Nöth, Winfried, Handbuch der Semiotik, Metzler, 2000.

김성도, 『현대기호학 강의』, 민음사, 1998.

김성도, 『구조에서 감성으로』, 고려대학교출판문화원, 2002.

박인철, 『파리학파의 기호학』, 민음사, 2003.

박종철, 『문학과 기호학』, 예림기획, 1998.

블라디미르 프로프, 『민담형태론』, 어건주 역, 지식을만드는지식, 2013.

안느 에노, 『기호학으로의 초대』, 홍정표 역, 어문학사, 1997.

알기르다스 줄리앙 그레마스(Greimas, Algirdas Julien), 『의미에 관하여』, 김성도 역, 인간사랑, 1997.

알기르다스 줄리앙 그레마스(Greimas, Algirdas Julien), 『정념의 기호학』, 유기환 · 최용호 · 신정아 역, 강, 2014.

유르겐 트라반트, 『기호학의 전통과 경향』, 안정오 역, 인간사랑, 2001.

테렌스 호옥스, 『구조주의와 기호학』, 오원교 역, 신아사, 1982.

제7장

Lotman, J. M., Über die Semiosphäre. In: Zeitschrift für Semiotik. 12, S. 287–305, 1990.

Lotman, Jurij/ Bachtin, Michail, Raum und Bewegung in der Literatur. Transcript, in: Wolfgang Hallet, Birgit Neumann (Hrsg.): S. 53–80, 2009.

Lotman, Ju.M. & Uspenskij, B.A. The Semiotic of Russian Culture, 1973.

Renner, Karl N., Grenze und Ereignis. Weiterführende Überlegungen zum Ereigniskonzept von J. M. Lotman. In: Wolfgang Lukas, Gustav Frank (Hrsg.): Norm–Grenze–Abweichung. Kultursemiotische Studien zu Literatur, Medien, Wirtschaft. Stutz, Passau, S. 357–381, 2004.

Withalm, Gloria, Kultursemiotik–Semiotik der Kultur. Geschichte, Personen, Modelle & Konzepte. In: Zeichen_Lesen. Der semiotische Blick auf Kultur und Alltag. Vorlesung WS 2019/20 ([1] auf gloria–withalm.uni–ak.ac.at) hier S. 9, 2019/20,

김수환, 『사유하는 구조, 유리 로트만의 기호학 연구』, 문학과지성사, 2011.

빅토르 어얼리치, 『러시아形式主義 : 歷史와 理論』, 박거용 역, 문학과지성사, 1983.

송효섭, 『문화기호학』, 아르케, 2000.

유리 로트만, 『기호계』, 김수환 역, 문학과지성사, 2008.

유리 로트만, 『영화기호학』, 박현섭 역, 민음사, 1994.

유리 로트만, 『문화와 폭발』, 김수환 역, 아카넷, 2014.

유리 로트만, 『러시아 기호학의 이해』, 이인영 편, 민음사, 1993.

크리스티앙 메츠, 『상징적 기표』, 이수진 역, 문학과지성사, 2009 참조.

한국기호학회 편, 『한국 기호학의 최전선』, 한울아카데미, 2021.

제8장

디터 메어쉬, 『에코』, 안정오 역, 인간사랑, 2006.

안정오, 「기호의 사고, 사고의 기호 ─ 퍼스의 기호학, 기호학으로 세상읽기」, 소명, 2002, 301~328쪽.

안정오, 「장미의 이름에 대한 기호학적 이해」, 『기호학연구』 62집, 2020, 199~230쪽.

움베르토 에코, 『기호학이론』, 서우석 역, 문학과지성사, 1985.

움베르토 에코, 『기호학과 언어철학』, 서우석 역, 청하, 1987.

움베르토 에코, 『소설 속의 독자』, 김운찬 역, 열린책들, 1996.

움베르토 에코, 『기호와 현대예술』, 김광현 역, 열린책들, 1998.

움베르토 에코, 『기호』, 김광현 역, 열린책들, 2000.

움베르토 에코, 『칸트와 오리너구리』, 박여성 역, 열린책들, 2005.

움베르토 에코, 『장미의 이름 1 · 2』, 이윤기 역, 열린책들, 2005.

움베르토 에코, 『구조의 부재』(『기호와 현대예술』 신판), 김광현 역, 열린책들, 2009.

움베르토 에코, 『매스컴과 미학』(『종말론자와 순응론자』 신판), 윤종태 역, 열린책들, 2009.

움베르토 에코, 『예술과 광고』, 김효정 역, 열린책들, 2009.

움베르토 에코, 『이야기 속의 독자』(『소설 속의 독자』 신판), 김운찬 역, 열린책들, 2009.
움베르토 에코, 『일반기호학이론』, 김운찬 역, 열린책들, 2009.
움베르토 에코, 『작가와 텍스트 사이』, 손유택 역, 열린책들, 2009.
움베르토 에코, 『장미의 이름 작가노트』, 이윤기 역, 열린책들, 2009.
움베르토 에코, 『해석의 한계』, 김광현 역, 열린책들, 2009.
움베르토 에코, 『중세의 미학』, 손효주 역, 열린책들, 2012.
연희원, 『에코의 기호학』, 한국학술정보, 2011.

장 자크 아노 감독, 영화 〈장미의 이름〉, 2시간 6분, 숀 코넬리 주연, 1986.
자코모 바티아노 연출, TV 시리즈물 〈장미의 이름〉, 50분 분량의 8개 에피소드, 존 터투로, 다미안 하르둥, 루퍼트 에버트, 제임스 코스모 등 출연, 2019.

제9장

Bell, B.I., Postmodernism and Other Essays. Milwaukee In: The Journal of Religion. Vol. 6, No. 6 (Nov., 1926), 629, 1926.

Hassan, Ihab, The Postmodern Turn, Essays in Postmodern Theory and Culture. Ohio University Press, 1987.

Higgins, Dick, A dialectic of centuries. Notes towards a theory of New Arts. New York 1978.

Howe, Irving, Mass Society and Postmodern Fiction. Partisan Review, 1959, pp.420 ~436.

Pannwitz, Rudolf, Die Krisis der europäischen Kultur. Nürnberg, 1917.

Lash, Scott, Sociology of Postmodernism. London, New York, 2. Aufl. 2011.

Kramer, J. D., The Nature and Origins of Musical Postmodernism. In: Postmodern Music/Postmodern Thought. Routledge, New York, 2002, pp.16~17.

Welsch, Wolfgang, Unsere postmoderne Moderne. Weinheim, 1987.

권택영, 『포스트모더니즘이란 무엇인가』, 민음사, 1990.

김상범, 『기호와 현대철학』, 바른북스, 2022.

김욱동, 『바흐친과 대화주의』, 나남, 1990.

김욱동, 『포스트모더니즘과 후기구조주의』, 현암사, 1991.

김욱동, 『포스트모더니즘의 이해』, 문학과지성사, 2009.

다비드 하비, 『포스트모더니티의 조건』, 구동회 · 박영민 역, 한울, 1994.

르네 데카르트, 『방법서설』, 이현복 역, 문예출판사, 2022.

스티븐 호킹, 『시간의 역사』, 김동광 역, 까치, 2018.

아놀드 토인비, 『역사의 연구 1』, 홍사중 역, 동서문화사, 2016.

장 프랑수아 리오타르, 『포스트모던의 조건 — 지식 보고서』, 유정완 역, 민음사, 2018.

테리 이글턴, 『포스트모더니즘의 환상』, 김준환 역, 실천문학사, 2000.

프레드릭 제임슨, 『포스트모더니즘 또는 후기 자본주의 문화 논리』, 임경규 역, 문화과지성사, 2022.